유치원,
어린이집,
놀이학교
교사를 위한

슬기로운
교사 생활

슬기로운
교사 생활

초판 1쇄 발행 2021년 3월 24일
초판 6쇄 발행 2024년 3월 29일

지은이 지혜쌤 카페

발행인 장상진
발행처 (주)경향비피
등록번호 제2012-000228호
등록일자 2012년 7월 2일

주소 서울시 영등포구 양평동 2가 37-1번지 동아프라임밸리 507-508호
전화 1644-5613 | **팩스** 02) 304-5613

ⓒ지혜쌤 카페

ISBN 978-89-6952-453-9 03370

유치원,
어린이집,
놀이학교
교사를 위한

슬기로운
교사 생활

지혜쌤 카페 지음

경향BP

머리말

　나의 교육 실습과 초임 시절을 떠올려 봅니다. 그때는 필요한 자료를 찾고 조언을 얻기 위해 온갖 검색으로 관련 있는 카페를 찾아다녔습니다. 정보를 제공하는 블로그, 유료 사이트가 체계적이지도 않았고 돈을 주고 연간으로 책을 구독하는 시스템이 전부였습니다. 그런데 교생, 초임교사의 주머니 사정으로는 필요한 책들을 다 구매해서 보기가 어려웠습니다.

　그래서 도움을 받기 위해 네이버에서 '유아교사' 등 다양한 연관 검색을 통해 회원 수와 게시자료가 가장 많은 곳을 선택하여 자료를 나누었고, 그 카페 회원이 된 지 어언 10여 년이 흘렀습니다. 그때의 카페가 나날이 성장하여 현재 약 14만 명의 회원이 모였고, 열정 넘치는 스태

프 선생님들이 유익한 자료를 제공해 주며, 너무나도 활발하게 정보를 공유하고 있습니다.

예전과 지금을 비교해 보면 현재는 돈을 주고 자료를 내려 받아 사용할 수 있는 곳이 너무도 많습니다. 하지만 자료와 방법이 있어도 이를 어떻게 활용하면 좋은지, 다른 선생님은 어떻게 학급을 운영하고 있는지 알려 주는 곳은 찾기 어렵습니다.

매일 바쁜 하루를 보내는 초임교사들에게는 경력교사들의 이야기, 교생 실습할 때 혹은 옆 반 선생님 어깨너머로 배우는 것이 전부입니다. 그래서 이제 막 현장에 들어서는 선생님들의 시행착오를 줄이고 실제로 필요한 팁을 알려 주기 위해 책을 내게 되었습니다.

카페 매니저님을 중심으로 다양한 연령대와 여러 기관에서 경험을 쌓은 스태프와 교사가 모여 필요한 내용을 선정하였습니다. 원의 학사 일정에 따라 운영되는 행사와 전반적인 교육과정 운영 내용, 현장에 바로 적용 가능한 내용들을 담아 유아교육 현장에서 애쓰시는 선생님들에게 도움이 되고자 했습니다.

대학교에서 배우는 내용 또는 보육교사 교육원을 통해 습득한 지식을 가지고 처음 유아교육 현장에 가면 이론과 실제의 괴리감으로 딜레마를 겪는 상황이 많습니다. 요즘 유아교육과 학생들이 교생실습을 마치고 나면 전과를 하거나 직업으로 택하지 않겠다고 중도 포기하는 경우가 많아서 교수님들이 고민이라는 이야기를 전해 들었습니다. 유아교사 지망생들이 현장에서의 부담감을 극복하는 데 이 책이 도움이 되었으면 합니다.

이 책은 원과 학급을 운영하며 실제로 적용할 수 있는 부분과 팁을 중심으로 정리하고, 목차의 내용을 훑어보고 도움 받고자 하는 페이지부터 펼쳐 읽을 수 있게 구성했습니다. '이런 상황에서 다른 선생님들은 어떻게 했지?', '좋은 방법은 뭐가 있지?'라는 가벼운 마음으로 책장을 열고 읽으면 됩니다.

이 책을 지도(Map) 삼아 초임교사들이 이론과 실제의 딜레마를 극복하고 현장에서 발 빠른 대처와 유능한 교사로서 거듭나길 바랍니다. 경력교사들에게는 학급을 운영할 때 참고자료로서, 예비교사들에게는 현장에 가기 전 또는 현장에 들어가서 자신만의 방법을 연구하고 적용하는 데 도움이 될 것입니다.

예은쌤

차
례

머리말 **4**

1부
성장하는 교사

2부

실전! 유능한 교사

1부

성장하는
교사

Level 1

예비교사의
실습과 취업

'처음'이란 단어는 언제 들어도 설레지만 약간의 염려도 떠오릅니다. 설렘을 배로 올리고 염려는 감해지도록 선생님들의 실습과 취업에 도움을 드리고자 현실적인 내용을 다루었습니다. 기관에 대한 특성과 구성원에 따라 예외적인 부분은 있지만 책에 다룬 내용들을 기본으로 여기고 충실히 하면 아주 어렵지는 않을 것입니다.

면접과 취업 부문에서는 어떤 자세로 임해야 하는지, 어떤 부분을 준비해 가면 좋을지에 대한 내용을 다루었기에 공통적인 팁으로 여기고 본인이 가고자 하는 기관의 철학과 특징에 따라 융통성 있게 대비하길 바랍니다.

1 성공적인 실습하기

　실습으로 예비교사로서 첫걸음을 내딛게 됩니다. 실습을 하는 동안 어떻게 보내느냐, 어떤 것들을 배우느냐에 따라 이후 교사가 되었을 때 교사의 태도와 능력에서 큰 차이가 납니다. 실습하는 동안 배우는 것들은 이론 수업에서는 배울 수 없는 진귀한 내용들입니다. 배움의 자세로 임하며 성실하게 보내면 선배교사들의 사랑을 한 몸에 받으며 행복한 시간을 보낼 수 있습니다.

　그런데 실습을 하는 예비교사도 아이들에게는 똑같은 선생님입니다. 아무것도 모르는, 준비되지 않은 교사는 아이들에게도 인기 없고 재미없는 선생님으로 인식될 수 있습니다. 준비된 예비교사로서 아이들과의 첫 만남을 마음속에 따뜻한 추억으로 새긴다면 정말 성공적인 실습이 될 것입니다.

1 | 실습준비물

앞치마

원마다 앞치마 착용 여부가 다르니 미리 실습기관에 확인하는 것이 좋습니다. 앞치마는 주머니가 깊은 것이 물건 보관이 쉬워서 활용성이 높습니다. 뒤로 묶는 끈형보다는 옆에 단추가 있는 원피스형이 활동성이 좋습니다. 길이는 무릎 위 정도가 적당합니다.(너무 길면 청소 시 불편합니다.)

실습생 이름표

아크릴 이름표는 이름표와 옷핀에 영유아가 상처를 입을 수 있으므로 천으로 이름표를 제작하여 바느질을 하거나 수를 놓는 것이 안전합니다.

덧신

덧신은 꼭 미끄럼 방지 처리가 되어 있는 것이어야 합니다. 빠르게 움직여야 하는 일이 많으므로 안전을 위해 미끄럼 방지는 필수입니다. 덧신은 바닥의 온도나 오염물질을 실내화보다 빠르게 알아챌 수 있는 장점이 있습니다.

기타

양치도구 세트, 텀블러, 필기구&메모지(앞치마에 넣을 수 있는 크기), 실외 활동용 운동화, 머리끈 등이 있습니다. 개인에 따라 필요 물품이 달라질 수 있습니다.

2 | 실습 시 주의사항

화장 및 향수

짙은 화장이나 향수는 자제해 주세요. 엄마들은 내 아이에게서 낯선 여인의 향기를 느끼는 것을 좋아하지 않습니다.

액세서리 착용 및 용의

손톱이나 네일아트의 보석, 큐빅이 있는 목걸이 등 장신구는 영유아에게 상처를 입힐 수 있으니 삼가는 것이 좋습니다. 영아들은 선생님에게 안겨서 얼굴을 비비는데, 큐빅이 있는 목걸이를 한 경우 아이의 얼굴에 상처가 생기기도 합니다. 기저귀를 갈아 줄 때 긴 손톱이나 네일아트의 보석 때문에 엉덩이나 허벅지가 긁히는 경우도 있습니다.

복장

단정하면서 활동성이 좋은 옷을 입으면 됩니다. 구슬이나 큐빅 등 장식이 달린 옷은 영유아의 호기심을 자극하여 삼킴 시고가 발생하기도 합니다. 실제로 아이가 선생님이 모르는 사이에 옷에 달린 작은 구슬을 떼어 내서 삼켰고, 그날 저녁 보호자가 아이의 변에서 구슬을 발견한 사례가 있습니다.

3 | 실습생의 자세

실습은 실습생이 실습기관에 자신의 능력을 발휘하고 도움을 주러 가는 것이 아닙니다. 이론만으로는 배우지 못하고 알지 못하는 영유아교육기관의 현장을 배우러 가는 것입니다. 그러므로 실습기관의 지침과 운영방침을 따르며 배우려는 자세를 갖추어야 합니다.

예의 바른 태도

실습기관 종사자 모두에게 배우는 학생으로서의 태도와 예의를 갖추어야 합니다. 원장님과 지도교사는 물론 차량기사, 조리사를 포함하여 영유아교육기관에서 근무하는 모든 사람이 해당됩니다.

긍정적인 시선

실습생의 지위와 역할에 대하여 긍정적인 관점을 가져야 합니다. 전문적인 현장 경험과는 다소 차이가 있는 보조적인 업무나 부족한 일손을 도와주는 업무를 수행하는 것으로 인해 회의감이 드는 경우도 있습니다. 그러나 실습생은 배우는 학습자의 위치임을 잊지 마세요.

기관의 규정과 방침 준수

출근 시간을 철저히 지키고 무단결근, 조퇴 및 지각을 하지 않습니다. 부득이한 경우에는 반드시 사전에 말씀드리고 양해와 승인을 받도록 합니다.

기관의 운영체계 존중

기관의 방침에 부정적인 비판보다는 이해하려고 노력하고 존중하는 태도를 갖춰야 합니다.

지도교사에게 적극적으로 협조

지도교사의 지도와 조언을 겸손히 받아들이며 학급 운영에 적극적으로 협조합니다. 경력은 그냥 쌓이는 것이 아닙니다. 내공으로 쌓입니다.

정보 유출 금지

실습기관의 동의를 구하지 않고 정보를 외부에 공개하지 않습니다. 원아들 사진, 식단 사진, 문서 등을 공개할 경우 법적으로 책임이 발생하기도 합니다.

예비교사로서의 품위 유지

예의 바른 태도를 유지하고 바른 언어를 사용합니다.

영유아에 대한 애정

모든 영유아를 깊은 관심과 진심이 담긴 애정으로 대합니다. 칭찬과 격려를 해 주고, 밝고 부드러운 모습을 보여 주세요.

공과 사 구분

실습기관 외의 곳에서 원아나 보호자와 만나거나 연락하는 등 개인적인 관계는 삼갑니다.

건강 관리

면역력이 약한 영유아들과 생활을 함께해야 하므로 건강 관리가 필수입니다.

개인적인 행동 자제

동료 실습생과의 잡담, 스마트폰 사용과 같은 개인 업무는 자제하도록 합니다. '나는 누구'이고 '여기는 어디'라는 것을 꼭 기억하세요.

4 | 실습 팁

인사는 기본 예의이다

바른 인사는 밝은 실습을 보장합니다. 고개만 까닥이는 가벼운 목례보다는 몸을 숙이며 바르게 인사해 주세요. 인사는 무조건 먼저 하세요. 실습생은 그 사람들을 몰라도 그 사람들은 실습생이 누구인지 압니다.

첫인상은 표정에서 결정된다

환한 표정, 밝은 얼굴을 유지하는 것이 좋습니다. 무표정은 도전 신청으로 보입니다. 원아들은 선생님을 외모로 판단하지 않고 표정으로 판단합니다. '웃는 선생님은 내 스타일♥♥'이라고 생각합니다. 아이들의 이상형이 되는 것은 어렵지 않습니다.

경청의 자세를 갖춘다

귀 기울여 듣고, 들은 것은 잊지 않도록 노력합니다. 같은 질문을 하지 않도록 메모를 습관화합니다. 기억력을 믿지 말고 메모를 믿으세요. 일단 메모부터 합니다. 그리고 전달할 사항이 발생하면 더하지도 빼지도 말고 딱 들은 그대로만 정확히 전달합니다. 실습을 통해 배워야 하는 내용은 문서로 전달되지 않습니다. 지도교사의 조언 속에 현장의 팁이 담겨 있습니다. "중요한 부분입니다."라고 예고하며 일러 주지 않습니다. 경청해야 찾을 수 있습니다.

빠른 정보 습득을 위한 노력이 필요하다

실습기관과 배정된 학급의 정보를 빨리 습득하고, 기관의 직위 체계와 운영 시간을 익혀야 합니다. 점심시간이나 간식시간이 다가오면 교실의 책상을 닦거나 조리실에서 음식을 받아 오는 등 알아서 준비하는 모습을 보여 주세요.

직위 체계를 파악한다

원장님, 원감님, 주임선생님의 직함을 기억합니다.

배정된 학급 원아들의 정보를 기억한다

원아들의 이름을 빨리 외우고 개별적인 특성을 파악해서 유대감을 형성하세요.

관찰자의 역할을 잘 수행한다

원아들을 잘 관찰하면서 주변을 살피면 안전사고를 예방할 수 있습니다. 다툼이 일어나면 즉시 중재하고, 몸 상태나 기분이 좋아 보이지 않는 원아를 발견하면 지도교사에게 바로 알려 주세요. 나의 신속한 보고가 학급의 평화를 가져옵니다.

따뜻하고 부드럽고 자상하게 아이들을 대한다

아이들을 존중하는 교사가 아이들의 사랑과 인기를 얻습니다.

수업계획안은 여러 가지를 준비한다

수업을 준비할 때는 여러 가지의 수업계획안을 계획해서 지도교사의 조언을 구하세요. '이중에서 한 가지는 선택받겠지.'라는 마음으로 몇 가지를 준비하세요.

독자적으로 결정하지 않는다

혼자 결정하지 말고 지도교사에게 물어보거나 확인을 받으세요. 실습생인 자신을 믿지 마세요. 아직은 멀었습니다. 스스로 의심하세요.

⋛ 선생님들의 💬 실습 이야기 ⋛

이랑쌤

삐삐가 최신 통신 기술이었던 먼 옛날에 실습을 나갔습니다. 담당교수님이 원장으로 계신 유치원이었습니다. 단단히 마음먹고 실습에 임했지만 첫날부터 그 정도로는 어림도 없다는 것을 알았습니다. 지도교사는 담임선생님이셨는데 부담임선생님을 지도교사로 착각할 정도로 많은 것을 지시했습니다.

실습기간 동안에는 토요일, 일요일에도 동기들과 매일 출근해서 교구를 만들었습니다. 재료비마저 자부담이었습니다. 올데이 수업을 밤늦게까지 준비하고 마무리를 하려는데 부담임선생님의 "한 가지 더 준비하세요."라는 말에 그만 참지 못하고 항의를 하고 말았습니다. 즉시 담임선생님에게 보고되었고, 결과는 부담임선생님의 지시대로 한 가지 더 준비를 했습니다. 게다가 실습 점수도 실습하면 무조건 나오는 점수만 받았지요. '그냥 처음부터 할걸.' 하고 후회했습니다. 실습기간에는 자신의 성격은 잠시 접어 두세요.

예은쌤

어린이집, 부설 유치원, 유치원에서 실습했습니다. 부설 유치원은 참관 실습이었고, 어린이집과 유치원은 교생 실습이었습니다. '나라면 아이들을 더 존중해 주고 저렇게 안 했을 텐데… 내가 해도 더 잘할 것 같다.'라는 오만한 생각으로 참관 실습을 마치고 본격적으로 교생 실습에 들어갔습니다.

어린이집 실습은 몸이 너무 고되었고 근육통에 시달렸습니다. 유치원 실습 때는 수업 준비와 교재 교구 제작으로 밤도 새웠습니다.

실습은 이상과 현실의 딜레마에 빠져 보내는 혼돈의 시간입니다. 실습 담임교사마다 수업, 놀이 지원, 상호작용, 일과 운영 등 차이점이 있습니다. 하지만 교실에서 다른 교사의 일과를 관찰할 수 있는 기회는 실습생 시기가 처음이자 마지막입니다.

담임교사의 다양한 면을 관찰하고, 어떤 부분을 배워야 하는지 미리 생각해야 합니다. 현장에서 그럴 수밖에 없는 이유가 있는지를 생각해 보고, '내가 현장에 가게 된다면 어떻게 해야지.'라는 해결점도 생각해 두어야 합니다. 보는 것과 행하는 것은 아주 다릅니다.

선배교사의 좋은 점을 찾아 배우고, 어떤 점이 나와 다른지, 나라면 어떻게 개선할 것인지를 생각하여 내가 키울 밭 고르기에 시간을 투자해야 합니다. 좋은 양분을 넣어 큰 수확물들을 얻을 수 있도록 값진 시간을 보내세요.

별밤쌤

버스도 다니지 않는 산 아래에 위치한 어린이집에서 실습을 했습니다. 버스에서 내린 뒤 30분을 걸어 들어가자 숲과 밭, 그리고 넓은 마당과 수영장이 있는 어린이집이 있었습니다. 이전에는 유치원에서 교육봉사를 하거나 참관을 했고, 어린이집은 처음이었습니다.

지도선생님께서 간단하게 만든 교구도 크게 칭찬해 주셨고, "담임교사가 되면 하고 싶은 수업이 있어도 다 못하니까 실습할 때 하고 싶은 수업 다 해 보세요."라며 많은 격려를 해 주셨습니다. 원의 특성상 자연과 함께하는 프로그램이 무척 많았습니다.

산과 가까워 벌레가 많아 아이들도 벌레, 파리와 사투를 벌이는 모습을 종종 볼 수 있었는데, 어느 날 아이들이 맨손으로 파리를 잡는 모습을 발견했습니다. 대단했습니다. 이때 취업할 원을 둘러보며 근무 환경을 체크하는 것이 중요하다는 것을 알게 되었습니다.

2 면접과 취업 이야기

　교사가 되기 위해 오랜 시간 이론에 대한 공부를 하고 예비교사로서의 실습을 통해 현장 경험까지 익혔다면, 드디어 진짜 교사가 될 차례입니다. 면접이라는 단어는 언제나 떨리고 긴장되기 마련입니다. 하지만 면접이라는 큰 관문만 넘는다면 진정한 영유아교사로 담임교사, 부담임교사, 혹은 보조교사로 활동할 수 있습니다. 긴장되고 떨리는 마음은 잠시 접어 두고 지루하고 식상한 면접이 아닌 센스 있는 답변과 교사로서의 전문성을 보여 주세요.

1 ｜ 면접의 기본

면접기관에 대한 배경지식과 사전정보를 숙지한다

　그 원만의 특색 교육이나 활동에 대한 정보를 찾아보세요. 예를 들어 생태 교육에 중점을 두는 곳이라면 생태 교육에 대해 미리 파악해 두세요.

시간을 정확히 지키고 차분히 대기한다

면접 10분 전에는 도착하도록 하며, 대기하는 동안에도 스마트폰을 보거나 기웃거리는 행동보다는 어느 정도 긴장감을 유지하는 것이 좋습니다.

첫인상이 중요하다

나의 이상형을 만난 것 같은 표정을 지으세요. 이상형을 만나 놀란 표정이 아닌, "나에게 반하도록 해 주겠어!"라는 자신감 있고 환한 표정이 좋습니다.

확실하고 명확한 표현을 사용한다

정확한 표현	애매모호한 표현
○년 전에	예전에
~라고 생각합니다.	그런 것 같습니다.

바른 자세와 정확한 발음, 말의 속도를 조절하여 말한다

눈 맞춤과 작은 제스처도 함께 활용하면 더 효과적입니다. 과하고 큰 제스처는 비웃음을 유발할 수 있습니다.

질문의 핵심을 파악하고 간결하고 명료하게 대답한다

질문에 대한 답을 먼저 말한 후 다음에 이유를 설명하는 것이 좋습니다. 면접관은 긴 답변을 지겨워합니다.

면접관의 질문에는 반드시 답을 한다

예상하지 못한 질문을 받으면 당황하여 대답이 떠오르지 않을 수도 있지만 얼버무리거나 "모르겠다." 등의 대답은 탈락으로 안내합니다.

장점은 겸손함이 느껴지도록, 단점은 개선 방향으로 표현한다

자신감과 자만심은 다릅니다. 미묘한 차이가 합격을 좌우합니다.

2 | 면접 시 주의사항

이전 직장에 대한 험담은 자제한다

'퇴사하면 우리 원에 대해서도 저렇게 말하겠네.' 하는 마음이 듭니다.

불필요한 언어 습관을 고친다

면접은 판소리가 아닙니다. "음…", "저기…….", "그게 아니라…….", "어……." 등의 추임새를 넣지 마세요.

끝까지 정확하게 말한다

말끝을 흐리면 자신감이 부족해 보입니다. 떨어지면 또 다른 곳에 면접 보면 되니 자신감을 가지세요.

머리를 만지거나 옷매무새를 정돈하지 않는다

면접 도중에 머리를 만지거나 옷매무새를 정돈하면 집중력이 없고 산만해 보입니다. 평소 습관이라 하더라도 면접하는 동안에는 참고 차분한 상태를 유지하세요.

식상한 표현은 삼간다

"저는 아이들을 너무 좋아합니다.", "내 아이라는 마음으로~" 등의 말은 너무 흔해서 자신의 존재감을 드러내지 못합니다. 개성 있는 표현으로 돋보여야 합니다.

필요한 사람임을 알린다

직장은 학교가 아닙니다. 능력을 발휘해야 하는 곳입니다. 배우려고 오는 사람이 아닌, 배운 것을 활용할 줄 아는 사람을 채용하려고 면접을 보는 것이니 자신이 기관에 필요한 사람임을 어필하세요.

끝까지 긴장을 늦추지 않는다

면접 장소를 나갈 때까지 면접은 끝난 것이 아닙니다. 면접관은 당신을 끝까지 보고 있습니다.

⋛ 선생님들의 면접 이야기 ⋚

이랑쌤

면접 장소에 도착하기 100미터 전부터 표정과 자세를 바르게 유지했습니다. 도착하는 동안 혹시 눈이 마주치는 분이 계시면 모르는 분이라도 가볍게 목례하며 이동했습니다. 10분 전에 도착하고 면접 시간이 되자 전화로 도착하였음을 알리고 지금 방문해도 되는지 여쭈었습니다.

덧신이 필요할 수도 있으므로 미리 준비하고 면접에 임했습니다. 장점을 표현할 때는 잘난 척하는 것처럼 보이지 않도록 하고, 단점은 고칠 수 있는 부분만을 이야기하여 성장 가능성이 느껴지도록 하였습니다.

100미터 전부터 표정과 자세를 유지한 이유

저는 면접관과 기관의 관계자를 모릅니다. 면접을 보러 가는 길에 어떤 분과 눈이 마주쳐서 고개를 숙였는데 이사장님이셨습니다. 면접 중간에 들어오셨는데 모르는 사람에게 인사하는 모습이 좋아서 합격이라고 하셨습니다.

사실은 눈이 마주치는 게 불편해서 고개를 떨어뜨린 것인데 굳이 밝히지 않았습니다. 그 이후로는 면접하러 가는 길에 눈이 마주친 분들께는 모두 목례를 했습니다.

면접 시간에 도착했는데 다시 확인한 이유

약속된 면접 시간이지만 당장 기관에서 면접을 할 수 없는 상황일 수도 있기 때문입니다. 갑작스런 보호자의 방문이라든지 급히 처리해야 할 업무가 생기기도 하기 때문에 기관을 배려하는 차원에서 한 행동이었습니다. 이후에 센스가 있어 보여 채용했다는 말씀을 들었습니다.

덧신을 준비한 이유

작은 행동이지만 준비성이 있는 사람으로 보일 수 있습니다.

....

예은쌤

처음 임용 면접을 봤을 때 제 인생에서 가장 떨리고 긴장되고, 심장 소리가 귀에서 울리는 신세계를 경험했습니다.

면접은 나를 확인시켜 주는 시간입니다. 먼저 이력서와 전화 통화로 나에 대한 기본적인 내용을 알립니다. 일차적으로 나를 드러내는 기회이니 최대한 정성스럽게 나의 모든 면을 작성(대화)해야 합니다.

면접은 내가 입사하고 싶은 원을 밟는 순간부터 시작입니다. 걷는 자세는 곧고 바르게, 걸음걸이도 신발이나 실내화를 끌지 않고 단정하게 걷습니다. 의자에 앉을 때는 옷매무새를 정돈하고 바르게 앉습니다. 눈은 자연스럽게 바라보고, 웃는 얼굴로 대화합니다.

대화를 나눌 때는 말끝을 흐리지 않고 자신 있게 대화의 끝맺음을 완성합니다. 질문을 받으면 당황하지 않고 자신의 교육관과 철학을 가지고 대답합니다. 질문이 있으면 면접관의 이야기를 끊지 않고 끝까지 들은 뒤 조리 있게 대답합니다.

만약 면접관의 눈을 마주치는 게 긴장되어 어렵다면 면접관의 머리카락이나 옷깃 등 얼굴에서 최대한 가까운 쪽을 보고 이야기하도록 합니다.

면접을 볼 때 원의 철학이나 특징 등을 기관 홈페이지, 정보공시를 통해 알아보고 특성에 맞는 내용과 자신의 학급 운영 계획을 언급하면 준비된 교사라는 인식을 줄 수 있습니다.

자신감을 가지고 밝은 얼굴로 면접에 임하면 합격이라는 좋은 결과를 얻을 수 있을 거예요.

....

별밤쌤

제가 첫 취업을 할 때는 학교에서 원과 연계하여 취업을 시켜 주었습니다. 당시에는 면접을 갈 때면 면접 시간을 내주서서 감사하다는 뜻을 보이는 다과를 간단하게 준비했습니다.

1시간 정도 면접을 보았습니다. "생태 프로그램을 어떻게 생각하는가, 어떻게 진행하고 싶은가?" 하는 질문을 받았는데, "생태 프로그램이라고 해서 꼭 어딘가 가야 한다고 생각하지 않습니다. 날씨와 하늘, 구름 등 원 밖에만 나가도 느낄 수 있는 것이 자연이고 생태라고 생각해요." 라는 답변을 했습니다. 결과는 합격이었습니다.

Level 2

선배교사로
발전하기

이제 교사로서 출발합니다. 직장인으로서의 새로운 시작은 설레기도 하지만 두렵기도 합니다. 직장인에게는 권한과 책임이 따릅니다. 특히 영유아교육에 종사하는 교사들에게는 아이들이 안전하고 건강하며 올바른 인성으로 성장할 수 있도록 사랑으로 보살피겠다는 사명감이 필요합니다.

1 직장인으로서 하루를 준비하는 자세

규칙 지키기

직장 생활의 기본은 규칙 지키기입니다. '시간 엄수=성실함'입니다. 출근 시간은 업무를 시작하는 시간이라는 마음으로 10분 정도 일찍 도착하면 좋습니다.

밝은 표정과 인사

밝은 표정과 예의 바른 인사는 직장 생활의 시작입니다. 인사만 잘해도 좋은 인상을 심어 줄 수 있습니다. 상대가 나를 보고 있지 않아도 내가 상대를 발견했다면 먼저 인사하세요. 인정과 신뢰를 얻는 지름길입니다.

센스 있는 태도

센스 있는 태도를 기를 수 있도록 노력합니다. 상황에 맞게 융통성을 발휘하며, 분위기를 읽을 수 있는 안목을 길러야 합니다. 여기저기 살피는 미어캣처럼 눈치를 키워야 합니다.

나만의 특별함

원에 필요한 존재가 되기 위해서는 타인과의 차별성이 필요합니다. 남들에게 인식시켜 줄 수 있는 본인만의 능력을 계발하세요. 특별함이 없다면 나만의 강점을 만들어 보세요.

원만한 관계 유지

선임, 동료와 원만한 관계를 유지합니다. 모두와 잘 지내는 것이 가장 좋지만 인간관계는 쉬운 일이 아닙니다. 최소한 적을 만들지는 마세요. 내부의 적은 상당히 위험합니다.

최선을 다한 업무 수행

업무 수행을 위해 최선을 다합니다. 모르면 질문하며 확인하고, 문제가 생기면 신속히 보고하고, 잘못을 인정하며, 해결을 위해 노력하면 됩니다. 선임에게 보고하기 전에 재확인하는 습관을 키우면 업무상의 실수를 줄일 수 있습니다. 본인이 한 작업을 직접 검토하면 오류를 발견하기 쉽지 않으니 동료 교사에게 확인을 요청해 보는 것도 좋은 방법입니다.

몸은 가볍게, 입은 무겁게

빠르게 행동하며 부지런하게 생활하되 말은 전달하지 않습니다. 다른 사람들의 이야기를 이리저리 소문내고 다니면 공공의 적이 됩니다.

⋛ 선생님들의 💬 하루 준비하기 ⋚

이랑쌤

유치원과 어린이집의 경력이 17년 이상 되지만 지각한 횟수는 기억이 없을 정도입니다. 부지런함과 성실함과는 거리가 먼 스타일이지만 지각만큼은 절대 하지 않았습니다. 퇴근 시간 엄수도 중요하지만 출근 시간 엄수는 더욱 중요합니다.

저는 환경판, 동시판, 동요판, 모빌 등을 만들면 "선생님 반은 깔끔한 게 차라리 더 나을 것 같아요."라는 말을 들을 정도로 누구나 인정하는 '응가손'이라서 손으로 하는 것은 포기하고, 그 대신 있는 그대로의 제 모습을 장점으로 바꿔 직장 생활을 했습니다.

뻔뻔함을 살려 보호자들에게 자연스럽게 다가갔고, 튼튼한 체력으로 여기저기 인사를 나누었습니다. 무신경인 성격대로 다른 사람의 뒷담화는 한 귀로 듣고 바로 흘렸으며, 천성적인 게으름으로 전해 들은 이야기는 전달하지 않았습니다.

목소리가 작다고 고민하는 선생님의 글을 읽은 적이 있는데, 목소리가 작은 담임교사의 반 친구들은 잘 들으려고 노력하기 때문에 집중력이 생긴답니다. 모든 것을 잘할 수는 없고, 자신을 바꾸는 것도 쉽지 않으니 가지고 있는 것을 잘 활용해서 할 수 있는 것을 하세요.

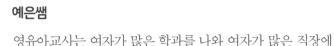

예은쌤

영유아교사는 여자가 많은 학과를 나와 여자가 많은 직장에서 생활하게 됩니다. 여초집단에서의 사회관계는 바람 잘 날이 없다 해도 과언이 아닙니다. 사회관계를 잘하는 것이야말로 반에서 수업을 훌륭하게 마치는 것보다 더 중요한 일이 될 수도 있습니다. 따라서 '내 반만 챙겨야지.', '나만 잘하면 되겠지 뭐.'라는 생각은 왕따로 가는 지름길이 될 수 있습니다.

기관에 처음 가면 텃세도 있고, 나를 평가하는 눈들도 느껴지고, 학부모들과 신뢰감 형성도 안 된 상태라 힘들기 마련입니다. 관계를 어렵게 만드는 사람은 어디든 꼭 있습니다. 그런 사람은 어디에 가나 그렇습니다. 내 탓이 아닙니다. 그러니 그런 사람과의 마찰에 신경 쓰고 스트레스 받지 않도록 자기감정 관리를 잘해야 합니다.

무슨 일이 생기면 1차적으로 가장 먼저 해야 할 것은 자기의 감정을 알아차리는 것입니다. '아, 내가 지금 기분이 몹시 나쁘구나. 그럴 수 있어. 저 사람은 원래 저런 사람이야.'로 내 마음을 달래 주고 가라앉혀 줘야 합니다.

그다음에 어떤 방식으로 해결할 수 있는지 생각해 보고, 마음이 잘 통하는 교사와 함께 이야기해 보는 게 좋습니다. 하지만 다른 사람의 험담을 하면 안 됩니다. 다른 사람의 험담 늘어놓기를 좋아하는 사람은 그 당시에는 돈독한 사이인 것 같아도 결코 오래가지 못합니다. 동료교사로서 뚝배기 같은 사람으로 인정받으려면 말을 전달하지 않고, 어러운 상황에도 듬직하게 함께해 주는 교사가 되어야 합니다.

집단 생활에서 다른 사람에게 피해 주지 않고 자신의 능력과 꼼꼼함으로 인정받게 노력하면 곧 보석 같은 존재가 될 수 있습니다. 스스로 뿌듯하고 인정받을 수 있는 선생님이 되길 응원합니다.

....

별밤쌤

저의 첫 직장 생활은 순조롭지 못했습니다. 면접과 취업을 완벽하게 해 냈지만, 직장 생활은 학교에서 배우던 것과 너무 달랐습니다. 처음 보는 서류, 처음 만나는 선배 선생님들, 처음 하는 행사, 처음 하는 발표 등 새로 익혀야 하는 부분이 많았습니다. '처음'이라는 타이틀이 붙었기에 초기에는 선생님들이 이해해 주셨지만, '처음'이라는 타이틀은 얼마 가지 않았습니다. 결국 저 혼자서 해 내야 하는 것이고, 두 번째부터는 처음이 아니니까요.

게다가 제가 맡은 업무를 해결하는 것도 무척 어려웠습니다. 가장 어려웠던 점은 선생님들과의 관계였습니다. 서로 역할을 분담해서 일을 해야 하는데, 저 때문에 다 같이 야근을 해야 하는 상황이 생겨서 너무 눈치 보이고 죄송했습니다. 특히 행사와 수입이 많아서 고생이었습니다. 다행히 1년을 힘들게 보내고, 2년차에는 만 3세 반이 한 반뿐인 어린이집에서 근무하며 하고 싶은 수업을 모두 하면서 아이들과 행복한 한 해를 보냈습니다.

2 믿음 주는 교사 되기

　믿음을 주는 교사가 되려면 무엇보다도 보호자와 신뢰관계를 형성하는 것이 중요합니다. 낮잠을 강제로 재우려다 영유아를 사망에 이르게 하고, 강제로 음식을 먹이며, 신체적·정서적 고통을 주는 아동학대 사건이 계속해서 발생하고 있습니다. 이런 사건·사고를 접하면 보호자들은 '설마 내 아이도?', '혹시 우리 담임선생님도?'라는 불안감이 커지고, 영유아교육기관의 종사자들을 잠재적 범죄자로 의심하게 됩니다. 아이 가방에 몰래 소형 녹음기를 넣어 보내기도 하고, 이유도 없이 CCTV 열람을 요청하며, 교사들에 대해 불신감을 키워 갑니다.

　대중매체를 통해 아동학대 사고가 알려진 다음날은 보호자들의 눈빛이 달라진 것이 느껴집니다. "우리 아이가 갑자기 어린이집(유치원)에 가기 싫어하네요. 이유를 모르겠어요.", "우리 ○○가 선생님이 무섭다고 하네요.", "상처가 있던데 혹시 선생님이 때리신 건 아니죠?" 이런 식으로 교사를 떠보는 질문을 많이 합니다. 아니라는 것을 잘 알면서도 말이지요. 이런 보호자들에게 믿음을 주고 신뢰감을 주는 것 또한 교사의 역할입니다.

다양한 방법으로 자주 소통한다

① 알림장, 카톡, 문자, 전화 통화, 대면 등의 다양한 방법으로 선생님과 보호자의 중심인 아이에 대해 서로 정보를 교환하고 공유하며 소통을 통해 유대감을 형성합니다.

② 얼굴을 바라보고 눈을 마주치며 이야기하는 것이 다른 방법보다 더 전달력이 좋습니다.

③ 글로 소통할 경우에는 아이의 이름 뒤에 ♥를 붙이거나, '우리 ○○는' 등으로 애정과 친근감을 표현해 주는 것이 좋습니다. 어린 연령의 영아일 경우는 더 많은 교감이 필요합니다.

④ 사진 전송 시 보호자에게는 본인의 자녀가 최우선이므로 자녀가 잘 나온 사진을 선택합니다. 배경은 중요하지 않습니다. 다른 친구는 잘 안 나와도 괜찮습니다. 오직 내 아이만 본답니다.

영유아교육의 전문가라는 확신을 준다

교육전문가로서 아이를 위해 어떤 교육을 하고, 어떤 노력을 하고 있으며, 어떤 긍정적인 효과가 나타나는지를 알 수 있도록 알려 줍니다. 본인의 능력을 숨기지 마시고 전달하며 표현하세요.

아이라는 공동의 관심사로 공감대를 형성한다

① 교사와 보호자는 한 가지 목표를 위해 협력하고 협조하는 관계입니다. 모두 아이의 전인적인 성장과 조화로운 발달이라는 공동의 목표를 가지고 있습니다. 교사만 아이에 대한 정보를 전달하는 것이 아니라 보호자도 교사에게 자녀의 정보를 제공하여 발전적인 관계를 형성하도록 해야 합니다.

② 교사와 보호자는 서로 격려하고 지지하는 동지로서 한 팀이 되어야 합니다. 혹시 팀이 마음에 들지 않더라도 한 번 정해진 팀이니 최선을 다해 경기에 임합니다.

문제 발생 시 솔직하고 진솔하게 대응한다

① 아무리 사소한 일이라 할지라도 보호자의 입장에서 이해하도록 합니다. 영유아교육기관에서는 안전사고, 원아들과의 다툼 등 여러 가지 문제가 많이 발생합니다. 아이에게 발생한 문제의 가볍고 무거운 정도를 교사의 입장에서 판단해서는 안 됩니다.

② 공감을 표현하고 신뢰감을 형성합니다. 신뢰가 형성되면 문제 상황이 생겼을 경우에도 해결이 훨씬 수월해집니다. 불편해진 보호자의 마음도 진심으로 공감하는 선생님의 모습에 풀리고는 합니다. 문제 상황 발생 시 보호자 모드로의 전환을 잊지 마세요.

오해 발생 시 사실을 바탕으로 원만히 해결하도록 노력한다

① 교사의 감정은 배제하고 구체적이고 객관적인 사실 전달을 통해 해결하도록 합니다. 오해가 생기는 가장 큰 이유는 보호자가 아이의 생활을 직접 볼 수 없기 때문입니다. 사실관계가 그렇지 않더라도 아이 말만 믿는 보호자에게는 오해하기 쉬운 부분도 많습니다.

② 보호자의 걱정을 공감하고 마음을 헤아리려는 노력을 보여 주세요. 보호자의 말을 경청하고 아이를 생각하는 진심을 보여 준다면 마음의 문은 열립니다.

긍정적인 이야기로 시작한다

보호자와 상호작용을 할 경우 아이에 대한 긍정적인 내용으로 대화를 시작합니다. 아이가 가진 좋은 점, 긍정적인 점에 대한 이야기를 나누며 보호자를 안심시킵니다. 이러한 긍정적인 경험은 보호자로 하여금 교사가 본인의 자녀에 대해 관심과 애정을 가지고 있다고 느끼게 해서 신뢰도가 높아집니다. 아이의 장점을 찾아내는 것도 능력이니 잘 찾아보세요. 잘 안 보일 경우에도 기필코 찾아내야 합니다.

≶ 선생님들의 💬 학부모 관리 꿀팁 ≶

이랑쌤

등·하원을 도보로 하는 원아의 보호자와는 매일 만나니 친근감을 표현하기가 쉽지만, 차량을 이용하는 원아는 탑승하고 하차하는 시간에만 보호자와 만나기 때문에 그 짧은 시간을 잘 활용했습니다. 더 반갑고 살갑게 인사를 나누고 보호자의 전달사항에 적극적인 반응을 보여 주었어요.

보호자 : 어제 저녁에 ○○가 열이 났어요, 담임선생님께 말씀드려 주세요.

이랑쌤 : (화들짝 놀란 표정으로) 어머~ 열이 났군요. 걱정이 많이 되시겠어요. 바로 열 체크하고 담임선생님께도 전달드릴게요. 평소보다 더 신경 써서 살펴볼게요.

도보로 등원하는 원아의 보호자와는 아무리 짧더라고 항상 이야기를 나누었어요.

이랑쌤 : 우와~ ○○어머니 머리 하셨네요. 잘 어울리세요. / 오늘 ○○가 저를 보고 씨익~ 웃는데 얼마나 그 미소가 예쁘던지요. / ○○가 주말 지낸 이야기를 하는데 발표력이 정말 좋아졌어요!

이런 소소한 에피소드가 쌓여서 신뢰관계가 형성되었습니다.

예은쌤

요즘 아이들의 가정을 살펴보면 다양한 물리적·정신적 문화와 가정환경에서 지내고 있습니다. 어느 정도 래포(Rapport, 친밀관계)가 형성되고 나면 '아 그래서 그랬구나.'라는 생각이 들 때가 참 많습니다. 유년 시절 또는 현재 상황의 결핍으로 불신하거나 오해하는 부모님이 있기도 합니다. 먼저 이해하고 수용하는 마음 자세를 가지면 교사의 태도가 너그러워지기 때문에 부모님과의 관계에 긍정적인 영향을 줍니다. 관계가 어려운 부모님이 있다면 가장 먼저 그런 마음 자세를 취하는 것이 좋습니다.

자주, 그리고 깊게 소통하는 것도 중요합니다. 부모님이 예민하거나 궁금해하거나 바라는 부분이 있다면 그 부분을 놓치지 말고 꼼꼼하게 알려 드리세요. 특히 그 부분에서 서운해할 일이 없도록 잘 챙겨야 합니다.

'내 아이에게 사랑과 관심이 참 많구나.'라는 믿음으로 마음의 안정을 얻게 되면 선생님에게 날카롭게 대할 부모님은 없으실 거예요. 어려운 부모님께는 전화도 꺼려지고 연락도 꺼려지는 게 당연하지요. 하지만 불편하더라도 한 번, 두 번 노력해서 신뢰를 얻고 교사의 꼼꼼함과 자상함이 전달되면 분명 그해는 부모님과의 문제로 인한 어려운 일은 없을 거예요.

반 아이들을 끊임없이 관찰하고 그 결과를 부모님과 공유한다면 부모님도 선생님에게 신뢰를 갖게 됩니다. 관찰 결과는 아이의 부정적인 부분이 아닌 아이의 특성(예를 들어, 역할 영역에서 놀이하는 것을 좋아하고 특히 음식으로 소꿉놀이하는 것을 좋아해요.)에 대해 언급해 주면 좋습니다.

....

별밤쌤

보호자와 잘 지내는 특별한 방법은 없습니다. 많이 전화하고, 많이 이야기하고, 많이 소통하는 방법뿐입니다. 부모님의 신뢰를 얻기 위해 부모님께서 부탁하신 내용, 혹은 부모님께서 한 번 말씀하신 내용을 잊지 않기 위해 노력했습니다. 특히 등원 시간에 많은 아이가 함께 들어올 때는 메모지를 두고 부모님께 메모를 작성해 달라고 부탁하며 "저도 사람인지라 까먹을까 봐서요. 메모 좀 부탁드릴게요." 하고 말씀드렸어요. 이 부분을 잘 챙기다 보니 부모님께서 말씀하신 내용을 잊지 않고 챙기게 되었고, 부모님들의 신뢰도 착실하게 쌓여 갔어요.

하나의 꼼수(?)를 부리기도 했는데요. 아이에게 "선생님은 널 가장 사랑해!" 하고 귓속말로 이야기해 주었어요. 모든 아이에게요. 그랬더니 아이들이 집에 가서 "우리 선생님은 나만 사랑하나 봐~." 하고 이야기를 하게 되었고, 부모님들은 매우 흡족해하시며 하원 시간에 만난 원장님께 "선생님은 우리 애를 제일 좋아하나 봐요. 선생님이 제일 좋대요. 오호호홍~." 하고 전달해 주셔서 '아이를 많이 사랑하는 선생님', '학부모님께 인정받는 선생님'의 타이틀을 얻게 되었답니다.

3 행복한 선생님과 신나는 아이

영유아교육기관의 교사들은 영유아가 정서적으로 안정감을 느끼며 건강하게 잘 자랄 수 있도록 안내해 주는 인생의 첫 안내자입니다. 여행에서 좋은 가이드를 만나게 되면 즐거운 여행을 하게 되는 것처럼 행복한 교사를 만나게 되면 아이는 신나는 유년기를 보낼 수 있습니다. 행복한 안내자가 되기 위해서는 준비가 필요합니다.

영유아의 인격을 존중하며 사랑을 표현해 준다

존중과 사랑을 받고 자라는 아이는 자존감이 향상되며 긍정적 삶의 자세로 타인을 존중하게 됩니다. 아이들은 받은 만큼 돌려줍니다. 배로 돌려주기도 하지요. 100의 사랑을 200의 사랑으로 보여 주며 감동을 줍니다.

전문성을 위해 노력을 기울인다

빠르게 변화하는 현대 사회에서는 교육의 방향도 유행을 따라갑니다. 넘쳐나는 교육 정보 속에서 올바른 교육관의 기준을 잡는 것은 어려운 일입니다. 영유아교육 전문가로서 전문성을 키워 나만의 교육관을 찾을 수 있는 능력을 키워야 합니다.

위기대처능력을 키운다

영유아교육기관에서도 또래집단에서의 갈등이 발생하고 안전사고 등 다양한 위기 상황이 발생합니다. 이때 빠르게 위기 상황을 대처하여 영유아를 보호해야 합니다.

사례 1
2017년 포항지진 발생 당시 경상도 ○○유치원의 교사들은 지진 발생 경보에 침착한 대응으로 165명의 전체 원아를 안전하게 대피시켜 자연재해로부터 아이들을 지켜 냈습니다.

사례 2
2019년 서울 모 초등학교에서 화재가 발생하였으나 교사들의 신속한 대처로 방과후 학생들과 병설유치원 원아 158명을 참사로부터 막았습니다.

아이의 눈으로 바라본다

자신의 눈높이에 맞추어 생각과 느낌을 공감해 주는 교사와의 상호작용은 아이에게 친밀감, 안정감, 신뢰감을 높입니다. 아이에게 맞추어 주세요. 아이들마다 반응 속도와 표현 방법은 제각각이니 맞춤 서비스를 제공해 주세요.

아이에 대한 관찰력을 기른다

아이의 마음을 아무도 몰라주면 아이도, 보호자도, 교사도 얼마나 서로가 답답할까요? 아직 표현력이 미숙해서 제대로 표현하지 못하는 아이들의 생각을 교사의 관찰력과 통찰력으로 이끌어 내 주세요. 그림으로 나타내는 아이, 표정으로 보여 주는 아이, 행동으로 드러내는 아이, 언어로 표현하는 아이 등 아이들은 저마다 표현하는 방법이 다릅니다. 아이에게 맞는 방법을 찾아 생각을 표현하도록 도와주세요.

긍정적인 표현을 한다

긍정적인 표현은 정서적 안정감과 감정표현 능력을 발달시키고 안정된 자존감 형성에 도움이 됩니다. 한글은 세계 제일의 우수성과 위대함을 가진 문자입니다. 부정적인 표현을 긍정적인 표현으로 바꾸기에 최고입니다. 이렇게 바꾸어 볼 수 있어요.

> 교실에서 뛰지 않아요. → 교실에서 걸어 다녀요.
> 친구와 싸우지 않아요. → 친구와 사이좋게 지내요.
> 큰소리를 내지 않아요. → 작은 소리로 말해요.

열린 질문을 한다

풍부한 창의력과 상상력을 가지고 있는 아이들의 대답은 선생님의 질문 방식에 따라 달라집니다. 답이 정해져 있지 않고 다양한 대답이 나올 수 있도록 열린 질문을 해 주세요. "예" 또는 "아니오"의 단답형 대답이 나오는 질문은 닫힌 질문입니다. 예시를 보며 알아볼까요?

Q. 아이들에게 동화를 들려주고 난 뒤 "재미있었나요?"라고 발문을 했어요. 그러자 아이들은 모두 한 목소리로 "네~" 하고 답했습니다. 아이들이 동화에 대해 다양한 이야기를 하며 상호작용을 하고 싶었는데 "네" 하고 단답형으로 대답을 해서 순간 당황했어요.

A. 아이들이 "예", "아니오"로 답할 수 있는 폐쇄적인 질문보다는 "어떤 느낌(기분)이 들었나요?"라고 열린 질문을 한다면 "눈물이 나올 것 같아요.", "엄마 생각이 났어요."와 같이 다양한 표현을 하게 됩니다. 정답이 없으니 모두가 100점입니다.

⋛ 선생님들의 💬 아이와 잘 지내는 팁 ⋚

이랑쌤

아이들은 자기를 좋아해 주는 사람을 좋아합니다. 바라봐 주고 웃어 주고 예뻐하고 안아 주는데 견딜 재주가 없지요. 자기가 좋아하는 사람을 기쁘게 해 주고 싶어서 바르게 행동하고 말을 잘 들으려고 노력하지요. 아이들에게 사랑을 표현해 주세요. 표현해 주지 않으면 아이들은 선생님의 진심을 알지 못해요.

"선생님은 우리 ○○가 주말 동안 너무 보고 싶었어~."(모든 아이에게 해 주는 말입니다.)

예은쌤

어느덧 10년 차가 넘어가니 나의 전문성을 신장시키는 방법보다 감정을 어떻게 다루고 소통할 수 있을까에 갈증이 생기기 시작했어요. 그래서 관계 코칭, 감정 코칭, 회복 탄력성 등 다양한 연수를 찾아다녔습니다. 제가 들었던 연수 내용을 바탕으로 저의 생각을 정리하여 말씀드릴게요.

아이들 행동의 원인은 거의 '관심 끌기'예요. 사랑받고 싶거나 관심 받고 싶어 하는 행동을 문제행동이나 애교 부리기 등으로 다양하게 표현합니다. 아이들과 잘 지내는 방법은 사랑을 많이 주는 것이에요. 나를 힘들게 하는 아이와는 많은 시간을 소통하면 돼요. 아이의 마음을 들여다보고 함께 알아보고 이야기 나누는 시간이 필요해요.

물론 교사들에게는 그런 시간이 절대적으로 부족하지요. 하지만 학기 초는 아이와 애착 및 신뢰감 형성의 결정적 시기이니 지식 하나를 덜 주더라도 아이와 교감을 하는 게 필요해요. 아이가 원하는 것을 알아차리면 바로 아이에게 몇 마디라도 표현해 주세요. 영아가 아닌 유아의 경우에는 친구들과 함께 있을 때는 잘 표현하지 않는 경우가 많기 때문에 교실 문 바로 옆으로 나와 유아와 함께 대화를 나누는 시간이 필요합니다.

가장 기억에 남는 연수 내용은, 아이가 나를 힘들게 하면 '나의 감정을 빨리 알아차리기'였어요. 나의 감정이 욱하고 올라오면 '뭐라고 이야기할까?' 이전에 '내 감정이 많이 올라와 있구나. 가라앉히고 이야기해 보자.'를 떠올리며 나의 감정을 먼저 다스리세요. 그다음에 열린 대화를 통해 아이의 감정을 들어 보며 문제를 해결하세요. 나도 아이도 훨씬 긍정적인 관계로 이끌 수 있어요.

아이의 마음과 나의 마음을 충분히 알아주었다면, 그 다음으로는 아이들의 놀이를 지원해 주는 교사가 되도록 노력하세요. 놀이를 지원해 주는 교사가 되려면 아이들의 마음을 잘 파악할 수 있어야겠지요? 아이들의 시선에서 이야기를 나눠 주는 교사가 되세요. 나의 말을 들어주고 존중해 주고 지원해 주고 공감해 주는 선생님이야말로 아이들에게 최고의 선생님이에요.

별밤쌤

아이를 개별적으로 대할 때는 아이의 성향에 따라 태도를 달리했습니다. 하지만 단체로 있을 때는 아이들과 효과적으로 즐겁게 지내는 방법으로 '웃긴 선생님'이 되는 방법을 선택했습니다. 아이들의 말 한마디 한마디에 과한 리액션을 하면서 할리우드 액션을 펼치는가 하면 마치 아빠 혹은 삼촌과 놀이하듯 몸을 사리지 않고 온몸으로 놀아 주기도 했습니다. 아이들은 까르르 넘어가고, 아이들에게 "우리 선생님은 힘도 엄청 세고, 엄청 웃겨."라는 이야기를 많이 들었습니다.

4 서로 힘이 되어 주는 동료교사

영유아교육기관의 교직원분들은 동료와 보호자, 아이들과의 관계에서 힘들거나 지치는 일이 종종 있습니다. 이럴 때 동료는 위로해 주고 힘이 되어 주는 존재이자 파트너입니다. 직장 동료는 가족보다 더 많은 시간을 함께 보내게 되는 관계이므로 좋은 관계를 유지하기 위해 노력이 필요합니다.

공과 사를 구분한다

직장에서는 교직원 대 교직원으로 예의를 지켜야 할 필요가 있습니다. 서로의 고유 업무 영역을 친분이라는 이름으로 넘어서면 불편한 관계로 변하게 됩니다. 협조적이고 우호적인 관계를 유지하기 위해서는 적당한 거리 유지가 필요합니다. 직장 동료는 친구와 다릅니다. 친구는 내가 선택할 수 있지만 동료는 선택할 수 없습니다. 만약 사이가 나빠진 동료가 생긴다고 할지라도 둘 중 한 명이 퇴사하기 전까지는 함께해야 하기 때문에 좋은 관계를 유지하기 위해 적당한 거리를 두고 예의 바르게 대하는 게 좋습니다.

말을 조심한다

말은 그 사람의 품격과 교양을 나타내기 때문에 신중하게 표현해야 합니다. 상대방을 배려하는 말은 나를 배려해 주는 말로 돌아오지만, 헐뜯는 말은 돌고 돌아 나를 헐뜯게 됩니다. 특히 소문의 시작이 본인이 되어서는 절대로 안 됩니다. 소문의 전달자가 되어서도 안 되고요. 어쩔 수 없이 뒷담화 자리에 동석한다면 듣기만 하세요. 너무 흥미롭게 듣지 말고요. 이말 저말 옮기는 사람은 내 말도 다른 선생님에게 옮기고 다닐지 모릅니다. 어떤 상황이든 슈퍼전파자는 아주 위험인물이니 조심하세요.

거절할 줄도 알아야 한다

영유아교육기관의 특성상 수업, 서류 업무, 차량 지도, 알림장 작성, 급·간식 배식 등 다양한 업무가 있습니다. 누구에게나 힘들지만 특히 더 어려움을 호소하는 동료가 있을 경우에는 배려하는 마음으로 도움을 줄 수 있습니다. 그런데 배려를 당연한 것으로 받아들이는 사람의 경우에는 도와주지 못하게 되면 서운해하며 섭섭함을 드러내기도 합니다. 배려에 감사할 줄 아는 동료와, 배려와 권리의 차이를 모르는 동료는 다르게 대해야 합니다. 사회생활에서는 경우에 따라 '거절하기'도 꼭 필요합니다.

관심을 표현해 준다

밝은 표정으로 대하며 사소한 것이라도 진심 어린 칭찬으로 관심을 표현해 주세요. 대화를 나눌 때 눈을 바라보며 바른 자세로 경청하며 공감한다면 함께하는 동료와 대화의 시간이 즐거워집니다. 언어적인 표현만큼 비언어적인 표현도 대화에 중요하니 몸짓, 손짓, 표정, 시선, 자세 등도 적극적으로 활용하세요. 방청객 모드가 되어 슈퍼 리액션(어~\ /, 와/~~)을 펼쳐 보세요.

자신의 업무를 충실하게 해낸다

영유아교육기관에 종사하는 교사도 다른 직종과는 다른 특별함이 있지만 직장인입니다. 맡은 바 업무를 잘 수행할 수 있도록 노력해야 합니다. 회사에서 하는 일 없이 월급만 축내는 직원을 '월급 루팡'이라고 합니다. 정작 자신이 '월급 루팡'인지 모르는 경우도 있지만 주변 사람들은 다 압니다. 월급 루팡이 되지 않도록 자신의 업무를 충실하게 하세요.

⋚ 선생님들의 동료교사 이야기 ⋚

이랑쌤
"도움은 안 돼도 피해는 주지 말자!"
"내가 하기 싫은 것은 남도 하기 싫다!"
이 두 가지를 기본으로 지키면서 지냈습니다. 제가 공인된 '응가손'이라 행사 준비와 같이 환경 꾸미기를 단체 업무로 하는 경우에는 금손인 선생님 반 청소를 대신해 드린다든가 일지를 작성해 드리는 등 다른 일로 대체했습니다. 부탁할 일이 있으면 '저분이 나에게 이런 부탁을 하면 나는 쉽게 해 줄까?'를 먼저 생각해 보았어요. 적당한 거리 유지를 위해 너무 사적인 이야기는 하지 않았어요. 동료마다 다르니 거리 유지의 간격은 잘 측정하세요.

....

예은쌤
동료교사와의 관계는 직장 생활 만족도까지 영향을 주는 요소라고 생각합니다. 일이 아무리 힘들어도 마음 맞는 동료교사가 있으면 위안이 되니까요. 너무 이기적인 태도를 보이는 교사는 주변 교사들에게 인정받기 어려워요. 능력이 아무리 뛰어나도 이기적인 교사라면 친하게 지내기 어렵겠죠?
모두를 아우를 수 있는 포용력이 있다면 정말 좋겠지만 그 정도의 역량이 없다면 선한 리더십과 영향력을 뿜는 교사와 같은 뜻으로 지내며 힘을 보태 주는 동료교사가 되는 방법도 좋습니다.

가장 중요한 건 동료교사에게 공감하는 태도와 들어 주기예요. 또 내가 하기 어려운 것, 내가 생각했던 게 아니라고 판단되면 감정을 섞거나 불쾌함을 넣지 않고 표현하는 것이 중요합니다. 예를 들어 "선생님, 저는 오늘 해야 할 일이 있어서 오늘 모임에 참석을 못할 것 같아요. 다음에 참석이 가능하면 가도록 할게요." 등 거절의 기술을 익혀야 한다는 거예요. 저는 싫은 소리, 거절을 잘하지 못해서 상담선생님의 조언을 들었는데 담백하고 간결하게 자신의 거절 의사를 표현해야 한다고 하셨어요.

....

별밤쌤

기억에 남는 행복한 시기를 떠올려 본다면 원감님, 실장님을 포함해 교사 간에 사이가 무척 좋았던 시절을 들 수 있어요. 궂은일을 서로 맡아 하려 했고, 한 선생님이 야근을 해야 하는 상황이라면 함께 야근을 하며 서로에게 힘이 되어 주는 관계를 맺었습니다. 교사 간의 사이가 끈끈하고 좋아서 모임을 자주 가졌고, 여름에는 물놀이도 함께 다녀왔습니다. 이를 보기 좋게 여긴 원장님께서는 물놀이 자리에 유치원 차량을 빌려 주셨고, 도시락도 손수 싸서 보내 주셨어요. 일이 힘들었지만 힘든 만큼 서로 의지할 수 있었던 그때의 선생님들은 일을 그만둔 이후에도 여전히 만나고 있어요.

선임교사로서의 역할
(주임, 부장, 원감)

선임교사는 경력자의 노련함과 능숙함으로 후배교사들을 잘 이끌어 가는 중요한 역할을 합니다. 중간관리자의 역할을 수행하는 선임교사는 리더의 모습을 보여야 할 필요가 있습니다. 직책이 주는 무게와 책임감을 잘 견뎌 내세요.

수직관계보다는 수평관계를 유지한다

오래된 수직적 조직 문화가 현대사회에 들어오며 수평적 조직 문화로 바뀌고 있습니다. 상하관계 체계도 중요하지만 평등한 관계 역시 중요합니다. 직책은 사람의 높고 낮음을 나타내는 것이 아닙니다. 나는 윗사람, 너는 아랫사람 하던 시대는 사라지고 있습니다. 일명 '꼰대'라는 이름으로 남아 있는 경우가 있는데, 혹시 그런 모습을 가지고 있다면 지금부터 없애 버리세요.

업무를 정확히 알려 준다

구체적이고 정확하며 일관되게 업무를 진행하도록 알려 주세요. 업무사항이 자주 바뀌면 안 됩니다. 특별한 이유 없이 업무 내용이 바뀐다면 담당자에게 혼란을 가져오며 허탈감을 느끼게 합니다. 본인의 지시가 잘못되었다면 잘못을 인정하는 모습도 필요합니다. 자신의 잘못을 인정하기란 쉽지 않은 일이지만 잘못을 인정하고 받아들이는 것 또한 선임교사로서 한 발짝 나아가는 길입니다. 잘못을 인정할 줄 아는 선임이 신뢰를 얻습니다.

책임감을 가진다

결과의 좋고 나쁨에 따라 책임을 본인의 공 또는 담당자의 탓으로 돌린다면 어느 누구도 따르지 않게 됩니다. 책임자로서의 본분을 지켜야 합니다. 결과를 위해 열심히 일한 담당자의 노력을 인정해 주며, 동료들의 의욕을 높이게 하는 역할도 함께 해내야 합니다. 가벼운 직책은 없습니다. 직책의 무게를 견뎌야 합니다.

솔선수범한다

힘든 일, 어려운 일을 먼저 나서서 행동을 보여 준다면 후배들은 따를 수밖에 없습니다. 말로만 하는 지시보다는 직접 몸으로 보여 주세요. 입으로만 일하는 사람은 망합니다. 남이 하는 일은 힘든 줄 모르고 지시만 하다 보면 쫄딱 망합니다.

존중하며 예의를 지킨다

겸손한 자세로 직장에서의 예의를 지켜야 합니다. 합리적인 의사 결정이 아닌, 권위를 내세워 명령을 하거나 감정적으로 대하는 행동은 삼가야 합니다. 내가 중요한 것만큼 상대방도 중요하므로 서로 존중하고 예의를 갖추어야 합니다. 예의 바른 태도를 가질 때 나의 존재감이 빛이 납니다.

⪦ 선생님들의 주임, 부장, 원장 이야기 ⪧

이랑쌤

저는 주임, 원감, 원장으로 역할을 수행할 때 한 가지 생각을 제외했습니다. '내가 ○○인데….'입니다. 근무하는 기관에서야 원의 주임이고 원감이고 원장이지, 원을 나서면 그냥 평범한 동네 아줌마입니다. 후배교사나 교직원분들을 직장이 아닌 밖에서 만나는 분이라고 생각하면 직장예절을 지키기가 쉽습니다.

될 수 있으면 같은 말을 두 번 하지 않기 위해 카톡이나 문자로 업무사항을 알렸습니다. 반복해서 업무를 지시하면 잔소리로 들리기도 하기 때문입니다. 저도 퇴근을 하면 원의 일은 생각하고 싶지 않습니다. 교직원들이라고 다르지 않다는 것을 알기에 퇴근 이후에는 급한 상황이 아니면 연락을 하지 않는 편입니다.

"선생님 ○○ 도시락이 바뀌었어요.", "○○ 옷이 없대요." 등 당장 해결할 수 없는 이야기는 지금 말해도 할 수 있는 일이 아니므로 다음날 말하면 됩니다. 지나가다가 만나면 못 본 척하고 싶은 사람은 되지 말아야지 하는 마음으로 일합니다.

예은쌤

중간관리자의 역할은 원의 성공 열쇠를 가지고 있다고 해도 과언이 아닐 정도로 중요해요. 물론 원장님의 철학과 원 운영방식, 지원 부분이 큰 영향을 주지만, 계획과 실행은 교사들의 몫이기 때문이에요. 따라서 프로젝트를 계획하는 절차에서는 모든 교사가 포함될 수 있도록 기관 교사들의 장점을 고려하여 구성하고, 실행 부분에서는 독재하는 방식이 아닌 동료교사들과 함께 실행합니다.

이 부분을 충실히 수행하려면 사전 단계에서 역할 분담 및 논의가 잘 이뤄져야 해요. 그러려면 몇 명하고만 소통하는 관리자가 아닌 모두와 소통하는 존재가 되어야 합니다. 또 교사들의 입장을 원장님께 잘 전달할 수 있어야 하고, 원장님의 의견을 적절하게 수용할 수 있도록 교사들과 함께 의논하고 수평적으로 결정할 수 있어야 합니다. 중간 역할이 힘들더라도 성공적인 원을 위해 노력하면 보람과 보상이 커다란 선물로 돌아올 거예요.

별밤쌤

경력교사가 되고 나서 초임교사를 바라보니 그야말로 '답답'한 존재였습니다. 개구리 올챙이 적 생각을 하지 못하고 초임교사가 이야기하는 다양한 의견을 받아들이기보다는 "그 부분은 이것 때문에 안 되고, 저 부분은 저것 때문에 안 돼요." 하며 끊기 일쑤였습니다. 다양한 아이디어를 내는 초임교사를 칭찬하지는 못할망정 다시 준비해 오라며 타박만 하던 저는 일명 '꼰대교사'였어요. 그런데 초임교사들이 보여 주는 새로운 컴퓨터 활용 방법 등 신문물에 눈을 뜨고 개개인의 능력을 인정하게 되면서 선배교사, 후배교사의 위치가 아닌 동등한 위치에서 바라보고 다양한 의견을 받아들이게 되었어요. 저 또한 한 뼘 성장하는 시간이 되었습니다.

Level 3

비장의 무기를
꺼내들다

신학기를 시작하고 학기 말이 되기까지 교사들은 다양한 작업을 필요로 합니다. 웹사이트와 소프트웨어를 활용하여 한 해를 보낸다면 더욱 편리하고 퀄리티가 보장되는 결과물을 얻을 수 있습니다. 일일이 교사 손을 거쳐 완성되어야 하는 것을 통계화시켜 결과물을 얻을 수 있고, 수업 자료에 필요한 부분을 편집하고 생산할 수 있습니다. 하루가 바쁜 교사들에게 업무 효율을 높여 준다면 이보다 더 반가울 순 없겠죠. 처음에는 책의 순서대로 모방하며 기술을 익혀 보고 적응이 되면 자신만의 방법대로 변형하여 활용하면 좋겠습니다.

1 교육과정 운영 설문지 작성과 통계

　교육과정 운영 계획 수립은 한 해 농사의 성공 여부와도 관련이 깊습니다. 아무리 유능한 교사진과 좋은 시설을 갖추었다 하더라도 계획이 부족하면 방향성을 잃고 질주하는 자동차와 같습니다. 기관 특성에 알맞게 잘 짜인 교육과정은 방향성을 잃지 않고, 실행 가능하도록 도와줍니다. 따라서 유아·교사·학부모·지역사회가 어우러질 수 있는 교육과정을 수립하는 것은 교사와 기관이 갖춰야 할 의무사항이며, 학부모 설문지를 통해 기관 운영 방법을 점검하고 수정 보완해야 할 점을 교육과정에 반영해야 합니다.

　교육과정 설문지 작성과 발송·회수, 통계에 이르기까지 간단하게 해결할 수 있는 방법을 알려 드리겠습니다. 온라인 설문지를 이용해 교육과정 수립에 도움을 받을 수 있는 방법입니다.

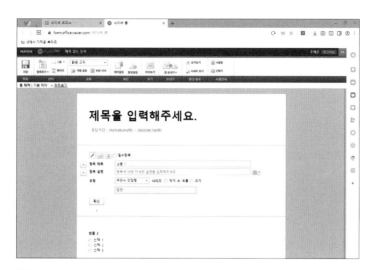

1 네이버에서 네이버 오피스를 검색하여 네이버 폼을 엽니다.

2 설문조사 테마에서 복수선택 설문을 클릭하여 사용하기를 선택합니다.

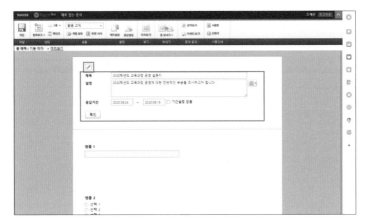

3 설문조사 제목을 수정합니다. 연필 부분을 클릭하여 각 기관에 알맞은 이름으로 수정합니다. 응답기간은 1주일 정도로 설정하여 학부모님들이 충분한 기간 동안 참여할 수 있도록 합니다.

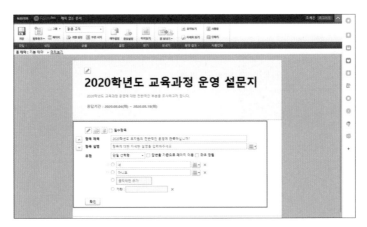

4 항목제목, 항목설명, 유형, 필수선택수가 있습니다. 차례대로 클릭하여 원의 기준에 맞게 수정해 줍니다. 항목제목은 문항 질문을 뜻합니다. 항목설명은 꼭 입력하지 않아도 됩니다. 유형은 단일선택형, 복수선택형 중 선택하면 됩니다.(1가지 응답만 원할 경우 단일선택형, 2가지 이상 응답을 원할 경우 복수선택형 선택)

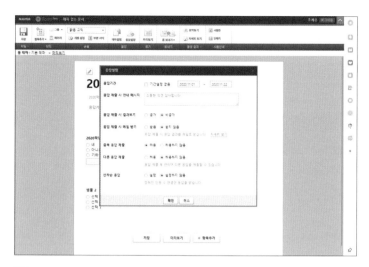

5 응답설정을 클릭하여 목적에 맞게 설정합니다.

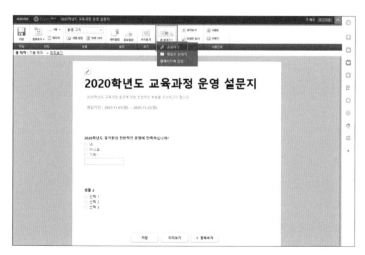

6 설문 작성 후 저장을 하고 폼 보내기-공유하기를 클릭합니다. URL을 복사하여 학부모님들 문자메시지로 보내거나 기관 밴드 및 단체 메신저 등 기관 활용 특성에 맞게 전송합니다.

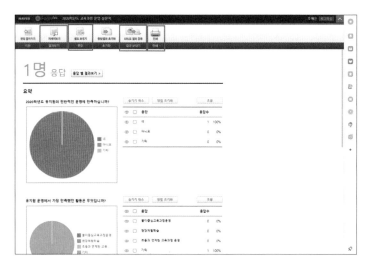

7 설문 완료 후 응답결과를 클릭하면 항목별과 응답별 결과를 확인할 수 있습니다. 교육과정 설문 결과 분석을 따로 하지 않고 셀로 보내기를 클릭해 바로 편집하여 사용할 수 있습니다. URL 결과 공유와 인쇄도 가능합니다. 원 활용도에 맞게 사용하면 됩니다.

2 　미러링

　　교사에게 수업 자료 준비 시간은 꼭 필요하면서도 시간적인 여유에 따라 결과가 달라지기도 합니다. 수업 자료 준비 시간도 줄이고 유아의 흥미를 끄는 데 적합한 방법인 미러링(mirroring)에 대해 알아보겠습니다.

　　미러링은 데이터를 무선으로 전송하여 그대로 보여 주는 것을 의미합니다. 교사의 핸드폰에 있는 사진이나 정보를 교실에 있는 TV와 연결하여 재생하는 방식입니다. 예를 들어, 학기 초에 유아들의 실내화가 정리되어 있지 않은 것을 관찰했습니다. 교사의 핸드폰으로 촬영한 뒤 이야기 나누기 시간에 미러링을 통해 생활중심 교육을 전개할 수 있습니다. 그 밖에 사진이나 동영상, 학습 자료 등을 활용한 미러링을 통해 높은 수준의 수업을 할 수 있습니다.

　　미러링 기기는 1만 원 대의 저렴한 제품도 많기 때문에 각 반마다 비치해서 사용하는 것을 추천합니다. 미러링 기기마다 연결 방법은 조금씩 다르지만 사용설명서를 참고하여 연결하면 됩니다.

쇼핑	미러링	▾	🔍

1 미러링 도구를 구매하여 설치 방법에 따라 연결합니다.

2 원하는 화면이나 영상, 자료를 TV로 보내 활용합니다.

3 음원 파일 편집

    수업과 행사에 필요한 음원 파일 편집 프로그램에 대해 소개하겠습니다. 동요 외에도 수업에 활용할 배경음악, 동극·음악극에 쓰이는 음악, 행사에 쓰이는 음악 등 다양하게 사용할 수 있습니다. 원하는 소리를 녹음하여 사용할 수 있고, 교사가 원하는 부분만 편집하여 저장도 할 수 있습니다. 가지고 있는 음원이나 녹음 파일의 음원 소리가 작거나 크다면 음량 조절도 가능하기 때문에 활용도가 높습니다.

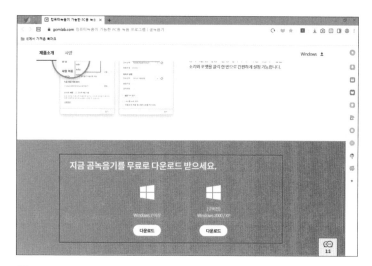

1 GoM Lab 사이트에 로그인하여 곰 녹음기를 설치합니다.

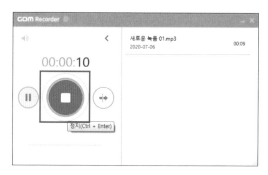

2 빨간색 네모상자 안에 있는 정사각형 버튼을 클릭하면 녹음이 됩니다. 한 번 더 클릭하면 정지되고, 왼쪽 일시정지를 클릭하면 정지했다가 다시 재 녹음을 할 수 있습니다.

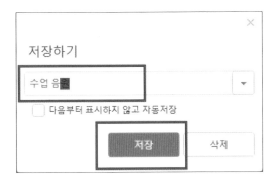

3 곰 녹음기 프로그램을 이용해 다양한 소리를 녹음할 수 있습니다. 녹음된 파일을 저장하면 그 파일을 가지고 직접 편집할 수 있습니다.

4 가위 모양을 클릭하면 녹음한 파일을 편집할 수 있는 창이 나타납니다.

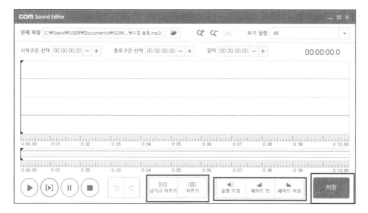

5 남기고 자르기, 자르기를 선택하면 내가 원하는 영역만큼의 편집이 가능합니다. 음량 조절은 음량의 크기를 조절할 수 있습니다. 페이드인은 음악이 시작될 때 크레센도로 시작합니다. 페이드아웃은 더크레센도로 음악이 끝나게 됩니다.

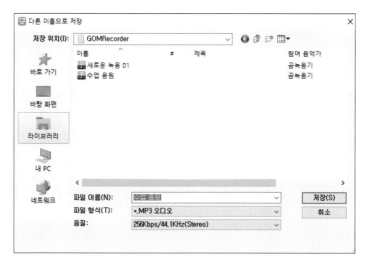

6 저장한 음원을 USB에 넣거나 컴퓨터에 저장한 뒤 다양하게 활용할 수 있습니다.

큰 종이 나눠서 인쇄하기

활동 전개, 환경 구성을 하다 보면 큰 그림을 인쇄해 사용해야 할 때가 있습니다. 큰 그림 파일은 원에서 직접 인쇄하기가 어렵기 때문에 대형 인쇄소에 맡기거나, 포기하거나, 수작업으로 직접 그려서 사용했는데, 'posteriza'라는 프로그램을 이용하면 원에서 쉽게 인쇄하여 사용할 수 있습니다.

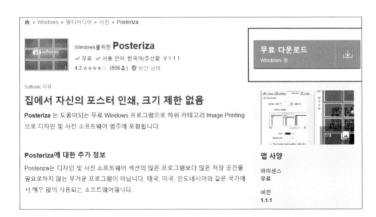

1 인터넷 검색창에서 'Posteriza'를 검색하거나, 'https://posteriza.softonic. kr' 사이트로 접속하여 프로그램을 설치합니다.

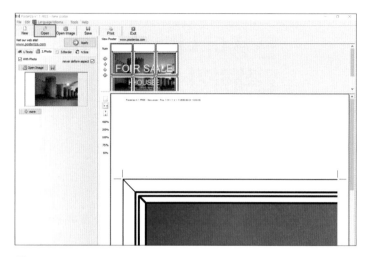

② Posteriza를 실행한 후 Open Image를 클릭하여 원하는 이미지를 불러옵
니다.

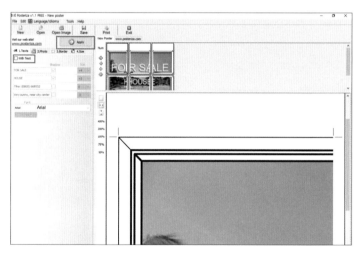

③ 사진이 열리면 Texts를 클릭하여 화면에 보이는 영문을 삭제해야 합니다.
방법은 1. Tests 탭을 클릭하고, With Text 박스를 체크해 해제합니다.

4 Border를 클릭합니다. 다음 항목들을 클릭하면 액자틀이 없어집니다.

☐ With border

☐ Show header(page numbers, date, etc.):

☐ Show cut lines:

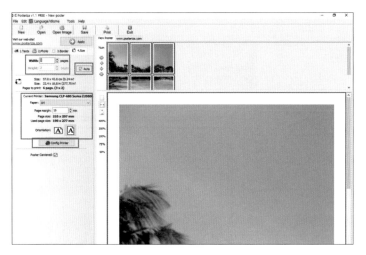

5 Size를 클릭하여 인쇄용지 수를 정합니다. Width에 가로, Height에 세로
를 지정합니다. Auto를 클릭하면 그림 비율에 맞춰 자동으로 정해 줍니다.
Paper는 A4 등 인쇄용지에 맞게 설정해 줍니다. Page margin은 인쇄여백,
Orientation은 용지방향(가로·세로 인쇄 설정)입니다.

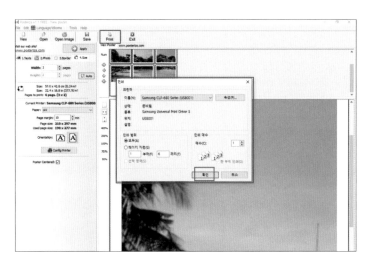

6 사용자 설정에 맞게 완료 후 인쇄(Print)를 눌러 주면 성공입니다.

5 유튜브 자료 활용하기
(4K Video Downloader)

수업 자료 제작을 하다 보면 다양한 사이트를 이용하게 됩니다. 실물 자료를 활용하는 것이 가장 좋지만 그러지 못할 경우에는 영상 자료를 가장 많이 활용합니다.

요즘 많이 이용하는 유튜브의 동영상 자료를 다운로드할 수 있는 프로그램을 소개하겠습니다. 영상을 유포하거나, 공유하거나, 개인이 재업로드하는 것은 저작권 침해로 처벌 대상이 될 수 있으니 주의해야 합니다.

1 인터넷에서 4K Video Downloader 프로그램을 검색하여 설치합니다.

② 필요로 하는 유튜브 동영상 페이지를 엽니다. 사이트 주소를 클릭하여 복사하기를 누릅니다.(Ctrl + C)

③ 링크 복사를 클릭하면 '분석중'을 거쳐 다운로드할 수 있습니다. 원하는 폴더에 저장한 후 자료를 활용합니다.

6 사진·그림 자료 제작 (MiriCanvas-미리캔버스)

사진과 그림 파일 작업은 학기 초와 학기 중을 막론하고 교사들에게 연중 필요합니다. 환경 구성과 수업 자료 제작, 교사 개인 및 원 환경까지 모두 이용할 수 있는 미리캔버스를 소개합니다.

1 인터넷 익스플로러에서 '미리캔버스'를 검색합니다. '템플릿'을 클릭하면 여러 종류의 양식이 있습니다 '코로나'로 검색을 하자 다양한 종류의 템플릿이 나타납니다. 원하는 템플릿을 클릭해 줍니다.

2 '바이러스' 단어를 클릭하면 나에게 필요한 대로 편집할 수 있습니다.

3 '솔바람 유치원'으로 바꿔 봅니다. 글자체, 크기 등을 다양하게 수정할 수 있습니다.

4 '텍스트'를 클릭해 조합이나 스타일을 설정해 다양하게 편집이 가능합니다.

5 '내 이미지' 탭을 이용해 반 유아의 사진으로 편집하여 사용할 수 있습니다.

6 다운로드를 클릭하면 사용하는 폴더에 저장하여 활용할 수 있습니다.

7 QR코드 제작하기

QR코드와 바코드는 일상에서 쉽게 접할 수 있고, 유용하게 쓰이는 코드 체계입니다. 원에서도 QR코드를 주간 놀이안내문, 사후 놀이안, 부모교육, 교재·교구 자료 정리, 도서 정리, 안내문 등에 다양하게 활용할 수 있습니다.

안내 자료를 만들고 QR코드 생성 후 유아수첩이나 안내 자료에 첨부해 주면 학부모님들이 필요할 때 연결하여 자료를 바로 볼 수 있습니다. 이번 주 새 노래 동영상이나 율동 동영상을 QR코드로 넣으면 가정에서도 언제든지 유아에게 들려줄 수 있습니다. 쉽게 접할 수 있는 네이버 QR코드 기준으로 설명하겠습니다.

1 네이버에서 'QR코드'를 검색하여 실행합니다.

2 QR 코드 만들기 메뉴에서 기본 정보를 입력하고[코드 제목 입력 → 코드 스타일 지정 → 추가 옵션(이미지, 문구 등) → 위치 선택] 다음 단계를 클릭합니다.

③ 추가 정보를 입력합니다. '원하는 정보 담기'를 클릭하면 링크, 이미지, 동영상, 지도, 연락처를 입력할 수 있습니다. 한글문서를 작성하고 '다른 이름으로 저장하기'를 누르면 '파일형식'을 'JPG 이미지'로 저장할 수 있습니다. '이미지'를 클릭합니다.

④ 내PC를 눌러 원하는 이미지를 불러옵니다.

5 이미지는 20개까지 업로드가 가능하고 편집 기능도 활용할 수 있습니다.

6 코드가 완성되었습니다. 코드인쇄, 코드저장, 코드 내보내기 등으로 다양
하게 활용할 수 있습니다. 직접 학부모님께 전승도 할 수 있고 인내문 인에
이미지 파일로 삽입하면 코드 스캔도 가능합니다.

8 포스트잇에 인쇄하기

포스트잇에 인쇄를 하면 깔끔하고 예쁜 데다가 '떼었다 붙였다' 유동적이어서 편리합니다. 원에서는 포스트잇에 인쇄한 자료를 행사, 수업, 연수 및 각종 업무에 활용할 수 있습니다. 최근에는 포스트잇에 인쇄하는 전용 기기가 나오면서 포스트잇의 활용도를 높이고 있습니다. 다행히 전용 프린터가 없더라도 바로 출력할 수 있는 방법이 있습니다. 준비물은 컴퓨터(한컴오피스 한글 설치), 프린터, 자, 포스트잇만 있으면 됩니다.

❶ 인쇄하고자 하는 포스트잇의 사이즈를 측정합니다.
가로 7.5cm, 세로 7.5cm의 포스트잇을 인쇄해 보겠습니다.

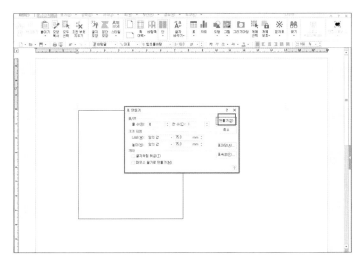

2 한글 프로그램을 열어 표 만들기를 합니다. 표/셀 속성에서 셀 크기는 포스트잇 크기에 맞춰 설정합니다. 셀 부분을 블록 설정하고 표/셀 속성-셀 크기(75mm)로 설정합니다. 원하는 크기로 상자를 만들었다면 인쇄를 누릅니다.

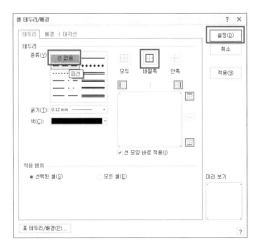

3 셀의 테두리를 지워 줍니다.

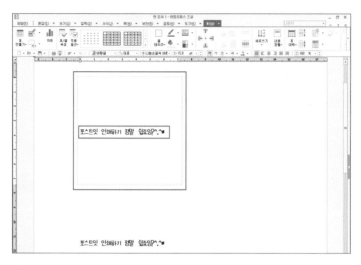

④ 셀 안에 인쇄할 문구를 적습니다.

⑤ 포스트잇을 셀 위치가 인쇄된 용지의 셀 안에 붙이고 인쇄를 누르면 원하는 문구와 함께 인쇄가 됩니다. 고장이나 용지걸림을 최소화하기 위해 용지가 들어가는 정방향에 맞춰 포스트잇의 접착면을 붙여 주어야 합니다.(프린터 사양에 따라 다를 수 있습니다.)

9 사진에서 인물만 가져오는 방법

별것 아닌데 시간이 많이 드는 작업이 있습니다. 바로 아이들 사진에서 얼굴이나 상체 부분만 가져오는 작업입니다. 합성도안과 합성하여 환경 구성을 하거나, 필요에 따라서 배경을 삭제하고 출력하기도 합니다.

포토샵을 잘 다루는 선생님은 원활하게 진행할 수 있지만, 소프트웨어 활용이 어려운 선생님은 사진을 일일이 출력해 가위로 잘라 낸 뒤 또다시 붙여서 코팅을 합니다. 바쁜 일상에서 이런 식으로 작업하는 것은 무척 번거롭습니다.

인터넷 사이트를 통해 간단하게 사진에서 배경을 제거할 수 있습니다. 사진만 준비되면 손쉽게 배경을 제거할 수 있고, 특별한 기술을 요하지 않는 방법입니다.

① 인터넷 주소창에 'https://www.remove.bg'를 입력한 후 실행합니다.

② 이미지 업로드를 클릭하여 원하는 사진을 불러옵니다. 또는 사진 파일을 직접 마우스로 끌어다 놓습니다.

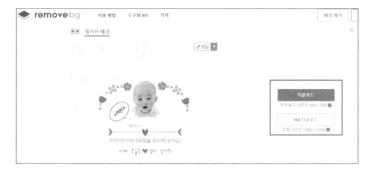

3 '다운로드'를 클릭하여 원하는 위치에 저장합니다. 완성입니다. 이제 포토샵을 따로 배워야 한다거나 마우스로 클릭하여 배경을 지우는 시간이 필요없겠죠?

10 포토 동영상 제작하기

행사를 운영하려면 동영상 제작 프로그램을 잘 다루어야 합니다. 동영상은 특히 부모참여 수업이나 교육과정 설명회, 졸업식, 수료식에서 많이 활용되고 있습니다.

졸업식 행사로 예를 들면, 가정에서 유아에게 보내는 영상 편지를 동영상으로 첨부하여 졸업식 중 시청할 수 있습니다. 영상 속 부모님의 진심 어린 말씀 한마디 한마디에 영상을 보는 유아들은 쑥스러워하기도 하지만 부모님과 유아에게 진한 감동을 주는 졸업식이 됩니다. 송사·답사 동영상, 선생님들이 보내는 영상편지 등 다양하게 활용할 수 있습니다. 포토 동영상 제작이 익숙해지면 동영상을 직접 촬영하고 편집할 수도 있습니다.

영상 작업은 원리만 알면 정말 간단하고 뿌듯함을 주는 작업입니다. 기본적인 작업 단계를 익히고 나면 프로그램의 다양한 기능과 방법이 보이고 창의적으로 활용할 수 있습니다. 다양한 종류의 동영상 제작 프로그램이 많이 있지만, 접근도 편리하고 대중화된 프로그램으로 설명하겠습니다. '무비 메이커'를 검색해서 다운로드해 주세요.

1 | 사진 선별 팁

포토 동영상에 사용할 다양한 활동사진을 선별합니다. 전체 원 행사에 쓰이는 영상이라면 반별로 사진 개수를 정하고 편집자가 수합합니다. 학급에서 편집하는 영상이라면 유아별 사진 개수를 동일하게 준비합니다. 이때 유아 개인 사진을 테마별로 골라 정리해 주는 방법이 헷갈리지 않고 좋습니다.

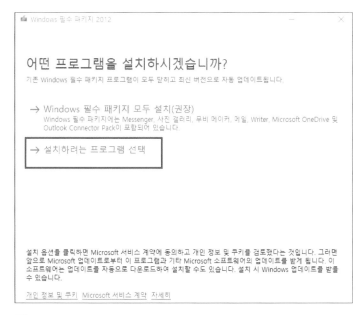

1 '무비메이커'를 설치합니다. '설치하려는 프로그램 선택'을 합니다.

2 '사진 갤러리 및 무비 메이커'를 체크하고 설치를 클릭합니다.

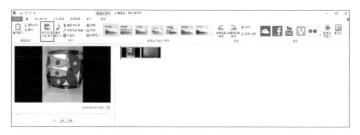

3 '비디오 및 사진추가'를 클릭하여 동영상을 만들고자 하는 이미지(사진·동영상)를 가져옵니다.

4 '애니메이션'을 클릭합니다. 첫 번째 사진에서 두 번째 사진으로 넘어가는 전환 효과와 재생시간을 설정해 줍니다.

5 '흩어뿌리기-겹치면서 나타남', 재생시간은 3초, 이동 및 확대/축소는 가운데로 확대 효과를 '모두 적용' 클릭하여 설정해 주었습니다. 보이는 방식이나 시간은 원하는 대로 선택하면 됩니다.

6 '자막'을 클릭하면 사진에 대한 설명을 넣을 수 있습니다. 문구 입력 후 '서식'에 들어가면 자막 편집도 할 수 있습니다.

7 '음악추가'를 클릭하여 동영상과 어울리는 음악을 넣어 줍니다.

11 바탕화면 달력으로 꼼꼼한 교사 되기

하루하루 바쁘게 살아가다 보면 '내 몸이 열 개면 좋겠다.'라는 생각이 문득 들기도 합니다. 바쁜 생활 덕분에 메모가 생활화되어 있고 매일 리스트를 작성하지만, 정성스럽게 적은 메모지를 잃어버리거나, 때로는 적어 놓은 내용도 잊은 채 지나갈 때가 있습니다. 메모지를 잃어버릴 걱정도 없고 바로바로 확인할 수 있는 프로그램을 소개해 드리겠습니다.

선생님의 컴퓨터에 설치해 두고 바로 입력·체크·확인·수정할 수 있습니다. 스마트폰에 설치하여 연동하면 컴퓨터와 함께 일정 관리도 할 수 있습니다.

1 인터넷 주소창에 'https://www.desktopcal.com/'를 입력한 후, 즉시 다운
로드를 클릭하여 설치합니다.

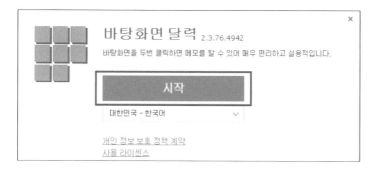

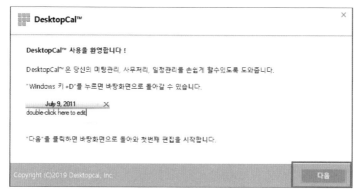

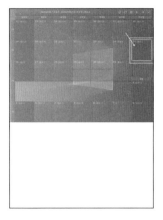

2 파란색 네모 상자에 있는 체크 모양을 클릭하면 할 일을 완료했다는 표시를 할 수 있습니다. 연필 모양을 클릭하면 숫자, 원점 등 취향대로 편집할 수 있습니다.

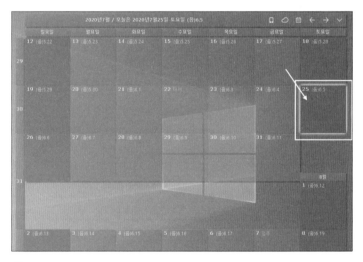

3 원하는 날짜에 더블클릭하면 메모 내용을 입력할 수 있습니다.

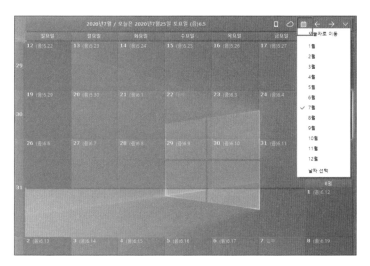

4 달력 모양을 클릭하면 달별 이동이 가능합니다.

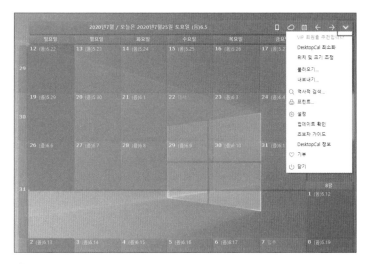

5 ∨ 모양을 클릭하면 설정을 할 수 있습니다. 위치 및 크기 조정을 클릭하면 크기와 원하는 곳에 위치 조정이 가능하고, 설정을 클릭하면 달력 상세 설정이 가능합니다.

2부

실전!
유능한 교사

Level 1

행사의 달인

유치원과 어린이집에는 크고 작은 행사가 있습니다. 아이들이 원에서 첫걸음을 떼기 시작하는 3월부터 학부모 상담, 교육과정 설명회와 같이 학부모-교사를 대상으로 하는 행사가 있는가 하면, 입학식과 현장체험학습 같은 유아-교사가 함께하는 행사, 운동회와 부모참여수업 같은 유아-학부모-교사 모두가 함께 참여하는 행사가 있습니다.

어떠한 행사들이 진행되는지, 어떻게 진행을 하는지에 따라 부모님들의 만족도와 평가가 달라집니다. 부모님들에게 보이는 부분들은 일부분일 테지만 이 또한 중요한 부분입니다. 1년이란 시간의 흐름에 따라 진행되는 대표적인 행사를 알아보고, 개성 있는 방법으로 진행되는 행사의 예시를 통해 안목을 넓혀 행사의 달인으로 거듭나 보세요.

유치원과 어린이집에서 진행하는 행사는 정말 다양합니다. 행사를 준비하기 전에 행사의 목표와 주제를 정한다면 조금 더 매력적이고 특징적인 행사가 진행될 것입니다. 예를 들어 오리엔테이션에 꽃길을 주제로 정한다면 오리엔테이션 자료와 여러 문구에 꽃길을 포함시켜 하나의 연결된 행사를 진행할 수 있습니다. 최신 유행하는 프로그램이나 유행어를 사용한다면 유쾌하면서 센스 있는 교사, 센스 있는 원의 느낌을 줄 수 있습니다.

1 오리엔테이션

새 학기를 준비하는 첫 번째 행사는 바로 오리엔테이션입니다. 학부모 오리엔테이션은 학부모님께 원을 공식적으로 소개하는 날입니다. 입학상담과 교육설명회로 원의 프로그램이나 행사, 그리고 원의 실내외를 둘러볼 기회는 있겠지만, 입학을 확정한 뒤 다시 듣는 원의 프로그램과 행사는 학부모님의 생각과 마음에 또 다른 의미가 새겨지는 중요한 날입니다.

1 | 오리엔테이션은 언제 할까요?

오리엔테이션은 원생들이 입학하는 3월 전에 이루어지는데, 주로 2월 미지막 주에 진행되는 경우가 많습니다. 간혹 입학식과 동시에 오리엔테이션이 진행되는 경우도 있지만, 특별한 경우가 아니라면 오리엔테이션과 입학식은 별개로 진행됩니다.

2 | 오리엔테이션의 여러 형태

오리엔테이션의 형태는 강당에서 많은 학부모님과 함께 진행하는 형태, 또는 각 반에서 간담회 형태로 담임교사와 더욱 밀접한 관계를 맺으며 진행하는 형태로 나눌 수 있습니다.

전자의 경우에는 원에 대한 전반적인 소개와 프로그램 소개, 행사와 같은 학사일정을 소개하며, 학부모님들께 드리는 당부의 말씀, 그리고 각 반의 담임교사를 소개하는 순서가 일반적입니다. 이러한 형태의 오리엔테이션은 사회는 원감 혹은 부장교사가 담당하고, 원장님께서 직접 학부모님과 소통하며 진행하는 방법으로 이루어집니다.

각 반에서 진행하는 후자의 경우에는 오리엔테이션을 담임교사가 진행합니다. 1년 동안 반을 이끌어 나갈 교사가 중요하게 여기는 것은 어떤 점인지 설명하며, 학부모님께 부탁드리고 싶은 말씀을 전달합니다. 물론 전자의 경우보다 교사의 역할이 커지므로 오리엔테이션 자료, 교실 환경 구성에 많은 준비가 필요합니다.

- 우리 반 학부모님들을 위한 간담회에서는 원의 전반적인 프로그램보다는 우리 반 연령에 맞는 행사와 프로그램, 교재를 소개하는 것도 좋습니다.
- 우리 반에서만 이루어지는 칭찬 스티커의 목적, 생일잔치와 같은 부분을 언급해 준다면 보다 수월하고 간결하게 학부모님들의 궁금증을 해결할 수 있습니다.

3 | 교사 자기소개

오리엔테이션 때 학부모님들 앞에서 담임교사들을 처음으로 소개하게 되는데, 학부모님들은 이 순서를 가장 기다리고 궁금해합니다. 무대에 올라 많은 사람 앞에서 자기소개를 하는 것은 쉬운 일이 아닙니다. 교사의 첫인상이 정해지는 순간이기 때문에 담임교사는 당황하지 않고 유창하게 이야기해야 합니다. 자기소개를 어떻게 하느냐에 따라 교사에 대한 평가가 달라질 수 있습니다.

그렇다면 어떻게 교사 자기소개를 하면 좋을까요? 다음 예시를 보며 학부모님과 동료교사에게 강한 인상을 남겨 줄 매력적인 자기소개를 준비해 보세요.

자기소개 예시 1
머리부터 발끝까지 지혜반~ 지혜반~ 사랑해요. (오로라민c cm송)
안녕하세요. 지혜반 담임교사 별밤쌤입니다.
머리부터 발끝까지 지혜반만 생각하는, 지혜반 친구들의 비타민같이 힘이 되는 교사, 지혜반을 사랑하는 교사가 되겠습니다.

자기소개 예시 2
지혜반 꽃길만 걷게 해 줄게요. 지혜반 친구들에게 꽃길을 만들어 줄 담임교사 ○○○입니다. 1년, 짧으면 짧고 길면 긴 시간. 곱고 고운 우리 아이들과 행복한 시간 만들도록 하겠습니다. 우리 아이들 언제나 꽃길만 걷게 해 줄~게요.

4 | 오리엔테이션 때 교사의 역할

교사의 역할은 단순하게 자기소개만 하고 끝나는 것이 아닙니다. 오리엔테이션을 하기 전에 원의 실내외를 정돈하고, 원에 오신 학부모님들이 원활하게 행사를 마칠 수 있도록 준비를 해야 합니다.

① 원 입구에 들어서면서부터 행사 장소까지 안내를 해 주는 선생님이 있으면 조금 더 원활하고, 학부모님과 교사 모두 우왕좌왕하는 일이 없습니다.

② 실내화가 비치되어 있다면 학부모님들께 실내화를 신을 수 있도록 안내하는 것도 센스입니다. 준비된 서류가 있다면 서류를 안내하거나, 제출이 필요한 서류를 받아 정리하도록 합니다.

③ 테이블을 준비합니다. 원마다 다를 수 있지만, 많은 손님을 모시는 자리이니 행사 장소 또는 강당 입구 앞에 티테이블을 마련합니다. 행사 중 물이 필요할 경우 자유롭게 티테이블을 사용할 수 있도록 안내하여 행사가 원활하게 진행될 수 있도록 합니다.

④ 오리엔테이션 장소에서 사용 될 오리엔테이션 자료와 음향설비를 미리 점검하여 당일에 차질 없이 진행될 수 있도록 합니다.

선생님들의 오리엔테이션 이야기

이랑쌤

1년을 함께할 담임교사와의 첫 만남에 보호자들은 기대감, 불안감, 설렘으로 온 신경이 담임교사 소개에 쏠려 있습니다. 그런 보호자들에게 제일 중요한 것은 안도감과 신뢰감을 주는 것입니다. 미소를 띠며 여유롭고 자신감 있는 모습을 보여 주세요. '나 이런 사람이야.'의 자만심이 아닌 '저를 믿으시면 됩니다.'의 자신감이 필요합니다.

TiP!

인사말을 길게 하면 떨림이 전해지고 실수도 하게 됩니다. 인사말을 할 때 "제가 초임이라…." 또는 "앞에 서니 너무나 떨립니다." 등은 불필요합니다.

예은쌤

오리엔테이션은 기관을 결정하고 제대로 마주하는 처음 시간이에요. 선생님과 학부모님의 첫인상을 나누는 시간이지요. 단정한 옷차림과 수수한 이미지는 신뢰감을 주는 이미지 형성에 도움이 돼요. 신뢰를 줄 수 있는 기관이라는 것을 알리기 위해 원의 특성, 철학, 2019 개정누리과정(놀이 중심 교육) 설명, 원의 장점, 운영 방안, 학사일정들을 빠짐없이 준비하여 자료와 설명만으로도 '아 선택하길 잘했구나.'라는 생각이 들게 해야 합니다.

그러려면 장황한 긴 글의 자료보다는 간결하고 명료한 몇 문장으로 표현하는 것이 좋고, 다양한 서체를 사용하기보다는 두세 개 정도의 단순한 서체로 자료를 정리하는 것이 좋습니다. 학기 전에 안내해야 하는 학사일정 같은 중요한 내용은 한 장으로 정리해 배부하면 좋습니다.

원 운영에 대한 내용은 글로 안내하기보다 작년 교육과정 운영 사진들을 PPT나 동영상으로 제작하면 학부모님들이 이해하기 쉽습니다. 원아 관련 동의서, 작성 서류는 기관 봉투에 동봉해서 드려 가정에서 작성하고 읽어 볼 수 있도록 합니다. 작성한 서류는 유아 편이나 학부모님이 기관 봉투에 다시 넣어 보낼 수 있도록 안내합니다. 정신없고 긴장되는 순간이지만 마무리 시간에 학부모님들의 질의를 친절하게 답해 드린다면 성공적인 오리엔테이션이 될 것입니다.

....

별밤쌤

오리엔테이션 때 교사 자기소개에 앞서 원장님께서 "미소가 예쁜 선생님입니다."라고 소개를 해 주셨어요. 이후에도 여러 번 강조하시며 학부모님들께 제 소개를 해 주셔서 저도 모르게 예쁘게 웃는 모습을 연습하고, 오리엔테이션 자기소개 때 했던 약속들을 지키려고 더 많이 노력했습니다. 오리엔테이션은 학부모에게 자신을 소개하는 시간이기도 하지만 한 해 동안 어떤 마음과 모습으로 보낼지 스스로 약속하는 시간이기도 합니다.

2　입학식

　입학식은 아이들과 처음 대면하는 날입니다. 입학식을 하고서야 비로소 아이들과 한 반이 되어 하루 일과를 보내며 본격적인 유치원, 어린이집 생활이 시작됩니다. 아이들과 처음 만나는 입학식은 어떻게 보내야 할까요?

　입학식은 아이들이 엄마와 헤어져 처음 원에 오는 날입니다. 영아반이라면 다르겠지만 유아반은 유아들끼리 처음으로 생활하는 날이 됩니다. 입학식은 입학을 축하하는 행사라고 생각하면 간단합니다. 하지만 입학식의 형태나 방법은 모두 다릅니다. 별도의 입학식을 진행하지 않는 경우도 있습니다.

1 | 입학식

　일반적으로는 강당 또는 유희실에 모여 앉아 입학식을 진행합니다. 입학식이라고 해서 거창한 행사는 아닙니다. 이미 한 차례 담임선생님을 만났지만 정식으로 아이들에게 담임선생님을 소개하고, 신입생과 재원생이 한자리에 모이는 시간입니다.

입학식의 식순은 개회사 - 원장님 말씀 - 반명, 담임교사 소개 - 원가 제창 - 폐회사로 진행합니다. 원에 따라 식순을 간소화하기도 하고 입학식을 진행하지 않는 경우도 있습니다.

때에 따라서는 간단한 인형극, 마술쇼와 같은 행사를 진행하며 유아들이 원 생활에 기대감을 갖게 하기도 합니다.

2 | 입학식 때 교사 자세

입학식은 아이들이 선생님의 첫인상을 결정짓는 중요한 날입니다. 선생님의 첫인상은 오리엔테이션 때 학부모님들께 선보인 프로의 모습과 다르게 친근한 느낌을 주어야 합니다. 아이들을 바라보는 선생님의 눈빛과 목소리로 선생님의 첫인상이 결정됩니다. 아이들에게 선하고 친근한 첫인상을 주었다면 두 번째는 선생님의 모습을 각인시켜 주세요. 아이들이 좋아하는 알록달록한 액세서리나 복장으로 아이들의 시선을 한 몸에 받는다면 절반은 성공입니다. 그 밖에도 반짝이는 귀걸이나 캐릭터 의상도 아이들이 참 좋아합니다.

3 | 입학식 준비

입학식 날 행사를 위한 준비

① 입학식이 진행되는 강당에 입학식을 알리는 현수막이나 가랜드

로 화사하고 밝은 분위기를 만들고, 풍선아트를 이용하여 입학식 장소를 꾸미는 경우가 많습니다.

② 바닥에는 유아들이 앉을 수 있는 의자 또는 자리를 마련해야 합니다. 아이들의 자리가 너무 좁으면 앞뒤에 앉은 친구들과 부딪쳐 다툼이 생길 수 있으니 주의하세요.

③ 입학식을 위한 PPT 자료를 유아들에게 보여 주며 입학식을 진행하기도 합니다.

4 | 입학식 날의 꿀팁

자리 이동

입학식을 하러 강당, 유희실로 이동할 때, 그리고 돌아올 때 주의해야 합니다. 재원생이라면 선생님을 따라 쉽게 이동할 수 있지만 방심은 금물이에요. 신입생이나 영아라면 더욱 더 주의가 필요합니다. 담임선생님만의 특별한 표식이 있다면 아이들이 쉽게 교사를 찾아 따라올 수 있습니다.

유아 개인물품

입학식을 마치고 교실로 돌아오면 아이들이 가지고 온 다양한 물품을 정리해야 합니다. 유아들이 가져온 물품 중에는 개인 물품이 많기 때문에 이름이 쓰여 있는지 반드시 확인해서 정리해 둬야 다음에 편하게 사용할 수 있습니다.

유아들이 가져오는 개인 물품을 정리할 때는 빠짐없이 체크하여 잃어버리거나 가져오지 않은 물품은 학부모님께 다시 안내하여 개인 물품을 반드시 준비할 수 있도록 합니다. 물품 체크를 할 때는 간단한 체크리스트를 만들어 기록하면 한눈에 아이들의 빠진 물품을 확인할 수 있습니다.

★ 유아 개인 물품 정리 표

이름	칫솔	치약	여벌옷 팬티	여벌옷 하의	클리어 파일	색연필	서류

⋛ 선생님들의 💬 입학식 이야기 ⋚

이랑쌤

첫 만남이지만 이름표를 달고 있으니 아이의 얼굴을 바라보면서 다정하게 이름을 불러 주세요. "우리 ○○"라고 불러 주면 보호자와 아이의 마음이 열리게 됩니다. '우리'라는 단어가 ○○반 선생님이 아닌 ○○만의 선생님으로 느낄 수 있도록 해 준답니다.

예은쌤

입학식을 떠올리면 긴장과 설렘이 생각나죠. 아이들에게 특별한 기억을 만들어 주기 위해 다양한 행사를 준비하기도 해요. 영화 시상식 장소처럼 행사장을 꾸며 놓고 가족별로 앉아 원장님이 직접 테이블로 찾아가 입학 선물도 증정하고 기념 인사를 했어요. 원형 테이블에는 다과와 꽃병, 예쁜 가족 푯말, 헬륨 풍선도 띄워 놓았어요. 모두에게 설레는 입학식이 완벽한 행사장처럼 바뀌니 아이들에게 긴장감만 주는 곳이 아닌 신비한 곳, 기대되는 곳의 이미지를 줄 수 있었어요.

별밤쌤

매해 입학식 행사를 모두 다르게 경험했는데 가장 기억에 남는 행사는 풍선 날리기였습니다. 강당에서 원장님과 간단한 입학식을 진행하고 난 뒤에 원 마당에서 풍선 날리기 행사를 진행했습니다. 줄에 묶여 동동 떠다니는 풍선을 아이들이 무척 좋아했어요. 풍선을 날리지 않고 집에 가져가는 유아들도 있었고요.

3 부모상담

학부모님들이 기다리고 기다리는 또 하나의 행사는 바로 부모상담입니다. 평소에도 학부모님과 교사의 소통이 수시로 이루어지지만, 부모상담 때는 더욱 더 긴밀하고 세부적인 소통이 이루어지며 아이의 원생활과 가정과 연계의 끈이 더욱 탄탄해져서 학부모님과 교사의 신뢰가 올라갑니다.

1 | 부모상담의 준비

부모상담은 준비부터 추후 상담일지를 작성하는 것까지 중요한 과정입니다.

① 통신문을 통해 면담이 가능한 날짜와 시간을 정해야 하며, 상담 시 주로 나눌 내용을 사전에 체크리스트 또는 설문지를 통해 준비해 두어야 합니다.

② 교실에서 부모상담이 이루어지지만 상황이 여의치 않을 때는 따로 마련된 상담실이나 준비된 면담 장소에서 상담을 하기도 합니다.

③ 상담 장소에는 부드러운 배경음악을 준비하거나 테이블 위에 꽃, 티슈 등을 준비하면 좋습니다. 차 종류를 준비하여 대화하는 동안 목이 마르지 않도록 배려하는 것도 필요합니다.

④ 상담을 마치면 반드시 상담일지를 작성하여 원아의 생활지도 방향과 변화를 살펴볼 수 있도록 해야 합니다.

2 | 부모상담의 형태와 시기

1:1 부모면담

일반적으로 학기에 1회 정도로 1:1 부모면담을 진행하며, 학부모와 교사의 시간을 정하고 난 뒤에 학부모님께서 방문하여 상담합니다. 1:1 부모면담의 경우 얼굴과 표정, 행동을 보며 상담하기 때문에 가장 불편함 없이, 전달의 오류 없이 상담할 수 있습니다. 그러나 교실 환경을 준비하고, 교사의 용모에 신경 쓰며 학부모를 맞이하는 것은 쉬운 일이 아닙니다.

전화상담 및 서면상담

보통 1:1 면담을 하지만 피치 못할 사정으로 부모상담이 불가능할 경우에는 전화상담, 서면상담을 하기도 합니다.

부모상담 시기

부모상담은 원에 입학을 하고 적응 기간을 마친 4월경, 재원 신청을 하기 전인 10~11월경에 진행합니다. 1학기에 진행하는 부모상담과 2학기에 진행하는 부모상담은 분위기나 상담 내용이 다릅니다.

3 | 부모상담 꿀팁

① 입학한 지 얼마 되지 않은 1학기 부모상담은 교사의 이야기를 많이 하기보다는 학부모의 이야기를 많이 듣는 것이 중요합니다.

② 아이가 집에서는 어떤 행동을 하는지, 유치원이나 어린이집을 긍정적으로 생각하고 있는지에 대해 질문하는 것이 좋습니다.

③ 학부모님들은 대개 아이가 잘 적응하는지, 밥을 잘 먹는지, 친구와 잘 지내는지, 신발을 혼자 신는지, 화장실에 갈 때 불편해하지는 않는지, 선생님 말씀을 잘 듣는지와 같이 일상생활에 대해 궁금해합니다.

④ 어떤 친구와 친한지, 어떤 놀이를 하는지, 가정에서와는 또 다른

주의하세요

학기 초는 교사도 아이들에게 적응하는 시간이므로 아이들의 모습을 쉽게 판단하고 문제행동으로 보아서는 안 됩니다. 특히 경력교사인 경우 수년간 아이들을 봐 왔기 때문에 '어떠한 행동을 했을 때 어떤 아이다.'라고 일반화하기 쉽습니다. 짧은 시간에 아이들의 적응 상태를 관찰하고 판단하고 평가하는 것은 어렵습니다. 경력교사들은 일반화에 빠지지 않도록 조심해야 합니다.

■ 재원의 유무

2학기 부모상담도 재원을 앞두고 진행하는 경우가 많습니다. 학부모님들은 이 상담을 통해 재원을 할지, 그만둘지 고민을 합니다. 부모상담을 잘 마무리하고 학부모님의 마음을 사로잡아 재원을 유도하는 것도 선생님의 능력입니다.

2학기 부모상담에서는 아이의 행동이 얼마만큼 바뀌었는지, 1학기에 비해서 얼마나 발달하였고, 어떠한 모습으로 지내고 있는지에 대해 상담하게 됩니다. 이때 교사가 전문적인 면모를 보여 준다면 학부모님의 신뢰가 많이 상승합니다.

> **상담을 시작할 때**
> - 오늘 날이 많이 더운데 시간 내 주셔서 감사합니다.
> - 직장 다니시느라 오시기 어려우셨을 텐데 어떻게 오셨나요?
> - 지금 ○○는 누구와 함께 있나요?
> - 상담이 길어져 기다리시게 해서 죄송합니다.
> - (상담 시 아이와 함께 오신 경우) ○○는 블록실에서 부담임선생님과 함께 놀이하고 오도록 하겠습니다.

모습에 깜짝 놀라기도 하고 대견해하기도 합니다.

⑤ 부모님께서 궁금해하는 내용을 말로 전달할 수도 있지만, 원아의 개별 포트폴리오나 작품, 다양한 활동사진 혹은 행동발달 기록표와 같이 객관적인 자료를 준비하는 것이 좋습니다.

4 | 부모상담 시 교사의 태도와 준비

① 교사는 학부모 상담을 하기 전에 옷 매무새를 정리하고, 교실 환경을 정리합니다. 바쁘다는 핑계로 아이들과 함께 생활하며 입고 있던 앞치마를 입고 학부모님을 맞이하면 지저분하거나, 준비되지 않은 인상을 남기기도 합니다. 하루 종일 입고 있던 밥풀이 묻은 앞치마는 잠시 벗어 두고 단정한 모습으로 학부모님과의 상담 시간을 준비해 주세요.

② 교사가 자리에 앉을 때는 시계가 보이도록 앉거나, 교실 문 밖의 상황이 보이도록 해서 바깥 상황을 보고받거나, 다음 학부모님이 오셨을 때 적절하게 상담을 마무리하도록 합니다.

③ 상담하는 시간이 지체되어 다음 학부모님께서 기다리지 않도록 주의해야 합니다. 너무 길게 상담이 이어질 경우에는 아쉬움을 표하며 추후에 다시 자리를 만들거나 전화상담을 하는 것도 좋습니다.

④ 상담을 시작하기 전에 "오늘 날이 많이 더운데 시간 내 주셔서 감사합니다."와 같은 말로 자연스럽게 대화를 시작하면 좋습니다.

⑤ 상담하는 동안 교사는 상담한 내용을 기록해서 작은 내용도 놓치지 말아야 합니다. 부모상담 시 교사에게 했던 이야기를 잊어버리고 또다시 묻거나 부탁하신 내용에 대해 실수를 한다면 학부모님의 감정이 상할 수 있으니 최대한 상담 내용을 잘 기록하도록 합니다. 교사와 학부모 간에 감정이 상하지 않도록 언행에 주의해야 합니다. 앉은 자세를 바르게 하며, 웃는 얼굴로 대화를 합니다.

⑥ 부모상담을 마칠 때에는 중요한 부분을 언급하거나, 원에 대한 건의사항 등에 대해 이야기할 수 있습니다. 학부모님께 "저도 ○○의 ~한 부분을 관찰해 보고, 힘들어하거나 도움이 필요할 때는 언제든지 도울 수 있도록 하겠습니다." 또는 "원에 건의할 사항이나 제가 꼭 알고 있어야 하는 부분이 있다면 언제든지 말씀해 주세요." 하고 이야기할 수 있습니다.
또한 상담 시간이 알찼고 유익했음을 알리며 시간을 내어 원에 방문해 주신 부분에 대해 감사인사를 하는 것도 좋습니다.

〕 선생님들의 부모상담 이야기 〔

이랑쌤

'선 칭찬 후 상담'하세요. 먼저 아이의 칭찬과 장점으로 시작하고 아이와 관련된 재미난 에피소드로 보호자와 유대감을 형성합니다.

예) "우리 ○○는 항상 밝은 에너지로 주위 친구들에게 인기가 좋아요. 저도 우리 ○○를 보고 있으면 웃음이 절로 난답니다. 얼마 전에는 친구가 넘어지니 제일 먼저 달려가서 도움을 주더라고요."

 TiP!

가정에서의 생활을 듣고 보호자가 느끼는 아이에 대한 이야기를 경청하며 정보를 교환하고 공유하세요.

예) "우리 ○○는 집에서 어떻게 지내나요? 그렇군요. 어머니의 생각은 어떠신지요? 원에서는…"

상담 시 같은 표현이라도 전문적인 용어와 긍정적인 언어를 사용해 주세요.

예) "아이가 가만히 있지 못하고 집중력이 부족해요."보다는 "호기심이 많고 활발하여 탐색하기를 좋아해서 움직임이 많은 편입니다. 호기심을 표현하면 궁금한 점에 대해 알려 주세요. 가정에서 가위로 오리기나 퍼즐 맞추기 등 정적인 활동에 흥미를 가지도록 유도해 주시면 집중력이 향상될 겁니다." 등으로 바꾸어 표현합니다.

예은쌤

부모상담이라고 해서 꼭 부모님만 오시진 않습니다. 요즘은 조부모님이 양육해 주시는 아이도 많아서 조부모님과의 상담도 꽤 많이 했어요. 앞으로는 더욱 많아질 수도 있다는 생각이 듭니다. 할머님과 상담한 적이 있는데 몇 마디 나누시다가 할머님께서 눈물을 쏟기 시작하셨어요.

그래서 할머님의 이야기를 들어 드렸어요. 할머님은 혼자서 아이를 키우며 힘드신 이야기, 본인의 가슴속 상처를 꺼내 놓으셨어요. 다행히 뒤에 상담 스케줄이 없었기 때문에 할머님의 이야기를 계속 들어 드릴 수 있었어요. 그렇게 상담이 끝나고 할머님과의 래포(친밀관계)가 끈끈히 형성되었어요. 그래서 제가 담임하는 동안에는 열심히 협조해 주셨고 손자 둘을 열심히 키우며 힘을 내셨어요.

상담 내용만 보자면 아이에 관한 이야기보다 할머님의 이야기가 더욱 많았어요. 하지만 실패한 상담이라고 생각하지 않았어요. 상담의 주 목적은 아이를 더욱 잘 지도하기 위한 정보 교환이지만 주 양육자와의 신뢰감 형성도 중요하기 때문이에요.

신뢰 있는 관계가 형성되면 가정과 연계된 교육을 할 수 있고, 아이의 문제행동에 대한 이해도 도울 수 있어 모두가 성장하는 환경에서 교육을 펼칠 수 있습니다. 내가 원하는 상담을 마치지 못했더라도 오늘의 상담이 끝이 아니기 때문에 충분한 래포 형성 후에 교사의 뜻을 더욱 잘 전달할 수 있는 길을 찾으세요.

별밤쌤

부모상담에서는 아이라는 연결고리 덕분에 이야깃거리가 정말 많습니다. 하지만 부모상담이라고 해도 아이에 대한 이야기만 하는 것은 아니라고 생각해요. 흔히 말하는 육아우울증에 빠진 엄마의 이야기를 들어 주고, 마음을 보듬어 주는 것도 부모상담의 일환일 수 있어요. 아이를 보살피기 전에 엄마로서의 준비가 되어 있지 않다면 올바른 부모상담이 되지 않지요.

종종 아이가 너무 힘들게 한다며 눈물을 펑펑 쏟으며 하소연하고 나서야 아이의 활동지와 작품에 비로소 시선을 주는 학부모님이 계십니다. 듣다 보면 너무나 공감이 되고 지치고 힘든 마음으로 여태까지 육아를 어떻게 해 왔을까 하는 생각에 안타깝습니다.

직장에 다니는 학부모님들은 회사에 사정하거나 연차를 내면서까지 이 상담을 놓치지 않으려고 합니다. 힘들게 시간을 낸 만큼 아이에 대해 많은 이야기를 나누고, 아이의 마음에 한 뼘 다가가는 시간이 되어야 합니다.

4 교육과정 설명회

1 | 교육과정 설명회란?

교육과정 설명회는 말 그대로 한 해 동안 이루어진 교육과정에 대해 소개하는 시간입니다. 연간계획과 행사에 대한 계획들이 계획한 대로 잘 이루어졌는지, 아이들은 어떤 생활주제에서 어떤 활동을 하고 놀이를 했는지, 그리고 아이들이 어떠한 변화가 있었는지를 보여 줍니다. 국가수준 교육과정뿐만 아니라 특별활동으로 이루어지는 영어, 체육, 음악과 같이 다양한 분야에 대해서도 설명을 합니다. 또한 원 내에서 이루어지는 특별한 활동이 있다면 이 활동에 대한 설명도 빠트리지 않고 합니다.

2 | 교육과정 설명회의 형태

교육과정 설명회는 여러 가지로 나눌 수 있습니다. 신입생 학부모님을 대상으로 하는 교육과정 설명회와 재원생 학부모님을 대상으로 하는 교육과정 설명회가 있습니다.

신입생 학부모님을 대상으로 하는 교육과정 설명회

이 설명회는 원아모집을 위한 목적이 큽니다. 올해의 교육과정이 어떠한 방향으로 이루어졌는지, 아이들은 어떤 활동을 했고 어떻게 진행했는지 설명합니다. 또 내년에는 어떤 활동들이 계획되어 있는지, 어떻게 진행할 예정인지 간단하게 설명할 수도 있습니다.

재원생 학부모님을 대상으로 하는 교육과정 설명회

이 설명회는 원아들이 내년에 재원하도록 하는 데 많은 도움을 줍니다. 신입생 학부모님을 대상으로 하는 교육과정 설명회보다 간결하지만 연령별로 진행하여 더욱 더 자세한 내용을 이야기할 수 있습니다.

예를 들어, 만 3세 반 학부모님을 대상으로 진행할 경우 담임교사가 한 해 동안 어떠한 활동이 이루어졌는지, 아이들은 어느 정도 활동을 즐기고 있는지를 사진과 자료를 통해 소개하는 시간을 갖습니다. 또한 만 4세 반 담임교사가 4세 반 아이들은 어떤 활동을 하는지, 어떤 생활주제에서 어떤 형태의 놀이를 진행하고 아이들의 결과물은 어떻게 나왔는지를 보여 줍니다. 만 4세 반의 특별 활동을 소개하면서 학부모님들에게 만 4세 반에 진급하도록 유도하기도 합니다.

≥ 선생님들의 교육과정 설명회 이야기 ≤

이랑쌤

신입 학부모님들께는 '아! 이 원을 다녀야만 하는구나!'를 느끼면서 입학에 확신을, 재원생 학부모님들께는 '역시 재원을 하니 신입생들과는 다르게 더 전문적인 과정을 배우게 되는구나.'라는 신입과의 차별성을 느끼도록 하는 것이 중요합니다.

TiP!

시청각 자료를 잘 활용합니다. 보호자들은 교육과정의 전문가들이 아니므로 길게 설명하면 지루해하고 집중도가 떨어집니다. 요점을 정리한 PPT와 교육과정에 참여하는 모습, 결과물 등을 시각적으로 표현하는 것이 더 효과적으로 전달됩니다.

예은쌤

저희 병설 유치원에서는 교육과정 설명회를 초등학교 일정과 동일하게 진행하여 연 2회 운영합니다. 1학기에는 올 한 해 어떤 특색을 가지고 교육과정을 운영할 것인지에 대해 설명하고, 2학기에는 추가된 부분과 진행된 사항에 대해 안내합니다. 또 1년간 이수해야 하는 학부모 연수 내용도 함께 진행합니다.

교육과정 설명회 내용은 원의 특색을 알리고, 어떻게 교육과정과 연계하여 운영할 것인지, 기대하는 효과는 무엇인지 설명합니다. 자세한 내용을 설명하다 보면 학부모님들의 질문이 있을 수 있고, 올 한 해 교육에 기대를 하게 됩니다. 특별한 교육과정 설명회를 진행하는 것도 좋지만 교육과정 계획과 운영 부문을 더욱 내실 있게 하면 전하는 방법이 특별하지 않더라도 탄탄한 교육과정을 신뢰할 수 있게 됩니다.

별밤쌤

제가 근무한 원은 몬테소리 프로그램에 중점을 둔 원이었습니다. 학부모님들께서는 대부분 몬테소리라는 말은 많이 들어 보았지만 어떠한 프로그램인지, 무엇을 하는 것인지, 몬테소리의 방향과 철학은 무엇인지 전혀 모르고, 그저 유명한 교구활동이라고만 알고 계셨습니다. 교육과정 설명회 시간에 학부모님들과 몬테소리 교구활동을 함께 하며 아이들이 어떤 활동을 하는지 몬테소리에 대한 이해도도 높이고, 교사의 전문성을 부각시키며 원과 교사에 대한 신뢰를 쌓을 수 있었습니다.

5 부모참여수업

1 | 부모참여수업이란?

부모참여수업은 아이들이 부모님을 원으로 초대해서 부모님과 함께 여러 가지 활동을 할 수 있는 시간이라 아이들이 무척 즐거워하고 기다립니다. 학부모님들도 아이가 어떤 활동을 하고, 어떤 환경에서 지내는지, 선생님과의 활동에서 어떻게 반응하고 행동하는지 지켜볼 수 있기에 더 기대하며 참석합니다. 부모참여수업은 단순하게 학부모님들께 원의 내부나 수업을 공개하는 것뿐만 아니라 학부모와 교사 간의 신뢰를 쌓을 수 있는 시간이 되기도 하며, 아이와 부모님 간에도 많은 상호작용을 통해 끈끈한 애착형성을 돕습니다.

2 | 부모참여수업의 계획

주제 선정

부모참여수업을 계획할 때는 먼저 주제에 어울리는 활동을 정합니다. 생활주제 혹은 특별한 프로그램을 진행하고 있다면 원의 특성을 살린 주제를 선정하기도 합니다.

부모참여수업의 형태

각 반에서 진행할지, 혹은 정해진 교실을 이동하며 활동하는 로테이션 형태로 진행할지 결정해야 합니다.

로테이션으로 진행하는 경우

로테이션으로 부모참여수업을 진행하는 경우에는 각 반에 적합한 활동을 정하고 각 시간을 분배하는데, 활동 시간이 늦춰지거나 너무 빨리 끝나지 않도록 잘 지켜야 합니다. 시간 분배가 제대로 되지 않으면 학부모님과 아이들이 순서가 밀려 복도나 빈 교실에서 기다리는 상황이 벌어져 난감해질 수 있습니다. 또한 교사와 함께 각 반 교실을 이동하기 때문에 동선을 잘 정해 두지 않으면 여러 반의 아이들과 학부모님이 섞이며 굉장히 혼잡해질 수 있습니다.

각 반에서 진행하는 경우

각 반에서 부모참여수업을 진행하는 경우에는 교실에서 진행하기 때문에 아이들의 일상 모습을 온전히 보여 줄 수 있다는 장점이 있습니다. 또한 정해진 시간을 정확하게 지켜야 한다는 부담이 줄어듭니다. 상황에 따라 교사가 융통성을 발휘하여 시간을 조절할 수 있습니다. 각 반에서 진행하는 경우에는 수업에 필요한 모든 준비물을 교실에 갖춰 놓아야 하며, 준비된 활동 자료들을 수업하기 적합한 위치에 배치하는 것이 중요합니다.

야외에서 진행하는 경우

야외에서 부모참여수업을 진행하는 경우도 있는데, 특별한 장소를 빌리거나 원의 운동장에서 진행합니다. 야외에서 진행하면 넓은 공간을 활용할 수 있는 장점이 있지만, 목소리가 제대로 전달되지 않아 어려움을 겪을 수 있습니다. 이때 원활한 의사소통을 위해 무선마이크 등을 사용할 수 있습니다.

3 | 부모참여수업 시 교사의 역할과 준비

부모참여수업은 교사의 역할이 매우 큽니다. 부모참여수업을 원활하게 이끌어 가기 위해서는 사전 준비가 많이 필요합니다. 원의 환경과 상황에 따라 준비하는 부분이 다르기 때문에 원 상황에 맞추어 준비하도록 합니다.

부모참여수업 초대장

행사 전에 부모참여수업 초대장을 가정으로 발송합니다. 초대장에는 일시·장소·일정에 대해 간략하게 소개하고, 부모참여수업 시 부모님과 원아의 복장 그리고 준비물을 안내합니다.

이름표 및 안내판

교사들이 모든 학부모님의 얼굴을 알 수 없고, 학부모님도 서로 누구의 부모님인지 알 수 없습니다. 가족 구성원 모두에게 이름표를 부착하도록 하면 한눈에 누구의 부모님인지 알 수 있기 때문에 매우 편리합니다. 이름표에는 반 이름, 원아 이름을 작성하여 원아의 가족이 붙이도록 합니다. 시트지를 잘라 일회용 이름표로 사용하면 눈에 잘 띄어 좋습니다.

실내화 및 안내

원 내에 들어오시는 학부모님들께 정해진 장소로 안내합니다. 원 내에 실내화가 비치되어 있다면 실내화를 신고 들어오실 수 있도록 안내하며, 신발을 보관할 수 있는 장소를 만들도록 합니다.

기타

티 테이블을 비치하여 물이나 차, 간단한 다과를 준비하는 것이 좋습니다. 아기와 함께 오시는 부모님도 있을 수 있으니 수유 및 기저귀갈이 공간이 필요합니다. CCTV가 없는 장소에 수유실과 기저귀갈이 공간을 만들면 좋습니다.

4 | 부모참여수업의 팁

부모참여수업은 어른들이 많이 오시기 때문에 원아들이 긴장하기 쉽습니다. 평소에 하지 않던 장난을 하거나, 낯선 환경에 울음을 터트리기도 합니다. 사전에 학부모님들께 "아이들이 부모님이나 다른 어른들과 함께하면 다소 긴장을 해서 평소에 하지 않던 장난을 하거나, 떨려서 말을 하기 어려울 수 있습니다. 우리 아이가 왜 그럴까 걱정하기보다는 아이에게 응원의 말 한마디를 해 주세요." 하고 미리 양해를 구하면 조금 더 편안한 부모참여수업이 이루어질 수 있습니다.

선생님들의 부모참여수업 이야기

이랑쌤

보호자들의 관심은 선생님의 교수방법이나 교구보다 내 아이가 수업에 어떻게 참여하는지에 있습니다. 그러므로 부모참여수업이든 참관수업이든 모든 아이에게 동등한 기회를 제공해 주세요. 예를 들어, 발표를 잘하는 아이는 몇 번씩 발표를 하고 소극적인 아이는 발표를 한 번도 못하는 일이 있어서는 안 됩니다. 그럴 경우 99%의 아이들을 수업에 잘 이끌어도 소외된 1%가 된 아이 보호자에게는 좋은 수업이 아니게 됩니다. 모든 보호자를 다 만족시킬 수는 없지만 상처받는 보호자가 없도록 신경 써야 합니다.

예은쌤

부모참여수업은 매년 진행해도 교사에겐 긴장되는 순간입니다. 아이들이 잘 따라와 줄까, 수업의 목표를 달성할 수 있을까, 실수는 하지 않을까 등등. 그래도 참관수업에 비하면 부담이 덜합니다. 부모참여수업을 진행할 때는 혹시라도 참여하지 못하는 부모님이 계실 수 있다는 점을 유념해야 합니다. 따라서 부모님이 참여하지 않더라도 모두가 참여할 수 있는 수업을 해야 합니다. 참석률을 높이기 위해 토요일에 운영하거나 모든 학부모님이 참여할 수 있는 날로 수업 날짜를 정하기도 합니다. 부모님이 참석하지 못한 아이에게도 경험의 기회를 주어야 합니다. 모둠 구성을 부모님이 오신 유아와 오시지 않은 유아를 적절히 배치하면 부모님이 오시지 않아도 큰 무리 없이 진행할 수 있습니다.

대체로 어머님들은 아이와 함께 만든 결과물을 가지고 가는 것을 선호하며, 아버님들은 몸으로 활동하거나 아이와 밀착해서 함께 하는 활동을 선호합니다. 모두가 신기해하는 호기심 많은 활동은 참여수업으로, 아이들이 좋아하는 활동은 참관수업으로 진행하면 지루해하거나 새롭지 못해 실패하는 일은 없을 거예요.

....

 별밤쌤

매년 색다른 부모참여수업을 위해 일반적으로 진행하는 원내 부모참여수업 외에 숲에서 이루어지는 부모참여수업, 영어선생님과 함께하는 영어참여수업 등 다양한 시도를 했습니다. 가장 기억에 남았던 참여수업은 기차를 타고 떠난 기차여행 참여수업이었습니다. 기차 안에서 미션을 통해 간식을 먹고, 아이들이 지루해하지 않도록 부모님들과 함께 여러 활동을 했습니다. 기차에서 내린 뒤에는 넓은 숲에서 참여수업을 이어 나갔습니다. 짧은 기차여행이지만 준비하는 데 한 달 정도 소요돼서 교사는 교사대로 힘들고 원장님은 원장님대로 걱정이 이만저만 아니었습니다. 하지만 결과적으로는 기억에 남는 부모참여수업이 되었습니다.

6 현장체험학습

1 | 현장체험학습이란?

현장체험학습이란 유아들의 놀이 방향이나 생활주제에 어울리는 장소에서 직접 체험하며 배우는 것을 말합니다. 견학이라고 부르기도 합니다. 현장체험학습 장소의 선택과 교사의 준비 및 주의점에 대해 알아보겠습니다.

2 | 현장체험학습 장소의 선택

① 현장체험학습에서는 생활주제 혹은 계절에 어울리는 활동을 주로 합니다. 생활주제와 관련 있는 현장체험학습 장소로는 동네 소방서·경찰서·은행 등이 있으며, 국립박물관 등에 견학 갈 수도 있습니다.

② 계절에 어울리는 현장체험학습 장소로는 자연을 느낄 수 있는 곳이 좋습니다. 봄에는 딸기밭이나 매실농장, 여름에는 참외밭 혹은 물

고기 잡이, 가을에는 밤농장이나 땅콩밭, 겨울에는 눈썰매장 등으로 체험학습을 가면 좋습니다.

③ 원에서 현장학습 장소까지의 거리가 너무 멀지 않아야 하며, 차량으로 이동할지 도보로 이동할지 결정해야 합니다.

3 | 현장체험학습 준비물

어떤 장소에서 어떤 활동을 하느냐에 따라 현장체험학습의 준비물이 달라지고 복장도 달라집니다. 현장체험학습 때는 활동성 높은 복장이 좋습니다. 실내복같이 너무 편안한 복장이나 노출이 심한 옷은 피하도록 합니다.

현장체험학습 교사 준비물

원아들과 함께 원 밖으로 현장체험학습을 갈 때에는 반드시 비상연락망, 응급처치물품을 준비해야 합니다. 원아들은 미아 방지를 위해 견학 목걸이 등을 착용하도록 합니다. 점심식사 시간 이후까지 일정이 있는 경우, 도시락과 물 등을 챙기도록 하며, 투약을 해야 하는 경우에도 빠짐없이 챙길 수 있어야 합니다.

현장체험학습 원아 준비물

현장체험학습을 갈 때에는 미아 방지를 위해 원복이나 체육복 혹은 원을 나타내는 모자 등을 쓰도록 합니다.

야외 현장체험학습

야외에서 현장체험학습을 할 때에는 모기와 벌 등 벌레를 피할 수 있는 기피제와 벌레에 물렸을 때 바르는 약 등을 준비합니다.

4 | 교사가 주의할 점

현장체험학습은 원 밖으로 나가는 만큼 준비하고 주의해야 할 것이 무척 많습니다.

미세먼지

요즘에는 미세먼지로 인해 현장체험학습을 취소하기도 합니다. 미세먼지 수치를 실시간으로 체크하고, 수치가 높아진다면 원으로 돌아오도록 합니다.

모기와 벌

여름에는 모기가, 가을에는 벌이 아이들을 위협합니다. 모기에 물리면 모기 알레르기가 생겨 심각하게 붓는 아이도 있습니다. 모기에 물렸을 때는 빠르게 약을 바르고 붓기를 가라앉히도록 합니다. 벌에 쏘였을 때는 벌침을 카드를 이용해 반대방향으로 밀어내어 제거합니다.

자외선

유아들의 피부는 매우 연약합니다. 뜨거운 여름의 햇볕이 아니더라도 아이들의 피부는 상하기 쉽습니다. 더운 여름은 물론이고 피부가 햇볕에 그대로 노출되지 않도록 하며, 자외선 차단제를 발라 줍니다. 햇빛 알레르기가 있는 아이도 있기 때문에 주의해야 합니다.

📢 선생님들의 💬 현장체험학습 이야기 📢

이랑쌤

현장체험 시간 동안 안전을 위해 최선을 다하고 체험을 통해 다양한 경험을 제공해 주고 나면 궁금해하는 보호자분들을 위해 사진을 보내 드려야 합니다. 자녀의 체험 사진이 현장체험학습의 만족도에 끼치는 영향이 큽니다. 전문사진사가 아니므로 구도가 맞지 않을 수도, 채광이 잘못될 수도 있지만 아이의 옷자락이 삐져나와 있거나 머리가 흐트러져 있는 등 단정하지 않은 용모로 찍힌 사진은 현장체험을 위해 애쓰신 선생님의 노고를 낮추는 요인이 되기도 합니다.

....

예은쌤

현장체험학습은 교육과정과 연계하여 지식을 유의미하게 구성해 줄 수 있는 장소 선정이 가장 중요합니다. 보여 주는 식의 장소 방문은 지양하고, 생활주제에 맞는 장소를 방문하는 것이 좋습니다. '크레존(https://www.crezone.net)' 사이트나 각 지역 홈페이지를 검색하면 현장체험학습 장소에 대한 팁을 얻을 수 있습니다.

무엇보다도 중요한 것은 안전 문제입니다. 안전사고의 염려가 없도록 사전 답사는 필수입니다. '아는 곳이니 괜찮을 거야.'라고 안일하게 생각하지 말고 안전점검 체크리스트에 따라 꼭 점검해 주세요. 이는 추후 안전사고 관련하여 기관에도 도움이 됩니다.

그리고 멀미하는 유아가 한두 명은 꼭 있습니다. 캐러멜이나 사탕류를 미리 챙겨 유아가 배가 아프거나 속이 불편할 때 먹이면 침을 계속 삼키게 되어 메슥거리는 속을 달래 줄 수 있습니다.

현장학습을 나가기 전에 유아들과 수수께끼, 퀴즈 등을 미션으로 주고 수행해 보면 유의미한 경험을 제공할 수 있습니다. 예를 들어, '봄'이 생활주제라면 '봄꽃 찾기, 봄에 볼 수 있는 것 찾기' 등을 미션으로 주면 유아들이 이동 중에도 봄꽃과 봄나무를 찾아보며 친구와 이야기를 나누어 지루해하지 않습니다.

....

별밤쌤

숲 체험. 벌레가 많은 장소……. 무엇 때문이었을까요? 분명 많은 아이와 선생님들이 함께 갔는데도 불구하고 왜 날벌레들은 제 콧구멍으로만 날아들어 왔을까요? 벌레가 들어갈 때마다 코를 흥!흥! 하고 콩콩 뛰며 원맨쇼를 벌였고, 동료선생님들과 아이들은 깔깔깔 웃었습니다. "또 저 선생님 코에 벌레가 들어갔나 봐~."

저에게는 숲 체험이 정말 너무나 힘들었지만 잠시나마 원에서 벗어나 자연을 만끽할 수 있다는 것은 정말 큰 힐링이 되었습니다. 저뿐만 아니라 아이들도 자연 속에서 힐링타임을 갖게 되었고요. 원 밖으로 현장체험학습을 나가면 준비할 것도 많고 챙길 것도 많지만 야외 돗자리 위에서 먹는 도시락은 아주 꿀맛이랍니다.

7 학습발표회 및 작품전시회

1 | 학습발표회

학습발표회는 대부분의 원에서 재롱잔치라는 이름으로 진행하고 있습니다. 아이들이 1년 동안 원에서 배우고 즐겁게 보낸 모습을 학부모님들 앞에서 선보이는 자리로 매년 크리스마스 전후로 많이 이루어집니다. 주로 노래를 부르거나 율동을 보여 주는데, 유아반에서는 댄스까지 선보이며 멋진 공연을 합니다. 그 밖에 태권도, 축구, 발레, 드럼과 같이 특별활동을 통해 배워 온 재능을 선보이기도 합니다.

2 | 작품전시회

작품전시회는 학습발표회와 함께 진행하기도 하지만 부모참여수업과 함께 진행하기도 합니다. 작품전시회를 할 때는 아이들의 다양한 작품을 전시하여 학부모님들께 선보입니다. 이때 학부모님들께서는 아이들의 작품 하나하나를 살펴보며 다른 친구들의 작품과 비교해 보기도 하고, 아이의 작품을 자랑스럽게 여기기도 합니다.

작품을 전시할 때에는 단순히 전시만 하지 말고 어떤 활동을 진행하였고, 어떤 방향으로 이루어졌으며, 아이들은 어떤 반응을 보였는지를 작품 설명과 함께 게시하는 것이 좋습니다.

예시

○○반 친구들이 '우리나라'를 생활주제로 우리나라의 전통과 역사에 대해 알아보고 다양한 놀이를 진행했습니다. 왕관과 귀걸이, 목걸이 등과 같은 액세서리에 관심을 보이며 다양한 액세서리를 만들었습니다. 왕관을 만든 친구들은 왕과 왕비가 되어 보기도 하고, 귀걸이와 목걸이를 만든 친구들은 공주가 되어 놀이를 하기도 했습니다. 반짝반짝 영롱하고 웅장한 친구들의 작품을 살펴보세요.

작품전시회에서 영유아들의 공동 작품은 빛을 발합니다. 각 가정으로 가지고 가는 개인 작품과 다르게, 공동 작품은 학부모님들이 평소에 직접 감상하기는 어렵기 때문입니다. 작품전시회를 통해 친구들과 함께 의견을 더해 만든 공동 작품을 전시하여 특별한 전시가 되기도 합니다.

3 | 학습발표회 진행 시 주의할 점

아동학대

학습발표회를 준비하는 과정에서 아동학대가 일어나는 사례가 종종 있습니다. 학부모님들 앞에 좋은 모습을 보이고 싶다는 마음이 앞서 재촉하다 보니 절대 있어서는 안 될 일들이 벌어지곤 합니다. 학부모님들은 아이가 예쁜 옷을 입고 무대 위에 서 있는 것만 해도 행복해하니 무리하게 아이들을 다그치지 않도록 합니다. 무대 위에서 능숙하게 잘하는 모습도 좋지만, 아이가 당황하고 우는 모습 또한 부모님 눈에는 사랑스럽고, 하나의 추억이 되니까요.

무대 의상과 무대 꾸미기

학습발표회 때는 아이들의 무대의상을 대여하여 입히기도 합니다. 주로 '웃는아이', '쁘띠모'와 같은 무대의상 업체에서 대여합니다. 무대의 율동이나 노래 또한 통통 튀고 재미있는 아이디어가 많아 참고하면 좋은 무대를 꾸릴 수 있습니다.

무대가 무서운 아이들

대부분의 원에서는 많은 학부모를 수용하기 어렵거나 큰 무대가 필요한 경우 외부 무대를 빌려서 진행합니다. 아이들은 학습발표회 때 무대에 올라 많은 어른 앞에 서는 경험이 많지 않기 때문에 당황하거나 우는 경우가 있습니다. 특히 영아반 아이들은 익숙하지 않은 환경이기 때문에 놀라지 않도록 사전에 많은 지도가 필요합니다.

앞자리는 나의 것

학부모님이 자기 아이의 사랑스러운 모습을 가장 가까운 곳에서 눈에 담고 싶어 하는 것은 당연한 일입니다. 하지만 이 때문에 무대 가까이에 자리하기 위해 학부모님들 간에 과도한 경쟁이 발생할 수 있습니다. 교사가 학부모님 간에 기분 상하는 일이 발생하지 않도록 잘 중재해야 합니다. 정해진 시간부터 입장하도록 하고, 입장하는 순서대로 자리표를 주면 원활한 진행에 도움이 됩니다.

4 | 작품전시회 진행 시 주의할 점

작품의 배치

작품을 전시할 때는 어떻게 배치하는가에 따라 작품이 더 돋보이기도, 혹은 반대인 경우도 있습니다. 구도나 위치를 잘 선정하여 작품을 전시하는 것이 중요합니다. 특정한 아이의 작품이 돋보이기보다는 여러 아이의 작품이 조화롭게 이루어질 수 있도록 배치합니다.

작품 전시 공간

평면 작품은 교실 벽면뿐만 아니라 복도, 현관도 작품을 전시할 수 있는 공간이 됩니다. 입체 작품은 교구장 위 혹은 창가, 책상 위와 같이 작품이 잘 보일 수 있도록 전시합니다. 작품에는 아이들 이름과 작품명을 붙여 누구의 작품인지 알 수 있도록 하는데, 작품에 비해 이름표가 너무 크거나 화려하면 작품이 눈에 띄지 않으니 주의합니다.

선생님들의 학습발표회·작품전시회 이야기

이랑쌤

발표회는 원 전체의 행사이므로 다음 차례의 반이 기다리고 있고, 의상도 갈아입어야 해서 시간이 부족합니다. 급한 마음에 무대에서 아이들을 내릴 때 팔을 잡아당기거나 조급한 마음이 표정에 나타나기도 합니다. 나는 보고 있지 않아도 보호자들은 나를 보고 있습니다. 시간이 조금 지체되어도 괜찮습니다. 평소와 다름없이 상냥한 교사의 모습을 보여 주세요.

예은쌤

학습발표회의 작품 선정은 교사들에게 너무나 큰 미션입니다. 반 아이들이 대체로 잘하는 것, 그동안 활동했던 것 중에 아이들이 가장 좋아했던 것을 생각하여 선정합니다.

학습발표회에 임박하여 연습을 시키다 보면 서로 스트레스가 되고, 심지어 아동학대가 이루어지는 경우도 있습니다. 학습발표회 작품을 미리 선정하고 차근차근 준비하면 아이들과 즐거운 경험으로 기억될 수 있습니다. 즐겁게 하고 나면 학습발표회가 끝나고 다음 학년이 되어서도 음악을 틀어 달라고, 또 하고 싶다고 할 정도로 행복한 경험이 됩니다.

작품전시회는 같은 작품을 반 아이들 수만큼 전시하는 방법도 있지만,

다른 작품을 골고루 선정해서 전시하는 방법도 있습니다. 예를 들어, 10개의 작품을 전시할 수 있는 공간이면 1종류로 10개를 놓지 않고, 5종류의 작품을 선정하여 2개씩 전시합니다. 그렇게 하면 다양한 작품을 전시할 수 있고, 아이마다 강점인 작품을 전시할 수 있습니다.

....

별밤쌤

학습발표회 당시 교사들의 무대가 있었는데, 준비하는 당시에는 너무나 부끄럽고 태생적으로 몸치였기 때문에 무척 힘들었습니다. 게다가 한 번도 춰 보지 않은 걸그룹 춤을 춰야 한다는 생각에 '나는 교사인데 내가 왜 이런 걸 하고 있는 거지?' 하는 마음도 들었습니다. 원아들이 다음 무대를 준비하는 시간을 벌어야 했기에 꼭 필요한 선택이었습니다. 다행히 엄청난 박수와 환호를 받았고 무대 경험이 굉장히 즐거웠습니다. 발표 후 학부모님들로부터 "아이돌 섭외한 줄 알았어요."라는 말에 자신감이 상승하기도 했답니다.

우리 반 아이들도 압도적으로 완벽한 무대를 선보였어요. 작품을 선정할 때도 5세 아이들이 서로 의논을 통해 정하고, 자리 배치도 자기들이 했어요. 저는 단지 마우스를 클릭해서 음원만 들려줬을 뿐 춤도 아이들끼리 추었어요. 심지어 7세용으로 나온 춤을 너무나도 완벽하게 해냈고, 합주 또한 음악선생님이 고개를 절레절레 흔들며 "다섯 살이 이렇게 잘할 수 있다니…."라고 말씀하실 정도로 잘했어요. 그날은 마치 제가 칭찬받은 양 행복했습니다.

8 영유아 모집

　원아 모집은 다음 해 원의 방향을 결정지을 만큼 아주 중요한 일입니다. 원아 모집이 잘 이루어지지 않으면 교사도, 원장님도 고민에 빠지고 다음 해를 걱정하게 됩니다. 반면에 원아 모집이 매우 활발하게 이루어져 많은 원아가 지원하면 원장님과 교사들은 뿌듯하고 보람을 느낍니다. 원아 모집이 어떻게 이루어지느냐에 따라 다음 해의 원 운영이 달라지기 때문이에요. 무엇보다도 원의 살림살이가 달린 문제이기에 무척 중요합니다.

　원아 모집 시기가 되면 학부모님들이 원으로 방문해서 원을 둘러보기도 하고, 원장님이나 주임교사와 상담을 하기도 합니다. 원에서 어떤 프로그램을 진행하는지, 반은 몇 개로 구성되는지, 연령별 교실은 어디이며, 또 다른 공간은 무엇을 하는 곳인지를 살펴봅니다. 원아 모집 상담이 이루어지는 시기에는 많은 학부모님이 방문하기 때문에 원 내부에 대해, 다른 연령의 프로그램에 대해서도 설명할 수 있는 센스 있고 능력 있는 교사가 되어야 합니다.

1 | 원아 모집 전략

① 부모님들의 입소문에 따라 그해의 원아 모집이 잘되기도, 잘되지 않기도 합니다. 지역 맘카페에 원에 대한 안 좋은 소문이 올라가면 허위일지라도 원의 이미지를 좋게 유지하는 것은 어렵습니다. 입소문이란 정말 무섭습니다. 반대로 맘카페에 원에 대한 칭찬이 가득하고 학부모들의 추천이 줄줄이 이어진다면 든든한 지원군이 있는 것이나 마찬가지입니다. 맘카페에 추천받는 원, 추천받는 교사가 되어 자신감을 보이며 학기를 마무리한다면 큰 행복입니다.

② 재원생의 동생을 입학시키는 것도 많은 비중을 차지합니다. 영유아의 등·하원 시 마주하는 재원생들의 동생과 함께 생활하는 것을 기대한다는 메시지를 전달하는 것 또한 원아 모집의 전략이 될 수 있습니다.

③ 원에 대한 전단지를 배포하기도 하고, 셔틀버스에 현수막을 붙여 홍보하기도 합니다.

2 | 영유아 모집 시스템

원아 모집은 유치원과 어린이집으로 나누어집니다. 유치원은 유치원 입학 지원 시스템인 '처음학교로'에서 진행하며, 어린이집은 '임신육아종합포털 아이사랑'에서 진행합니다.

유치원 원아 모집 : 처음학교로

유치원 유아 모집은 '처음학교로' 시스템으로 운영됩니다.

입학 관리 시스템을 통해 공정한 유아 모집과 업무의 효율성을 높이고자 시작하여 매년 시스템을 조금씩 수정·보완하고 있습니다. 전국 국·공·사립 유치원이 동시에 일정을 같이 하므로 공문 요청에 따라 시기별로 우선모집, 일반모집, 추가모집을 실시합니다.

접수 방법은 현장접수와 온라인 접수가 있어 학부모님의 편의성에 따라 지원할 수 있습니다. 자동으로 접수와 선발이 되고 등록 또한 가능하기 때문에 시스템이 익숙해지면 더욱 편리하게 운영할 수 있습니다. '처음학교로' 시스템은 시기에 따라 공문과 매뉴얼 연수가 진행되기 때문에 자세한 설명과 방법은 다루지 않았습니다.

한 가지 팁을 알려 주자면 학부모님들이 보는 모집요강의 내용을 한눈에 잘 들어오도록 구성해 놓으세요. 그러면 학부모님들이 지원할 때 신뢰감을 느낄 수 있습니다.

어린이집 원아 모집 : 임신육아종합포털 아이사랑

어린이집 원아 모집은 '임신육아종합포털 아이사랑'에서 진행합니다. '처음학교로' 시스템처럼 학부모님들은 온라인으로 입소대기 신청을 합니다. 입소대기를 신청하면 우선순위 혹은 맞벌이와 같이 점수로 계산이 되어 순위를 받게 됩니다.

⪦ 선생님들의 원아 모집 이야기 ⪧

이랑쌤

선생님은 원의 첫인상입니다. 원아상담 전화를 받았을 때 원아상담 담당자가 아니더라도 "제가 잘 몰라서요." 혹은 "아~ 원아상담요?"라며 당황하지 마세요. 보호자분은 선생님과 바로 상담하겠다는 것이 아니니까요.

원아상담을 위해 전화한 보호자분에게는 전화받은 선생님이 원의 첫인상이 됩니다. "예, 어머니. 원장님(원감님)께서 잠시 자리를 비우셨습니다. 오시는 대로 바로 연락을 드리도록 하겠습니다. 실례가 안 된다면(개인정보 공유에 대한 것이니 꼭 언급해 주세요.) 연락처를 남겨 주실 수 있으실까요?" 정도로 응대하면 됩니다.

예은쌤

유아 모집에서 빈익빈 부익부 현상이 계속될 것 같습니다. 저출산 문제가 심각해지며 기존에도 적었던 농산어촌의 젊은 가구 비중이 점점 줄고 있습니다. 어린이집, 유치원, 초등학교 순으로 인구의 급감을 체감하고 있어요. 이런 구조에서 어려움을 겪지 않으려면 우리 원만의 특별한 매력이 있어야 합니다. 영유아 모집이 잘되는 원은 영유아가 대기하겠지만 미달인 곳은 분명 걱정되는 시기가 올 수 있습니다.

유아 모집에서 선호도가 높으려면 우리 원이 있는 지역의 특성과 학부모의 니즈를 잘 파악해야 합니다. 인접 지역이 맞벌이 부부가 많은 곳이라면 운영 시간 확대가 필요하고, 다양한 교육이나 영어 교육에 대한 요구가 많다면 그 부분을 채워 주어야 합니다. 따라서 학부모의 요구를 파악할 수 있도록 평소에 설문조사, 운영 설문지 등에 구체적이고 현실적인 항목들을 수록해야 합니다.

우리 원의 원아 수가 줄어든다면 그 원인이 분명 있습니다. 해당 지역의 유아가 없다면 인근 지역에서 유아들이 올 수 있도록 기관 특성을 갖춰야 합니다. 유아 모집은 지역적 특성과 학부모의 니즈와 관련 있는 부분이기 때문에 사전 조사를 충분히 한 뒤에 해결 방법을 찾아야 합니다.

별밤쌤

처음학교로 시스템이 도입되기 전에 제가 근무하던 원에서는 입학신청자가 많아 추첨을 했습니다. 새로 생긴 유치원이었는데 1년을 보내고 난 뒤에 입소문이 좋게 나서 많은 학부모님이 몰렸습니다. 그 모습에 스스로 "이만큼 잘했구나." 하는 안도감과 자신감이 생겼어요. 하지만 새로 생긴 유치원에서 추첨을 한다고 하니 교육청에서 감사가 나왔답니다. 잘해서 원아 모집이 잘된 건데 말이지요.

9 졸업식 및 수료식

졸업식과 수료식은 아이들과의 1년을 마무리하는 시간입니다. 1년 동안 아이들과 한 해를 어떻게 보냈는지 돌아보며 사진을 한 장 한 장 넘기다 보면 울컥 눈물이 쏟아지기도 합니다. 아이들의 앞날을 축복하고, 우리의 시간을 아름답게 마무리하는 시간이기 때문에 선생님은 그 어떤 행사보다 정성을 들이고, 준비하는 내내 아이들을 떠나보낸다는 마음에 눈물을 훔치기도 합니다.

1 | 졸업식

① 원마다 졸업하는 연령이 다릅니다. 영아 전담 어린이집이라면 만 2세 반 친구들이 졸업을 하고, 7세 친구들이 있는 유치원이나 어린이집인 경우에는 만 5세 반 어린이들이 졸업을 하게 됩니다. 연령에 따라 졸업식의 풍경도 달라집니다.

② 일반적으로 만 5세 반 아이들이 졸업식을 하는데 원에서 아이들

과 교사끼리 진행하는 경우와 학부모님을 초대해 큰 행사로 마무리하는 경우가 있습니다. 학부모님을 초대해 졸업식을 진행할 때는 학부모님들이 앉을 수 있는 충분한 공간을 확보해야 하고, 졸업식을 하는 동안 아이들이 앉거나 대기할 공간을 마련해야 합니다.

2 | 졸업식 순서

① 졸업식은 대개 졸업식을 알리는 개식 선언, 졸업생 입장, 국민의례, 졸업장 및 상장 수여, 원장님 말씀, 담임교사 편지, 송사와 답사, 졸업가 제창, 폐회식 순서로 진행합니다.

② 어린이집 영아반 졸업식의 경우에는 어려운 순서들을 제외하고 간단하게 할 수 있습니다. 영아들에는 어려울 수 있는 국민의례, 졸업생 입장, 졸업가 등을 생략하고 졸업식을 알리는 개식 선언을 시작으로 졸업생 영아 착석, 졸업장과 상장 수여를 한 뒤 원장님의 축하말씀과 선생님의 편지로 진행할 수 있습니다.

3 | 졸업식 준비

① 교사는 졸업식에 필요한 졸업식 PPT를 준비하고, 졸업식장을 정리하며, 졸업식에 사용될 다양한 준비물을 챙겨야 합니다. 졸업식이 진행되는 무대 테이블에는 상장, 졸업장, 선물 등을 비치해 두도록 합

니다. 졸업식을 진행할 때 영유아들이 입장하는 동선과 졸업식을 하는 동안 앉을 수 있는 자리를 마련하고, 학부모님께서 함께하는 졸업식에는 학부모님들의 자리 또한 마련해야 합니다.

② 졸업식에는 담임교사의 편지가 들어가는 경우가 있는데, 담임교사의 편지를 읽는 것은 쉬운 일이 아닙니다. 편지 한 장에 많은 이야기를 담고 싶고, 아이들에게 해 주고 싶은 말이 많습니다. 이 내용들을 함축적으로 담아야 하는 것은 물론이고, 아이들의 이름도 빠짐없이 불러 주어야 합니다.

편지를 쓰는 것도 중요하지만 무엇보다 그 편지를 읽는 일이 어렵습니다. 1년 동안 다하지 못한 이야기들, 선생님의 진심을 편지에 고스란히 녹여 내면 한 글자 한 글자 읽어 나가는 동안 벅차고 미안한 마음이 들기도 하며 눈물이 납니다. 끝까지 다 읽는 것조차 버거워 다른 반 선생님이 대신 읽어 주는 경우도 있습니다. 선생님의 진심을 가득 담은 편지에 아이들, 학부모님들까지 눈물짓게 되기도 합니다.

③ 졸업식이나 수료식에 빠질 수 없는 졸업 선물, 수료 선물이 있습니다. 재원하는 원아들에게는 수료 선물로 다음해에 사용할 수 있는 학용품을 선물하면 실용적입니다. 졸업하는 원아들에게는 초등학교에 입학하여 사용할 수 있는 물건을 선물로 준비하면 학부모들의 부담도 덜고 효율적입니다.

4 | 졸업을 하고 나서

찰칵 포토타임

포토존을 준비해 두면 졸업식을 마치고 선생님과 아이들이 사진을 찍거나 가족단위 혹은 친한 친구들과 함께 사진을 찍을 수 있습니다. 가볍게 의자와 풍선, 가랜드만 설치해도 멋진 포토존이 될 수 있으니 아이들과 함께하는 사진을 꼭 남겨 주세요. 소중한 추억이 된답니다.

물려주기 행사

졸업생이 입었던 원복이나 체육복, 가방을 원에 기부하여 물려주기 행사를 하기도 합니다. 교사들은 졸업식을 마치고 졸업식장을 정리한 뒤에 아이들의 물품을 정리합니다. 이름표가 달려 있다면 이름표를 보며 또 한 번 옷을 부여잡고 벌써 보고 싶다며 울기도 하지요. 예쁘게 정리한 물려주기 옷과 가방들은 옷이 헤지거나, 물려받기 원하는 아이들에게 배부합니다.

선생님들의 졸업식·수료식 이야기

이랑쌤

1년간 함께한 시간의 마지막입니다. 힘들고 고생했던 기억들은 잊어버리고 즐겁고 행복했던 일들만 기억하며 행사를 마무리합니다. 아무리 힘들었어도 좋은 기억은 항상 있으니까요. 혹시나 그것마저도 없었다면 드디어 끝났다는 해방감을 떠올리세요. 드디어 그날이 왔습니다.

편지를 낭독할 때는 담임교사의 마음을 표현해 주세요. 반 아이들에게는 헤어짐의 아쉬움을, 보호자에게는 감사의 인사를 전한다면 감동의 시간이 됩니다. 그런데 편지 쓰기는 생각보다 훨씬 어렵다는 것이 함정입니다.

....

예은쌤

졸업식과 수료식은 한 해의 가장 마지막 피날레와 같습니다. 이때 교사의 독창성과 전문성에서 차이가 나타나게 됩니다. 입학식과 마찬가지로 정말 특별한 행사로 구성합니다. 원형 테이블에 분위기 있는 테이블보를 세팅하면 한껏 세련미를 나타낼 수 있습니다. 조그만 화병에 튤립 몇 송이와 안개꽃이나 주변 꽃을 꽂고 가족 이름 푯말을 꽂아 두세요. 가족 이름을 그림 도안에 넣어 꾸미고 코팅한 후 L형 POP 꽂이에 꽂아 줍니다.

헬륨 풍선을 불어 리본 끈을 말아 주변에 장식해 주고 귀가 시 아이들에게 선물로 주면 무척 좋아합니다. 다과는 차 종류를 제외한 나머지는 테이블에 개별로 제공하면 예쁘기도 하고 경제적이에요. 졸업식 송사와 답사는 직접 식장에서 이뤄지기도 하지만 모든 유아, 학부모, 교사가 출연하여 영상 편지를 쓰고 합본 영상으로 편집하면 소수가 아닌 모두에게 감동을 줄 수 있어요.

학부모님의 영상은 교사가 꼭 촬영하지 않아도 학부모님께 부탁드리면 정성스레 찍어 주시고, SNS로 전송받으면 다른 도구나 번거로움 없이 영상을 활용할 수 있습니다. 1년의 마무리 농사 같은 졸업식과 수료식을 추억 한편에 자리 잡을 수 있도록 기획해 주세요.

....

별밤쌤

만 3세 반 졸업식을 진행한 적이 있는데, 원장님께서 갑작스럽게 '선생님께 감사인사'를 하도록 했습니다. 반 아이들이 하나같이 "선생님, 감사해요.", "고마워요." 하고 인사하는 바람에 꾹 참고 있던 눈물이 왈칵 쏟아졌습니다. 가슴이 벅차서 감동의 눈물을 흘리는 그때 우리 반 아이들은 "야! 선생님 울어~." 하며 우는 제 얼굴을 보며 깔깔 웃었답니다. 눈물바다를 예상한 졸업식이 아이들의 장난기 서린 말에 재미있는 분위기가 되었어요.

유치원에서 졸업식을 진행할 때는 출장뷔페를 불러 학부모님들과 아이들이 졸업식 후에 행복한 식사 시간을 가졌습니다. 이때 교사들은 눈물바다가 되어 식사는커녕 감사인사를 하러 오는 아이들을 끌어안고 펑펑 울기도 했습니다. 졸업식 전에는 "빨리 먹고 싶다."라고 생각했는데, 막상 아이들과의 마지막 시간이 되니 음식은 생각도 나지 않고, 아이들과 인사하고 사진 찍기 바빴습니다.

10 인수인계

졸업식과 수료식을 마쳤다고 해서 끝이 아닙니다. 교사들은 학기를 마무리하는 동시에 새 학기를 준비해야 하기 때문에 더욱 바쁩니다. 아이들과 관련 있는 많은 서류를 제출하고, 교실에서 사용하던 물품 및 교구를 정리하는 등 할 일이 많습니다.

1 | 제출 서류

원아들과 관련된 수많은 서류가 있습니다. 반별로 작성해야 하는 서류가 있는가 하면, 교사들이 나누어서 각자 맡게 되는 업무 서류가 있습니다. 모든 교사는 교육계획안(연간교육계획안, 월간교육계획안, 주간교육계획안, 일일교육계획안)을 제출해야 합니다. 또 각 반에서 작성된 생활기록부와 출석부, 각 원아상담일지와 관찰기록 등 원에서 보관해야 하는 서류들을 잘 정리해서 철해 두어야 합니다.

2 | 반 배정 및 인수인계

재원하는 원아들은 반 배정을 해야 합니다. 반 배정을 할 때에는 생년월일, 성별이 한쪽에 치우치지 않고 고루 분포할 수 있도록 합니다. 신입생과 재원생이 함께 들어오는 경우에는 신입생이 한 반에 몰리지 않도록 주의합니다.

반면에 어린이집 영아반의 경우에는 생일에 따라 원아들의 반을 배정하여 발달 정도가 비슷한 원아들끼리 반을 구성하기도 합니다. 원의 사정에 따라 반을 구성하는 것이 중요합니다.

3 | 원아 인수인계

재원생인 경우 원아에 대한 인수인계가 필요합니다. 인수인계를 할 때는 각 원아의 서류뿐 아니라 이후 담임교사가 원아에 대한 이해를 높이고 빠르게 소통하기 위해 인수인계서를 작성하기도 합니다. 인수인계서에는 원아의 특징, 성격 및 알레르기 등을 기록합니다.

4 | 물품 및 교구 정리

한 해 동안 반에서 사용한 여러 가지 물품을 제자리에 정리해야 합니다. 교구나 다양한 물품을 제자리에 가져다 놓기 전에 깨끗하게 닦아서 정리하며, 파손된 물건들은 반드시 체크하여 고치거나 안전하게 사용할 수 있도록 미리 조치해 둡니다. 특히 교구나 물품 같은 부분은 파손되거나 분실된 부분을 물품대장, 교구대장에 작성하여 새 학기가 시작했을 때 부족하지 않도록 미리 준비합니다.

≡ 선생님들의 인수인계 이야기 ≡

이랑쌤

반을 이동한다면 인수인계가 급한 것은 아니지만, 이직을 한 다면 인수인계는 후임자에게 중요한 디딤돌이 됩니다. 인수인계할 때 원장님이나 원감님, 주임선생님 그리고 동료교사들에 대한 개인적인 생각을 언급하면 편견과 선입견을 심어 줄 수 있으니 삼가는 것이 좋습니다. "○○○선생님께서 ~라고 말해 주셨는데, 들었던 말과 다르네요."라고 후임선생님이 말하는 순간 뒷담화의 주인공은 내가 됩니다. 끝까지 말조심을 해야 합니다.

나는 떠나도 서류는 남아 있습니다. 밀린 서류들을 깔끔하게 다 정리하지 않으면 끝까지 나를 따라 올 수 있습니다. 남은 교직원들을 서류지옥의 고통으로 밀어 넣지 마세요.

예은쌤

공립 유치원은 정해진 기간마다 이동을 하므로 인계인수가 너무나도 중요합니다. 따라서 형식적인 인수인계뿐만 아니라 실질적으로 도움이 되는 것이 필요합니다. 형식적으로 받아야 할 교재·교구, 물품, 도서, 예산 관련 요소는 대장으로 넘겨받아 확인하고 기관 특성이나 분위기, 학부모, 유아 관련 정보는 교사 별도의 기록으로 남겨 둡니다.

후임교사에게 피해를 주지 않으려면 교실환경 정리부터 유아 정보 인수까지 확인해야 합니다. 인수인계하는 날을 정하여 정해진 시간 동안 완벽한 교환이 이루어져야 합니다. 만일 기관에서 담임교사와 업무분장만 바뀌는 시스템이라면 인수인계 리스트를 작성하고 본인의 담당 업무와 반 특징을 기록하여 문서화시킨 뒤 수합하여 하나의 문서로 정리해 두면 연도마다 업무 파악 및 변동사항을 금방 파악할 수 있습니다. 기록으로 남겨 두고 서명까지 해서 대장으로 남긴다면 다음 학년도에 피해를 본다거나 당황할 일은 적을 것입니다.

별밤쌤

졸업식을 하며 눈물 가득 시간을 보내고 교무실에 돌아와 책상을 보면 쌓여 있는 서류뭉치에 감동이 파괴되지요. 새 학기를 준비하는 동시에 많은 서류를 마무리 지어야 합니다. 학기를 완전히 마무리 짓고 나서야 새 학기 준비에 박차를 가하는데, 많은 서류를 정리하기란 쉬운 일이 아닙니다. 학기는 끝났지만 교구와 서류 정리로 야근을 더 많이 한 기억이 있습니다.

유치원을 퇴사하는 날, 교구대장과 원 전체에 비치된 교구를 새로 정리하게 되어 새벽까지 일한 적도 있습니다. 학기 내내 제대로 정리하지 못한 것이 원인이었습니다. 그때의 경험 덕분에 그 다음해부터는 미루지 않고 제때 깨끗하게 정리해서 사용했습니다.

11 스페셜 데이

~데이라고 이름 붙어 어른들의 마음을 설레게 하고 일상의 활력이 되는 특별한 날들이 있습니다. 이러한 스페셜 데이는 아이들에게도 똑같이 활력이 되고 설레는 날입니다. 아이들은 어떤 스페셜 데이를 즐길까요?

매달 생활주제에 따라 어울리는 행사들이 있고, 24절기 혹은 명절, 법정공휴일이나 세계의 다양한 문화에 관련된 행사들이 있습니다. 계절이나 상황에 따른 즐거운 행사들을 준비할 때면 교사는 다소 지치고 힘이 들더라도 아이들의 마음에는 아주 소중한 추억 한 조각이 쌓입니다. 다양한 행사를 소개하겠습니다.

1 | 명절

우리나라의 명절은 크게 설날, 추석으로만 생각하기 쉽지만 그 밖에도 정월대보름, 한식, 초파일, 단오, 유두, 백중, 동지 등 다양한 명절이 있습니다. 각 명절이 어떤 날인지, 어떤 일을 하는지 알아보고, 각 명절의 놀이를 해 보면 잊히고 있는 우리의 풍습을 배우며 즐거운 시간을 보낼 수 있습니다.

2 | 법정공휴일

어린이날과 크리스마스는 1년 중 아이들이 가장 기다리고 반기는 행사입니다. 이 두 날은 공휴일로 지정된 만큼 온 국민이 큰 행사로 기억하고 즐깁니다. 어린이날에는 각 원에서 아이들을 위한 선물을 준비하고, 다양한 체험 등 어린이날을 즐겁게 보낼 수 있도록 준비합니다. 크리스마스에는 산타할아버지가 원에 방문해서 선물을 나누어 주기도 하고, 산타할아버지께 편지를 전달하는 등 다양한 행사를 진행합니다. 보통 크리스마스 행사 전후에 방학을 하기 때문에 방학을 준비하면서 학기를 마무리하는 느낌으로 행사를 준비합니다.

3 | 세계의 다양한 문화행사

유명한 세계의 문화행사로는 토마토축제, 핼러윈 축제 등이 있습니다. 토마토축제는 한여름에 진행하며 부드러운 완숙 토마토로 촉감놀이와 요리활동을 겸할 수 있습니다. 아이들이 맛보고 만지고 던지며 그야말로 토마토를 온몸으로 느끼는 활동입니다. 핼러윈 축제도 아이들이 다양한 캐릭터로 변신할 수 있는 즐거운 시간이 됩니다. 핼러윈은 우리나라 절기인 동지의 유래와 비슷하게 귀신을 쫓아내고 다음해의 건강을 기원하는 날로 아이들이 "Trick or Treat!"을 외치며 외국의 문화를 접해 볼 수 있습니다.

4 | 생활주제별 스페셜 데이

4차 표준보육과정과 개정누리과정에 맞는 주제에 따라 영유아들과 스페셜 데이를 즐길 수 있습니다. 영유아들의 흥미나 관심에 따라 진행해 볼 수 있습니다.

주제	행사내용
나와 가족	어린이날, 어버이날, 스승의 날
우리 동네	시장놀이, 야시장, 운동회
여름	물총놀이, 캠핑놀이, 동창회
교통기관	기차여행, 자동차극장, 기내체험
우리나라	추석, 한글날, 개천절
겨울	크리스마스
새해	설날, 졸업여행

5 | 기타 스페셜 데이

각 원에서 아이들의 관심과 흥미를 끌기 위해 다양한 스페셜 데이를 진행합니다. 가장 흔하게 하는 스페셜 데이로는 컬러 데이가 있습니다. 원의 일부분을 정해진 한 가지 색으로 꾸미고, 원아와 선생님 모두 정해진 색상의 옷이나 액세서리를 착용하고 컬러 푸드 혹은 정해진 색을 이용한 활동을 하며 스페셜 데이를 보냅니다.

6 | 행사계획안 작성의 팁

① 행사계획안은 행사가 진행될 때, 사전 준비 및 교사의 역할 분담까지 세세하게 작성하여 빠뜨리는 부분 없이 작성되어야 합니다.

② 원내 행사의 경우 유아들의 동선, 각 교사의 역할 분담과 사전 준비, 원내 행사 환경 구성의 내용을 담아야 합니다.

③ 외부 행사의 경우 아이들이 차량을 타고 이동을 한다면 배치된 차량과 차량 시간 등을 기재하여 혼동되지 않도록 합니다. 아이들의 동선을 반드시 체크해야 하기 때문에 익숙하지 않은 장소라면 교사가 사전답사를 다녀오는 것이 좋습니다. 동선을 체크할 때는 주차장과 화장실의 위치, 원아들이 활동하는 장소와 이동경로 등을 확인합니다.

* 행사계획안은 별책 부록 47쪽을 참조해 주세요.

7 | 행사 진행의 꿀팁

행사를 처음 진행하게 되면 무척 떨리고 긴장됩니다. 혼자 하는 행사가 아닌 동료교사 혹은 학부모님이 앞에 있으면 더욱 떨리기 마련입니다. 어떻게 하면 프로 교사의 모습을 보여 줄 수 있을까요?

행사의 성격

행사의 진행을 맡게 되었다면 가장 먼저 해야 할 것이 있습니다. 바로 행사의 성격과 분위기를 파악하는 것입니다. 행사의 분위기에 따라서 교사의 분위기와 태도에도 변화를 주는 것이 좋습니다.

진중하고 조용한 행사

학부모들과의 첫 만남 같은 진중한 자리라면 조금 격식을 갖추어 준비해야 합니다. 그렇다고 해서 너무 딱딱한 인상을 심어 줄 필요는 없습니다. 딱딱한 교사의 이미지보다는 미소 짓는 얼굴로 정중한 태도를 보이는 게 좋습니다.

신나고 동적인 행사

학부모들과 아이들이 함께하는 운동회처럼 동적이고 힘차고 밝은 분위기를 가진 행사에서는 교사와 아이들의 즐거운 모습을 보여 주는 것이 좋습니다.

행사를 진행하는 방법

행사를 밝은 분위기로 이끄는 것은 어려운 일입니다. 격식을 차리는 자리에서는 진중한 태도를 보이며 조용히 준비된 멘트를 읽어 나가면 원만하게 행사를 마무리 지을 수 있습니다.

행사의 진행 꿀팁

이벤트나 행사장의 사회를 맡게 되면 그곳의 분위기를 띄워야 합니다. 너무 긴장한 나머지 미소조차 지어지지 않는 상황에서 분위기를 띄우는 것은 무척 어렵습니다. 이런 경우에는 마치 얼굴에 철판을 두른 듯 행동하는 것이 필요합니다. 행사장이라고 해서 조용하던 교사가 갑자기 잘할 수는 없습니다. 평소에 밝은 모습을 내비치는, 소위 '하이텐션, 저세상 텐션'을 가진 연예인이나 개그맨들의 모습을 보면서 따라 해 보면 도움이 될 수 있습니다.

행사 중에 분위기가 가라앉아 있거나 호응이 필요할 때는 교사가 박수를 유도하거나, 동요를 함께 부르거나, 혹은 앉아서 할 수 있는 간단한 레크리에이션을 하면 도움이 됩니다. 하지만 교사가 레크리에이션 방법과 진행을 숙지하지 못하면 어설픈 놀이가 되어 오히려 분위기가 어수선해질 수 있기 때문에 제대로 알고 진행해야 합니다.

행사의 사회를 맡게 된다면 부담감이 크지만 선생님으로서의 성장과 발전에 큰 도움이 되며 좋은 경력이 됩니다. 행사의 진행을 맡을 때는 혼자서 시뮬레이션해 보거나 연습을 하는 것이 중요합니다.

★ 행사 진행 시 간단한 레크레이션

냠냠 게임

진행자가 과일 이름을 부르면 박수를 두 번 치면서 "냠냠!" 하고 대답한다.

먹지 못하는 사물을 이야기하면 손으로 가슴에 ×자 표시를 하며 "삐!" 하고 답한다.

예) 사과 냠냠! 딸기 냠냠! 오렌지 냠냠! 책상 삐!

　　저기에 있는 왕자님이 책상을 냠냠! 먹어 버렸어요. 2단계에 못 올라갔어요.

　　다시 해 볼까요? 이번에는 책상은 먹으면 안 돼요. 다시 시작!

안마 게임

진행자가 유아들을 한 방향으로 보게 하고 앞사람을 안마하도록 한다.

진행자가 "반대" 하고 외치면 반대쪽 사람의 어깨를 안마한다.

노래를 부르며 안마를 시작한다. 노래 중간에 진행자가 "반대" 하고 외친다.

예) 산토끼 토끼야 어디를 가느냐? (반대)

　　깡충깡충 뛰어서 (반대) 어디를 (반대) 가느냐?

⋛ 선생님들의 💬 스페셜 데이 이야기 ⋚

이랑쌤

우리만의 의미 있는 행사를 준비해요.

11월 11일은 농업인의 날입니다. 빼빼로 데이를 보내는 것보다 가래떡 데이를, 핼러윈 축제보다는 동짓날에 팥죽에 넣을 새알을 빚어 보고, 7월 7석에는 직녀가 되어 바느질해 보세요.

....

예은쌤

개정누리과정을 운영하며 매주 스페셜 데이를 운영하고 있습니다. 예전에는 교육과정 생활주제를 마무리하거나 들어갈 때 기념적으로 스페셜 데이를 운영했다면 이제는 놀이 중심으로 운영하여 매일매일을 특별하게 만들 수 있습니다. 한 달에 한 번 진행하는 행사처럼 거창하지는 않지만 스페셜 데이를 놀이 중심과 연관 지으면 유아들이 기획부터 준비, 실행, 평가, 수정까지 맡을 수 있습니다.

교육과정 운영 중 유아들의 흥미가 발현되고 하고 싶은 놀이가 생겼다면 그것을 심화, 확장해 주어 스페셜하게 만들 수 있습니다. 예를 들자면, '여름' 생활주제를 운영할 때였는데 '궁금한 바닷속 세상'이 주제였어요. 유아들이 과자 놀이를 하고 싶다고 했고 바다와 관련한 과자들 이름이 나오기 시작했어요. 1주일간 고래밥, 자갈치, 오징어집, 상어

밥, 새우깡 등 과자를 가지고 할 수 있는 놀이를 했는데 놀이가 정말 다양했어요.

이처럼 유아들의 호기심이나 흥미에서 발현된 놀이는 교사의 계획된 놀이보다 더욱 무궁무진하고 창의적입니다. 처음부터 쉬울 순 없어요. 처음에 유아들이 놀이를 끌어내기 어려워하면 교사가 한두 개씩 제안해 주며 놀이를 시작할 수 있어요. 익숙해지면 유아들이 더욱 주도적으로 놀이를 계획하고 실행할 수 있어요.

....

별밤쌤

이전에 근무했던 유치원에서는 행사가 굉장히 많았습니다. 특히 계절별, 주제별, 명절과 절기에 따라 다양한 행사를 진행했습니다. 가장 기억나는 행사는 매달 1회 진행한 퍼포먼스 활동입니다. 그중 규모가 아주 컸던 퍼포먼스 활동은 밀가루 퍼포먼스였습니다. 강당 가득히 밀가루 몇 포대를 풀어 아이들이 자유롭게 놀이했는데, 정말 즐거운 퍼포먼스 활동이 되었습니다.

활동이 끝난 아이들은 옷과 머리를 털고, 강당 입구에서 옷을 갈아입고 교실로 돌아갔습니다. 그러나 아무리 털고 옷을 갈아입어도 밀가루는 교실까지 이어졌고, 교실의 모든 교구는 밀가루 범벅이 되었어요. 심지어 걸레로 닦은 자리에서는 밀가루가 떡이 된 모습을 볼 수 있었고, 결국은 밤 10시까지 쓸고 털고 닦아 마무리 지었답니다.

Level 2

어린이집 평가제

어린이집에서 교사를 힘들게 하는 요소는 참 많이 있지만 무엇보다 무섭고 긴장되는 순간이 있다면 바로 어린이집 평가제 시간이 아닐까 싶습니다. 어린이집 평가제가 두려워 이를 피해 계속해서 이직하는 선생님이 있다는 소문이 나기도 하고, 어떤 어린이집에서는 한달 내내 야근을 했다는 소문이 들려오기도 합니다. 여러 소문이 생길 만큼 어린이집 평가제는 선생님들의 기피 대상이고, 이름만 들어도 걱정부터 앞서고 눈앞이 깜깜해집니다.

하지만 어린이집 평가제는 교사에게 한층 더 성장할 수 있는 계기가 됩니다. 어려운 일을 해냈다는 자신감도 생기기도 하고, 높은 점수를 받을 때면 우리 원의 자랑거리가 되기도 합니다.

어렵다고 생각하면 끝없이 어려운 평가제이지만 꼼꼼히 알고 알차게 준비한다면 걱정 없이 대비할 수 있습니다.

1 평가제는 무엇일까요?

어린이집 교사로 근무하면서 꼭 한 번은 거친다는 평가인증, 이제는 그 명칭이 바뀌어 평가제라고 불립니다. 대한민국 전국의 모든 어린이집은 의무적으로 평가제를 시행하게 되었습니다. 평가제를 준비하는 기간 동안 교사들은 엄청난 지옥불에 떨어진 것마냥 힘든 시간을 보내게 되는데요. 한 달만 고생하고 끝나면 좋으련만, 왜 이리 끝이 보이지 않는 걸까요?

'카더라' 통신으로, 또 같은 지표를 두고 다르게 해석하는 정확하지 않은 정보들로 여러 번 서류를 들쑤셔 놓기도 합니다. 아무리 애를 써도 자리를 잡지 못하는 서류들을 보면 한숨만 나온다는 선생님이 참 많습니다. 같은 지표책을 보는데도 왜 해석은 제각각인 걸까요? 과연 아이들을 위한 보육과정이란 어떤 걸까요? 일지는 대체 왜 쓰는 걸까요? 자, 부담을 내려놓고 좀 더 쉽고 간단하게 평가제 준비사항을 체크해 보도록 합시다.

1 | 평가제와 평가인증은 무엇이 다를까?

2019년 6월 이전에 시행되던 평가인증은 신청하는 어린이집에 한해 진행되었던 선택적 인증 제도였습니다. 2019년 6월 이후 평가제로 전환이 되며 전국의 모든 어린이집에서 의무적으로 참여하게 되었고, 국가에서 평가 대상을 통보한 후 한국보육진흥원을 통하여 현장 평가가 이루어지고 있습니다.

의무사항이 되면서 참여수수료에 대한 부분도 어린이집 자체 납부에서 국가 부담으로 변경되었습니다. 그 밖에 기본사항이 필수항목 9개와 기본항목으로 구성되었다가 평가제로 전환되며 사전점검사항 5개(영유아 및 보육교직원의 보험 가입, 어린이집의 설치 기준, 보육실의 설치 기준, 보육교직원 배치 기준, 비상재해 대비 시설의 준수), 위반이력사항 등을 점검하고 진행하게 됩니다.

재참여나 재평가 과정을 운영하였던 평가인증과 달리, 평가제에서는 재참여 및 재평가의 과정이 폐지되었습니다. 평가제는 A~D 등급으로 결과가 나오며, 이에 따라 국가의 행정적·재정적 지원 여부에 차등이 발생하기도 합니다.

A와 B등급은 3년마다 평가를 받게 되고, C와 D등급은 2년마다 평가를 받게 됩니다. C 혹은 D등급을 받게 된 어린이집은 사후 방문을 의무적으로 실시해야 합니다. 이전에는 평가인증을 받으면 행정적·재정적 지원이 이루어졌으나, 평가제로 전환되며 평가의 등급별로 지원 여부가 달라졌습니다. 보건복지부나 지자체의 지도점검 등에도 영향을

미칠 수 있다고 합니다.

2 | 평가제를 준비하는 데 염두에 두어야 할 것

모든 어린이집에서 의무적으로 진행하게 되는 평가제, 과연 어떻게 준비해야 할까요? [영유아보육법]에 따라 전국의 모든 어린이집을 대상으로 평가 주기에 따라 선정을 하고, 해당 어린이집에 개별적으로 통보를 하게 됩니다. 이 과정에서 어린이집은 1차 통보(평가월 기준 6개월 전), 2차 확정 통보(평가월 기준 2개월 전)를 받은 후 본격적으로 준비를 하게 됩니다.

① 가장 먼저 기본사항에 대한 확인이 필요합니다. 이 부분은 원장님 혹은 원감님이 준비하는 부분입니다. 평가대상으로 확정된 어린이집에서는 기본사항 항목인 사전점검의 5개 항목과 위반이력사항에 대해 확인해야 합니다.

[기본사항 항목]
- 영유아 및 보육교직원의 보험 가입 여부(상해보험 및 화재/배상 보험, 4대보험 등)
- 어린이집의 설치 기준(보육실 및 보육 공간의 구성, CCTV 설치 여부, 놀이터 설치(정원 50인 이상) 등
- 보육실의 설치 기준(인가 정원 대비 보육실의 면적 등)
- 보육교직원 배치 기준(영유아보육법 시행규칙 제9조 참조-별표 2, 설치 기준을 충족하는지 여부)

- 비상재해 대비 시설의 준수 여부(영유아 보육법 시행규칙 제9조 참조-별표 1)
- 기타 운영정지 및 과징금 처분, 보조금 반환명령, 자격정지 및 취소(원장 외 보육교직원 포함), 금고 이상의 형, 아동복지법 위반, 식품위생법 위반 등의 사항에 대하여 점검합니다.

위의 사항은 선정통보 직전월 말일로부터 최근 3년 이내에 발생한 경우 → 종합평가 시 차하위 등급으로 조정됩니다.

② 원장, 보육교사, 학부모 각 1인 이상으로 구성하여 자체점검위원회를 구성하고 제출 기간 내에 자체점검보고서를 작성하여 통합정보시스템을 통하여 제출해야 합니다.

③ 통보된 기간으로부터 관찰월까지의 일정을 계획하고, 최대 1년 이내의 서류에 대하여 누락된 사항이 없는지 확인하며, 보육과정 외 지표의 전체 영역에 대한 점검을 해 나가도록 합니다.

④ 마지막으로 평가제 관찰월에는 통보된 관찰 주간에 대하여 집중적으로 준비하며, 관찰이 이루어지는 당일날 무리 없이 일과가 진행될 수 있도록 만반의 준비를 합니다.

글로 보면 참으로 간단한데, 실제 준비를 하다 보면 너무 어렵다는 선생님이 많습니다. 그럼 자주 문의하는 질문에 대해 다루어 보도록 하겠습니다.

3 | 평가제 관련 Q&A

평가제에 관한 교육을 하며 각 지역의 보육 현장에서 근무하는 선생님들을 만나고 있는데, 그중에서 가장 많이 받았던 질문 몇 가지를 살펴보겠습니다.

평가제 관찰자가 방문하는 날에 무엇을 준비해야 하나요?

평가제 관찰은 보통 9시~17시 30분에 이루어집니다(필요시 연장 가능). 해당 주간에 행사나 견학을 계획하였다고 하더라도 관찰이 시작되면 견학 및 행사 등은 취소하고 일과와 놀이가 이루어질 수 있도록 준비합니다. 물론 위의 사항에 대해 학부모님께도 미리 안내 및 고지를 하는 것이 좋습니다.

현장 평가 당일에는 현원의 2/3 이상이 출석해야 관찰이 이루어집니다. 출석 인원이 충족되지 않으면 현장 평가는 이루어지지 않기 때문에 관찰 주간 전에는 반드시 학부모님께 출결에 대한 협조를 구하도록 합니다. 해당일에 보육교직원의 근무 및 영유아 재원 상황, 차량 운행 등 거짓이나 부정한 방법으로 평가를 받은 것이 확인될 경우 최하위 등급을 부여받거나 시정, 변경 명령을 받을 수 있으므로 유의해야 합니다.[영유아보육법 제 44조 제4의 6호]

관찰 당일 필요한 서류 리스트

- 원아 명단 : 보육통합시스템을 통하여 관찰자가 출력
- 어린이집 실내외 배치도 : 실제 인가 공간과 동일하게 준비
- 하루 일과표 혹은 일일보육계획안 : 활동에 따른 시간 명시
- 보육교직원(원장 포함) 자격증 사본 및 경력증명서 + 직무 및 승급
  교육 수료증
- 임면사항 관련 서류 : 보육통합시스템으로 확인
- 그 외 평가지표 관련 문서 : 운영일지, 식단표, 보육교직원 교육관
  련 서류, 보육일지, 관찰 및 상담일지 등

평가 관찰 주간은 언제 확인할 수 있나요?

어린이집 지원시스템 내 [어린이집 평가]-[평가진행과정 확인] 메뉴
에서 기수별 현장평가월 1주일 전에 확인할 수 있습니다. 현장 평가는
어린이집 1개 소당 2인이 기준이며, 정원 100인 이상의 어린이집은 3
인을 파견하여 평가하게 됩니다.

관찰반은 어떻게 선정되나요?

평가제에서 제시하는 기준은 영유아 모두 재원하는 경우, 영아반과
유아반을 각 1반씩 포함하여 관찰하게 됩니다. 보통 2개 반씩 무작위
로 추첨한 후, 어린이집 원장이 선택할 수 있도록 되어 있습니다. 관찰
반이 되지 않더라도 모든 반은 평가 대상이 될 수 있으므로 함께 준비
해 주세요.

보육일지, 관찰일지는 몇 개월을 준비해야 되나요?

기록에 대한 확인은, 보육일지는 현장평가월 1개월부터가 기준입니다. 그 밖의 문서는 현장평가월 이전 3개월부터 평정하게 됩니다. 예를 들어, 2021년 3월에 방문할 경우에는 2021년 2월 일지부터 관찰자 방문 하루 전의 일지까지 제출해야 하며, 관찰일지 등 3개월을 기준으로 보는 항목의 경우에는 2020년 12월부터 2021년 2월까지가 기본 평정의 대상이 됩니다.

지표에서 평정하고자 하는 부분이 확인되지 않는 경우에는 이전의 기록을 요구할 수 있으니 준비 기간 동안 누락 없이 정확히 체크해 놓는 것이 좋습니다. 이중 1년 단위로 이루어지는 항목의 경우에는 전년도 기록을 확인할 수 있습니다.

도우미 역할을 해 주실 분이 도와주셔도 되나요?

어린이집에 임용되어 있지 않은 교직원이 있는 경우에는 평가 대상 어린이집에 근무하거나 지원 활동을 하면 안 됩니다. 이 부분은 꼭 기억해 두세요! 우리 어린이집에 임용되어 있는 교직원들만 배치된 상태에서 평가가 이루어집니다.

*그 밖에 평가제를 준비하며 궁금한 부분이 있다면
  메일(goodeducenter@naver.com)로 질문을 보내 주세요!

2 평가제 준비, 완벽하게 끝내기

이전 평가인증제도에 비해 평가제에서는 놀이 영역, 횟수의 기준, 기타 운영 내용에 대한 평가에서 현장에 대한 내용을 반영하며 많이 간소화되었어요. 개정 보육과정으로 영유아의 권리를 보장하고 개별성을 존중하며, 자율성을 신장하는 부분을 중요하게 여기고 있습니다.

평가지표는 크게 4영역으로 구성되며 보육과정 및 상호작용, 보육환경 및 운영 관리, 건강과 안전, 교직원으로 구분할 수 있습니다. 이중 보육과정 및 상호작용과 건강과 안전 영역에서는 필수항목을 포함하고 있으니, 이 부분은 사전에 완벽하게 준비하는 것이 필요합니다.

4개 영역이 모두 우수지표를 받은 경우(즉 필수 지표 및 요소를 모두 충족)에는 A등급을 받습니다. 우수영역이 3개 이하이며 개선 필요의 영역이 없다면 B등급, 개선 필요 영역이 1개 있다면 C등급, 개선 필요 영역이 2개 이상이라면 D등급을 받게 됩니다.

C, D등급을 받게 되면 2년마다 평가제를 치러야 하기 때문에 이왕이면 B등급 이상을 받는 것이 좋습니다. 평가제를 준비할 때 가장 우선적으로는 필수영역에 대한 부분과 개선 필요가 보이는 영역에 대해 집

중적으로 살펴보는 것이 중요합니다.

1 | 보육과정 및 상호작용 - 영유아 중심의 권리 존중 및 놀이과정

평가제에서는 보육과정의 운영에서 영유아의 권리 존중을 기반으로 놀이를 통해 배움을 가질 수 있도록 하고 있습니다. 일상생활 안에서 자연스럽게 권리를 보장하고, 자율적으로 생활을 할 수 있어야 하지요. 그 밖에 일률적인 보육과정에 대한 내용보다는 자율성을 강조하고 있어서 각 어린이집의 개별적 특성에 대해서도 인정하고 있습니다.

영유아의 배움은 교사가 계획한 놀이나 활동으로만 이루어지는 것이 아닙니다. 일상에서 놀이나 활동을 함께 하며 영유아들이 성장할 수 있는 보육 환경을 마련해 주는 것이 정말 중요합니다.

① 교사는 영유아를 존중하고 차별 없이 대해야 합니다. 이 부분은 관찰을 통해 이루어지니, 일과 중에 영유아에 대한 교사의 자세를 점검해 보면 좋겠습니다. [필수]

② 교사는 보육과정을 계획할 때에 표준보육과정을 바탕으로 어린이집의 보육철학을 반영하여 계획을 수립하도록 합니다. 어린이집의 철학 및 표준보육과정을 반영하여 수립한 연간보육계획안을 토대로 월간·주간·일일 보육계획안 중 한 가지를 수립하고 운영해야 하는데, 이 과정 안에서 계절을 비롯한 영유아의 흥미와 요구, 놀이, 사전경험,

지역적 특성 혹은 국가적 기념일, 명절, 행사 등을 기초해서 수립하는 것이 중요합니다. 또한 일상생활의 경험, 즉 급·간식 및 낮잠(휴식) 시간에 대한 내용도 포함되어야 합니다.

③ 하루 일과 안에서 일상 경험과 놀이 및 활동이 편안하게 이루어질 수 있어야 합니다. 등원할 때부터 하원할 때까지 영유아가 어린이집 안에서 편안하게 생활하고 있는지, 개별적인 발달과정에 대해 배려하고 있는지, 충분한 휴식을 취할 수 있도록 운영하고 있는지 등을 확인하게 됩니다. 보통 관찰을 통해 이루어지며, 만 3세 이하의 영유아로 구성된 반은 낮잠 시간의 계획 여부를 기록을 통해 확인하는 점도 꼭 기억하길 바랍니다.

④ 무엇보다도 실내 자유놀이 시간이 중요합니다. 영유아는 자신이 좋아하는 놀이, 본인이 원하는 놀이나 활동을 자발적으로 선택하여 충분히 경험할 수 있어야 합니다. 하루에 무조건 2시간의 실내 놀이 시간을 계획하고, 오전에는 1시간을 연속적으로 운영해야 합니다. 가장 중요한 사항이니, 오전 1시간의 실내 자유놀이를 우선적으로 배치해 주면 좋습니다. 관찰반으로 선정된 반은 현원의 50% 이상이 등원한 시점부터 평정을 시작하는 것도 알아 두어야 합니다.

(실외 놀이를 중심으로 운영하는 어린이집은 실외 놀이 시간을 실내 놀이 기준을 적용하여 관찰, 평정합니다). 이때 과목 형식으로 시간을 끊어서 교사 주도로 활동하는 것은 실내 자유놀이로 인정되지 않습니다.

⑤ 바깥놀이 시간을 매일 충분히 배정하여 운영해야 합니다. 이 부분은 실내 자유놀이와 마찬가지로 관찰과 기록으로 평정하고 필요시 면담을 하기도 합니다. 바깥놀이의 기준인 만 0세는 주3회, 30분 이상 / 만 1, 2세는 매일 30분 이상 / 유아는 매일 1시간 이상(오전, 오후 구분할 수 있음)을 보육과정에 잘 반영해 주길 바랍니다. 바깥놀이를 진행할 수 없는 사유가 있을 경우에는 대체활동을 실행할 수 있습니다. 이 내용은 보육일지에도 기록해야 합니다. 가급적 대근육 활동을 권장하나, 영유아의 흥미에 따라 진행한 놀이도 포함될 수 있습니다. 대체 사유로는 날씨, 기상 현상, 영유아의 건강 및 컨디션 등을 들 수 있습니다.

⑥ 특별활동의 경우 오후에 이루어지는 것이 기본사항이며, 기타 운영 지침에 따라 운영하고 있는지 확인을 하니 특별활동 참여 동의서와 운영위원회 회의 자료 등을 함께 준비해 주세요. 관련된 서류에는 필수 기재사항이 누락되지 않고 기재되어야 하니 반드시 사전에 확인해 주셔야 합니다. 그리고 특별활동에 참여하지 않는 영유아를 대상으로도 놀이나 활동을 운영해야 하는 점을 꼭 기억해 주세요.

⑦ 장애영유아를 위한 관련 서비스 역시 일과 중에 통합적으로 제공하는지 확인합니다. 장애영유아에 대한 개별화 보육계획안 및 연계 프로그램 등이 기록으로 마련되어 있는지 평정하게 되어 있습니다. 이 부분은 특수교사 및 장애영유아를 위한 보육교사가 배치되어 있는 경우에 한하여 평정합니다.

위의 과정에서 모두 Y평정을 받으면 우수, 3~4개이면 보통, 2개 이하이면 개선필요 등급을 받게 되니 참고하기 바랍니다. (장애영유아 지표의 경우 평가항목이 6개이므로 6개 중 Y가 6개이면 우수, 3~5개이면 보통, 2개 이하이면 개선 필요의 등급을 받게 됩니다)

⑧ 평가제에서는 영유아의 자발적 놀이 선택과 주도적인 놀이 운영을 바랍니다. 교사는 영유아의 놀이나 활동의 상황을 관찰하면서 적절한 개입을 통하여 놀이와 관련된 다양한 상호작용을 하는 안내자, 조력자, 지지자의 역할을 하면 됩니다. 영유아의 놀이 및 활동 과정에 필요한 다양한 자료를 제공하는 것 역시 중요합니다. 특히 영아들의 경우 의도적인 대집단 활동은 바람직하지 않습니다. 교사가 놀이를 제안하고 유도하는 과정에서도 영아들의 흥미가 우선되어야 합니다.

⑨ 놀이에 참여하지 못하고 배회하거나 방관하는 영유아에 대한 배려나 지원도 지표의 한 부분이니 반드시 전체 영유아들의 놀이과정을 잘 살펴봐 주어야 합니다. 교사는 언제나 영유아들을 잘 바라볼 수 있는 위치에서 영유아와 상호작용을 해야 합니다. 놀이 상황에서 필요시 개입을 하고, 비언어적 표현 및 언어적 지원을 통해 놀이가 활성화될 수 있도록 도움을 주는 것이 중요합니다. 이때 놀이의 흐름이 깨지거나 달라질 정도로 과도하게 개입하면 오히려 비효과적이라고 판단할 수 있으니 상황에 맞게 적절히 개입해 주세요. 자세한 내용은 평가제 매뉴얼에 나와 있으니 참고하면 좋습니다. 영유아의 연령이나 발달

수준, 사전경험 등을 고려하여 놀이 및 활동을 계획하고 준비합니다.

⑩ 놀이과정에서 부족하지 않도록 충분한 수의 놀이 및 활동 자료를 제공하는 것이 필요합니다. 상시적으로 사용할 수 있는 블록이나 인형, 역할놀이 소품, 소꿉놀이, 그림책, 종이나 필기류 등은 충분히 마련하여 비치하는 것이 중요합니다.

⑪ 어린이집의 설치 기준에 따라 보육실 안에는 침구 및 놀이기구, 쌓기놀이 활동, 소꿉놀이, 미술과 언어 영역, 수·과학 영역, 음률 영역 등이 구성될 수 있습니다. 이와 함께 교사는 융통적으로 영역을 변경할 수 있으며, 교구나 놀이 자료는 영유아의 놀이 상황에 따라 수시로 꺼내어 자유롭게 사용할 수 있도록 배치하는 것이 중요합니다.

⑫ 영유아와의 상호작용에서 가장 중요한 것은 공감과 이해, 소통입니다. 영유아의 긍정적인 감정뿐 아니라 불안하고 부정적인 정서까지도 수용하고 공감해 주어야 합니다. 평가제에서 원하는 교사의 모습은 영유아가 일상생활 안에서 안정적으로 생활할 수 있도록 상호작용을 하는 것입니다. 일과를 보내며 영유아의 정서 상태나 기분을 파악할 수 있도록 영유아들의 표정과 몸짓, 목소리, 대화 내용에 항상 주의를 기울여 주세요. 영유아에게 따뜻한 눈빛, 미소를 보여 주며 고개를 끄덕이고, 엉덩이를 토닥여 주고, 안아 주고, 손을 잡아 주는 행동이 무엇보다 가장 아름다운 교사의 모습입니다.

⑬ 일상생활 및 놀이나 활동 과정 중 영유아 간에 마찰이 생겼거나 안전에 위험하다고 판단되는 경우에 교사는 당황하지 않고 그에 대해 적절한 대응을 해 나가는 것이 중요합니다. 또한 반복될 수 있는 여러 상황에 대해 사전에 고려하고 대비하는 것이 무엇보다 우선되어야 합니다. 마찰이 일어나는 포인트에 대해 사전에 알고 충분한 개수의 놀잇감을 제공한다거나, 놀이 공간을 융통성 있게 조절해 주는 등 적합한 개입을 통해 긴급한 상황에 대처하고, 영유아가 스스로 문제를 해결할 수 있도록 도움을 주는 것이 중요합니다.

⑭ 보육일지는 평가제의 꽃이라고 할 수 있습니다. 그렇다면 보육일지는 어떻게 작성해야 할까요? 어떤 내용이 들어가야 할까요? 보육일지에는 영유아가 어떻게 오늘 하루를 보냈는지, 어떤 놀이와 활동을 하였는지, 어떻게 놀이와 활동을 하였는지에 대한 내용이 매일 기록되어 있어야 합니다. 놀이 외에 일상과 활동에 대한 내용도 함께 기록하는 것이 중요합니다. 놀이나 활동에 대한 평가를 하고, 다음 놀이를 위한 지원계획 등도 포함되어야 합니다. 보육일지는 정해진 서식은 없습니다. 원의 서식에 맞게 평가제에서 관찰하고 평정하고자 하는 내용이 누락되지만 않는다면 상관없습니다. 일과에 대해 일상생활을 포함하여 놀이, 활동이 이루어지고 있는지 반드시 체크해 보기 바랍니다.

⑮ 관찰일지와 발달 총평에 대해 알아보겠습니다. 관찰에 대한 기록은 월 1회 이상 주기적으로 이루어지는지를 확인하고 있습니다. 이 부

분은 보통 3개월의 기록을 확인하며, 검토 기간 내에 놀이와 활동, 일상생활을 모두 포함해야 하니 고르게 작성해 주세요. 이러한 관찰기록을 종합하여 영유아별로 발달 특성과 변화의 정도에 대해 연 2회 이상 총평을 기록해야 합니다. 이 부분은 어린이집 입소 후 6개월 이상 경과한 영유아를 대상으로 평정하고 있으니 참고하면 좋습니다.

평가를 할 때 표준보육과정 및 누리과정의 영역별 범주를 참고하면 조금 더 수월하게 기록, 관리할 수 있습니다. 일상과 놀이, 활동의 부분을 관찰하고, 해석하고 평가한 부분을 학기 중 부모상담에 반영하거나, 그 다음에 일어나는 놀이과정에서 지원을 하는지도 자연스럽게 연결될 수 있도록 살펴봐 주면 좋습니다. 매월 보육과정에 대해 평가를 하고 운영을 하고 있는지에 대한 부분은 원장님이 관리해야 합니다. 기록으로 확인하는 것이 아니라 면담을 통해 확인하고 있습니다.

2 | 보육 환경 및 운영 관리

영유아가 생활하는 실내외의 놀이 공간, 시설 및 설비에 대해 평정을 하고 있습니다. 영유아의 놀이 및 활동뿐 아니라 일상생활에 대한 부분도 중요하게 생각하고 있으니 우리 어린이집의 공간에 대한 운영이 효율적으로 관리되고 있는지를 반드시 파악해 주기 바랍니다.

실내 공간 구성 및 운영

실내 공간은 영유아가 가장 많은 시간을 보내는 곳입니다. 영유아들은 실내에서 많은 일상생활을 하게 됩니다. 먹고, 놀고, 자고, 응가를 하는 이 공간이 우리 영유아의 요구를 모두 지원할 수 있는지를 본다고 생각하면 됩니다.

보육실은 영유아의 연령 및 특성, 놀이에 따라 영역을 구성하기 마련입니다. 흥미 영역으로 구성할 수 있는데 영유아의 놀이가 반영된 놀이에 맞게 구성하는 것이 중요합니다. 신체, 언어, 감각탐색 영역을 기본으로 역할 및 쌓기 영역, 미술 영역, 음률 영역, 그 밖에 수 조작, 과학 영역 등을 들 수 있습니다.

놀이 영역은 영유아들이 흥미를 가지고 참여하며, 영유아들이 요구하거나 구성하는 공간을 의미합니다. 이번 주에 우리 반 아이들이 공룡놀이를 즐겨 했다면 공룡놀이를 하는 공간을 구성해 주는 것이라고 보면 됩니다. 영역의 개념보다는 영유아의 흥미와 요구를 반영하는 것이 무엇보다 중요합니다.

영유아들이 사용하는 책상이나 의자, 사물함, 교구장 등은 영유아의 신체 크기에 적합하고 안전에 유의해야 하며, 스스로 사용할 수 있는 위치에 있어야 합니다. 장애영유아의 경우 장애영유아의 특성에 맞게 보조도구 등이 마련되어 있어야 합니다.

보육실 외에 별도 공간이 마련되어 쾌적하고 편리한 생활을 할 수 있는지도 살펴봅니다. 유희실이나 도서 공간, 양호실, 식당 등 어린이집 내, 즉 인가받은 공간 내에 두 군데 이상 마련되어 있으면 인정됩니다. 비품과 활동 자료에 대한 보관, 관리 여부도 함께 보니 영유아가 활동하는 공간이 아닌 곳에 따로 마련하여 보관하면 좋습니다.

실외 공간 구성 및 운영

정원 50인 이상의 어린이집은 실외 놀이터가 구비되어 있어야 합니다. 이곳에는 필수로 대근육 활동 놀이기구 1종 이상을 포함하여 최소 3종 이상의 놀이기구가 설치되어 있어야 합니다. '보육사업안내'를 확인하면 보다 자세한 내용을 알 수 있습니다.

옥외 놀이터가 구비되지 않은 경우에는 대체 놀이터를 이용하고 있음을 확인하는 것으로 대체됩니다. 초등학교 놀이터는 영유아의 연령에 맞지 않는다는 등의 이유로 대체 놀이터로 인정되지 않는 것도 꼭 알아 두기 바랍니다. 바깥놀이 공간에는 영유아의 발달을 지원할 수 있는 다양한 놀이 및 활동 자료를 구비하고 지원해야 합니다. 모래나 물, 동물 관찰이나 텃밭 등 자연을 경험할 수 있는 것도 중요합니다.

기관 운영

보육의 질 향상을 위해 무엇보다 선행되어야 하는 것은 교사 대 영유아의 비율과 집단의 크기입니다. 영유아의 놀이나 활동, 일상이 순조롭게 진행될 수 있도록 생활 안에서 긍정적인 사회관계를 형성하고 안정적인 보육과정을 보장할 수 있어야 합니다.

모든 반은 반편성 기준을 준수해야 하는데, 혼합반인 경우에는 낮은 연령의 교사 대 영유아 비율을 준수해야 합니다. 만 0세는 1:3, 만 1세는 1:5, 만 2세는 1:7, 만 3세는 1:15, 만 4세 이상은 1:20이 배치 기준입니다(장애영유아는 만 0세와 같이 1:3입니다). 이때 만 0세의 경우에는 반 규모를 3배까지 인정하고, 만 1세 이상의 경우 2배를 초과하면 안 됩니다. 꼭 알아 두세요.

기타

① 어린이집의 운영계획에 대해 수립한 내용을 부모에게 안내하는지, 이 내용이 수요 조사를 실시하여 이루어졌는지, 16시 이후에 보육되는 영유아에 대한 놀이 및 휴식이 운영되고 있는지 등을 함께 평정하니 관련 서류를 함께 준비합니다.

② 신규 보육교직원에 대한 오리엔테이션 실시 여부, 신입 영유아에 대한 지원 프로그램 등에 대해서도 기록(신규 보육교직원 오리엔테이션 자료, 교육 자료 및 신입 영유아 적응 프로그램 안내, 신입 적응일지 등) 혹은 면담을 통해 확인하고 있습니다.

가정 및 지역사회와의 연계

보육실 참관을 할 수 있도록 절차와 방법을 마련하고 있어야 하며, 다양한 방법으로 부모참여와 교육이 이루어지는지도 기록과 면담으로 확인합니다. 지면이나 전화, 온라인매체 등으로 수시 및 정기적으로 면담하며 가정과 소통해야 하고, 연 2회 이상 개별 면담을 통하여 영유아나 가족의 문제를 파악하고 관련된 정보를 제공하고 지원하는지도 중요한 요소 중 하나입니다.

지역사회 연계와 관련된 활동도 유아는 월 1회 이상, 영아는 2개월에 1회 이상 실시한 기록을 확인하고 있습니다. 지역사회에 있는 공원이나 산책로를 활용하거나, 지역의 여러 기관 방문하기, 지역사회 인사의 어린이집 방문으로 이루어지는 활동 등이 해당됩니다.

3 | 건강과 안전

영유아의 기본적인 권리와 삶의 질을 보장하는 필수 요건이 바로 건강과 안정에 대한 지원입니다. 어린이집의 교직원은 영유아의 신체뿐 아니라 정서적으로도 안전하게 보호할 수 있도록 책임 의식을 가지고 철저하게 관리해야 합니다. 영유아의 건강과 안전을 위하여 평가제에서는 어떤 기준을 두고, 어떻게 평정하고 있는지, 3영역에 대한 지표를 살펴보도록 하겠습니다.

실내외 공간의 청결 및 안전

영유아의 생활 공간 안에서의 청결과 위생 관리, 안전이 무엇보다 중요한 부분입니다. 영유아들이 쾌적한 환경에서 생활하고 긍정적인 신체, 정서의 발달이 이루어질 수 있도록 원장 및 보육교직원은 어린이집 보육 환경의 안전에 대해 정기적으로 관리하고, 상시 점검을 하는 것이 중요합니다. 보통 관찰을 통해 이루어지는 부분으로 실내외 공간이 청결하고 쾌적하게 관리되는지, 위험 요인 없이 안전하게 관리되는지를 평정합니다. 또한 실내외 공간의 놀잇감 및 활동 자료, 위험할 수 있는 물건에 대한 관리 부분을 평정합니다.

① 보육실뿐 아니라 영유아가 생활하는 모든 공간 안에서 찌든 때, 먼지, 해충 등이 없어야 합니다.

② 실내외 공간에 비치된 모든 설비와 비품이 먼지 하나 없이 깨끗하게 관리되어야 하니 관찰 주간 전에는 꼭 대청소를 하는 것이 좋습니다. 관찰 당일에도 선반 위, 교구장 뒤, 창틀 등을 깨끗이 한 후 일과를 시작하면 좋습니다.

③ 기저귀갈이 공간 역시 매우 중요합니다. 영유아가 일과 중에 기저귀갈이 매트 등을 밟고 다니지 않도록 고정된 공간에서 위생적으로 관리해 주세요. 원 시설의 특성상 이동식 변기를 사용한다면 1시간 이내에 처리하여 청결한 상태를 유지해야 합니다. 사용한 기저귀나 물휴지 등은 뚜껑이 있는 쓰레기통에 버려야 하는 점도 꼭 기억해 주세요.

④ 보육실 내의 놀이기구, 놀잇감, 활동 자료, 교구장, 바구니 등 모든 물건이나 비품을 청결하고 위험하지 않게 잘 관리해야 합니다. 개별 침구는 어떻게 관리하는지, 여벌 침구는 어떻게 관리하는지도 관찰 혹은 면담으로 확인하고 있습니다. 실내의 공기질, 온도, 습도, 채광, 조명 등도 관찰이나 기록(실내 공기질 측정 결과 : 연면적 430㎡ 이상, 연1회 실시 여부)으로 확인하고 있습니다. 그 밖에 현관이나 출입문의 개폐장치 설치와 관리, 교실 문 등의 손끼임 방지장치 설치, 출입문의 문턱, 창문 보호대, 천장이나 바닥, 벽면도 꼼꼼하게 관리해야 합니다. 계단

이나 화장실 등의 바닥은 넘어지지 않도록 미끄럼방지 타일이나 매트를 설치해 주고 청결히 관리해 주어야 합니다.

⑤ 고정식 혹은 이동식 시설 및 설비에 대해서도 관찰을 통해 평정합니다. 벽면에 설치된 게시판이나 선반, 시계 등은 떨어지지 않도록 단단히 고정해 주세요. 전기 콘센트, 선풍기 등은 안전덮개를 사용하여 혹시라도 손에 닿지 않도록 안전하게 관리해 주어야 합니다. 영유아가 직접 사용하는 가구나 비품의 경우에는 파손된 곳 없이 모서리 보호대 등을 설치해야 합니다. 실외 공간 역시 같은 기준으로 평정하니 파손된 부분이 없는지, 웅덩이나 요철 등이 없는지 안전점검표 등을 통하여 관리해 주길 바랍니다. 보육실 외에 성인이 주로 사용하는 원장실, 교사실, 조리실, 보일러실, 자료실 등은 영유아가 출입하지 못하도록 잠금장치를 해 주는 것도 필요하니 꼭 확인하세요.

⑥ 아이들이 놀이나 활동을 하기 위한 자료들은 안전하게 관리하고 위험한 물건 혹은 교사의 물건은 별도의 장소에서 관리하는 것이 중요합니다. 특히 만 0세와 만 1세 영아들의 경우에는 일상생활을 하거나 놀이를 하는 중 놀잇감을 삼킬 수 있으니 작은 크기의 교구나 놀잇감은 제공하지 않는 것이 바람직합니다.

급·간식 관련
영유아의 건강과 신체발달을 위해 급·간식의 관리 역시 철저하게 이루어져야 합니다. 영양의 균형을 고려하여 제공하는지의 여부 외에도 식자재의 구입 및 보관 방법, 조리공간의 위생 관리, 조리 및 배식 과정에 대해서도 평정하고 있으니 이 부분도 잘 준비해 주기 바랍니다.

① 영양사가 작성한 급·간식 식단표를 사용하는지를 확인합니다. 보통 해당 지역의 급식관리지원센터에서 제공하는 식단을 사용하니 그 부분을 잘 관리하면 됩니다. 재원하는 영유아의 연령이나 월령, 발달 단계를 고려하여 체계적으로 식단을 수립하고 관리하고 있는지를 봅니다. 여기서 중요한 건 실제 제공된 급·간식에 대한 기록을 준비하는 것입니다. 당연히 계획되고 부모에게 안내된 식단의 내용과 일치해야 합니다. 이 과정에서 운영 일지 및 식단 관련 서류, 알레르기 관련 내용, 보육 일지 및 알림장 등을 살펴볼 수 있으니 잘 준비해 주세요.

② 영유아의 연령과 발달과정을 고려하여 급·간식의 양과 음식의 크기, 맛과 조리 형태 등을 조절하는지, 자연식품 위주로 급·간식을 제공하는지 여부를 중요하게 봅니다. 식품 알레르기 질환이 있는지에 대해 전체 재원생에 대해 조사를 실시하고, 식품 알레르기 질환과 관련된 실질적인 대처 방법에 대해서도 안내해야 합니다. 선생님들은 평가제를 준비하며 식품 알레르기 지침의 내용이나 안내 방법, 우리 반에 알레르기에 해당하는 영유아가 있는지, 무슨 식품으로 인한 알레르기인지, 어떻게 지원·관리하고 있는지 등에 대해 면담을 대비해야 합니다.

③ 식자재의 구입 및 보관 방법, 조리공간의 위생 관리에 대해서도 평정을 하는데, 이 부분에서는 필수 항목이 2가지나 되니 급·간식 영역에서 무엇보다 중요하다고 볼 수 있습니다. 식자재의 신선도, 위생적인 관리, 식자재의 유통기한을 준수하고 보관 방법을 잘 지키고 있는지 깨소금까지도 일일이 확인하니 평가제 전날까지 꼭 확인해 주기 바랍니다. 조리실 내의 공간에 대한 청결 유지 부분과 식기류의 관리 등에 대해서도 관찰과 면담을 통해 확인하고 있습니다. 기타 자세한 내용은 '평가제 매뉴얼'을 참고하세요.

④ 조리를 하는 보육교직원, 조리원의 조리 과정에 대해 위생적으로 이루어지는지 관찰을 합니다. 각 반의 담임교사에 대해서는 보육실 내에서 배식을 할 때 위생적으로 배식을 하는지를 관찰합니다. 급·간식 전후로 식탁(책상)을 닦아 청결하게 관리해 주어야 하는 건 물론이고, 음식별로 개별 배식도구 사용, 개인별 식기 사용 등을 살펴봅니다. 조리된 음식의 당일 소모, 잔반의 경우 당일 폐기하는 부분은 면담으로 확인합니다. 그 밖에 마실 물이나 우유 등의 위생 관리도 살펴보니 꼭 확인해 주기 바랍니다.

건강 증진을 위한 교육 및 관리

영유아는 일상생활 안에서 교사와 함께 건강과 관련된 다양한 내용을 경험할 수 있습니다. 손씻기와 양치질 등 위생과 관련된 습관 역시 충분히 경험해 볼 수 있도록 기회를 제공하고 지원해 주는 것이 중요합니다. 교사가 손을 씻어야 하는 상황과 영유아가 손을 씻어야 하는 상황에 대해서 반드시 잘 기억하고 놓치지 않도록 생활화해 주세요.

[교사가 손을 씻어야 하는 상황]

- 영유아에게 오전·오후 간식, 점심을 배식하기 전
- 음식을 다루거나 먹고 마실 때
- 바깥놀이 후
- 변기 사용 후, 기저귀갈이 후, 영유아의 변기 사용을 도와준 후
- 투약을 하기 전, 상처 소독하기 전, 애완동물을 만진 후, 쓰레기통을 사용한 후, 콧물 등 신체분비물을 만진 후, 손이 더러운 경우에 반드시 손을 씻어야 합니다.
- 특히 연속으로 기저귀갈이를 하는 경우, 기저귀를 갈아 주는 중간에는 손소독제를 사용하더라도 마지막에는 꼭 손을 씻어야 하는 것을 기억해 주세요. 기저귀를 사용하지 않고 변기를 사용하는 경우에도 배변 후 뒤처리를 해 줄 때 휴지나 물휴지 등으로 깨끗이 닦고, 사용한 휴지 등은 즉시 휴지통에 버려야 해요. 그러고 나서 교사와 영유아가 함께 손을 씻으면 됩니다.

① 영유아 역시 손을 씻어야 하는 상황에 대한 기준이 있습니다. 음식을 먹기 전, 바깥놀이 후, 대소변 이후, 손이 더럽거나 애완동물을 만진 후, 콧물 등 신체분비물을 만진 후 등에는 손을 씻을 수 있도록 안내하고 지도해 주면 됩니다. 이때 손씻기의 과정에 대한 그림 자료 등을 함께 활용한다면 영유아들이 보다 쉽게 이해할 수 있습니다.

② 식사 후 영유아들은 연령에 적합한 방법으로 이를 닦아야 합니

다. 연령에 맞게 도움을 주되 일부 과정이라도 스스로 해 보는 경험을 제공하는 것이 중요합니다. 칫솔과 양치컵의 위생도 함께 평정하고 있으니 깨끗하게 잘 관리해 주어야 합니다.

③ 등원부터 하원할 때까지 영유아의 건강에 대해 수시로 살펴보고 적절한 지원을 하는 것이 중요합니다. 아프거나 다친 영유아에 대한 지침을 구비하고, 필수 기재사항의 작성 여부를 확인해 주세요. 영유아와 일과를 보내며 건강상태에 대해 수시로 살펴보고 이상이 있다고 판단되는 경우, 원에서 운영하는 대응지침에 따라 대응해야 합니다. 보호자에게 확인한 후, 적합한 대처를 할 수 있도록 우리 원의 대응 지침을 확인해 주기 바랍니다. 또한 관찰 당일 컨디션이 좋지 않아 일과 중 평소와 다른 모습을 보이는 경우에는 휴식 영역에서 충분히 휴식을 취할 수 있도록 배려해 주는 것이 중요합니다.

*참고 자료 : 어린이집 안전관리백과(어린이집 안전공제회, 2019), 어린이집 보육교직원 안전교육(어린이집 안전공제회, 2019) 등

④ 투약에 대해서는 철저하게 관리해야 합니다. 의뢰한 내용에 따라 정확하게 투약이 이루어져야 합니다. 여기서 투약자는 투약하는 약의 종류와 용량, 시간과 횟수, 의뢰자명(서명) 등을 정확하게 기록하고 확인한 후에 투약을 실시해야 합니다. 이때 언어 전달을 통해 투약을 의뢰하고 실행하는 경우는 문제가 될 수 있으므로 반드시 문자메시지나 알림장, 메모 등의 기록으로 확인할 수 있도록 대비해야 합니다.

⑤ 비상약품의 유효기간에서 감점이 되는 경우가 많습니다. 어린이집에 비치된 모든 약품에 대해 꼼꼼하게 체크해 주어야 합니다. 탈지면에도 유효기간이 있습니다. 실외 놀이를 나갈 때, 견학을 갈 때에도 실외용 비상약품을 구비하여 지참해야 합니다.

⑥ 영유아와 보육교직원의 건강 증진을 위한 예방 관리와 교육 실시 여부도 평정의 대상입니다. 재원하는 모든 영유아의 건강검진 서류가 전년도 혹은 당해 연도의 서류로 구비되어야 합니다. 이 부분은 보육통합정보시스템에서 확인할 수 있습니다. 이와 함께 보호자의 비상연락처, 의료기관, 보호자 서명이 기재된 응급처치 동의서도 함께 준비해야 합니다. 영유아의 보호자에게 건강검진에 대해 3회 이상 요청했는데도 거부하여 건강검진 서류가 구비되지 않은 경우에는 고지(3회의 내용) 및 거부 사유에 대한 내용을 생활기록부 등에 기록해 주면 됩니다.

⑦ 보육교직원의 건강검진 서류(일부 교직원의 경우 보건증으로 갈음 가능)도 함께 봅니다. 여기서 임용된 보육교직원이란 연장보육 전담교사를 포함한 매일 1개월 이상 지속적으로 근무하는 자, 보육실습생, 특기강사, 노인일자리 파견자 등을 포함합니다.

⑧ 영유아의 경우 일상적 양육 및 보육 활동을 통해 자연스럽게 경험하는 건강과 영양에 대한 교육의 실행 여부를 평정하고 있으니, 일과 안에서 관찰과 기록으로 내용을 준비하면 됩니다. 이때 영아의 경우는

특히 대집단이 아닌 소집단이나 개별적으로 이루어져야 하는 점을 기억해 주세요.

⑨ 보육교직원은 연 1회 이상 건강 또는 영양 관련 주제의 교육을 받은 기록이 있어야 합니다. 어린이집 자체에서 실시하거나, 외부 집합 교육, 온라인 교육 등으로 영유아 건강에 도움이 되고 생활지도에 반영할 수 있는 정보나 지도 방법 등에 대한 이수 기록을 준비하면 됩니다.

⑩ 감염병 관리 수칙은 기록과 면담, 관찰 모든 항목으로 평정하고 있습니다. 필수 기재사항인 영유아에게 자주 발생하는 감염병의 종류와 증상, 등원하지 않아야 할 감염병의 종류와 증상, 기간 및 대처 방법에 대한 내용을 누락 없이 관리해 주세요.
  * 참고 자료 : 어린이집 안전관리백과(어린이집 안전공제회, 2019)

등·하원의 안전 관리
어린이집은 영유아들이 어린이집에 들어선 순간부터 현관 밖으로 나갈 때까지 모든 일과에 대한 책임이 있습니다. 특히 영유아의 안전한 인계 관리, 차량을 운행할 경우 철저히 관리하는지에 대한 여부 등에 대해 평정하고 있습니다.

① 교사는 영유아의 인계 과정에 대해 원에서 정한 수칙에 따라 운영해야 합니다. 인계 과정의 규정은 귀가 동의서 내 인계 과정에 대한

규정을 포함할 수 있습니다. 영유아가 등·하원하는 구체적인 절차 및 방법, 지정된 보호자로의 인계 원칙, 혼자 귀가하지 않는다는 내용 등이 필수적으로 기재되어야 하며 영유아의 이름, 보호자명, 관계 및 연락처, 서명이 반드시 확인되어야 합니다. 모든 원아에 대한 구비 여부를 파악하니 관찰월 전에 신입입소 원아까지 모두 준비해야 합니다.

② 교사는 일과 중에 항상 전체 상황을 주시하고 관리할 수 있어야 합니다. 물론 이 부분이 쉽고 간단한 일은 아닙니다. 그러나 교사는 일과나 장소가 바뀔 때마다 영유아의 안전에 대해 확인할 수 있어야 합니다. 특히 실내에서 실외로 이동할 때, 실외에서 놀이를 하는 동안, 실외에서 실내로 이동할 때 유의해야 합니다. 절대 영유아만 교실에 남겨둔 채 자리를 비우면 안 됩니다. 혹여 교실을 비워야 하는 경우에는 동료교사나 보조교사, 원장님께 인계를 한 후 자리를 비웁니다.

③ 통합보육이나 연장보육을 이용하는 경우에는 인계 교사에게 영유아의 정보 및 특이사항에 대해 전달하는 것을 관찰과 면담을 통해 확인합니다.

④ 차량에 대해서는 필수 항목이 포함됩니다. 차량 안전수칙의 부착 여부, 영아용 보호장구의 구비(36개월 미만 영아는 영아용 보호장구 착용 의무)를 확인합니다. 안전인증(KC)을 받고 검사기준(W1, W2 또는 0그룹, 0+그룹, I 그룹), 36개월 미만이지만 15kg 이상인 경우에는 W3이나

Ⅱ그룹 제품을 사용할 수 있습니다. 개별 안전띠 설치, 차량용 소화기 구비 및 상태 확인, 하차 확인장치의 설치 및 작동 여부 확인, 비상약품 구비 및 유효기간 확인 등을 모두 정확히 체크해 주어야 합니다.

⑤ 차량별 안전점검표는 기록으로 확인합니다. 매일 차량의 이상 유무에 대해 점검해야 합니다. 운전자와 차량에 동승하는 모든 성인은 어린이 통학버스 안전교육을 받아야 합니다.[도로교통법 제53조의 3에 의한 신규 또는 정기 안전교육에 한함] 이때 수료증, 교육확인증을 기록으로 확인하니, 미리 받아 두고 준비해야 합니다.[도로교통공단 주관의 사이버교통학교 동승보호자 안전교육 및 오프라인 교육만 인정] 너무나 당연하지만, 영유아가 탑승한 차량에는 항상 운전자 외에 책임 있는 성인이 동승하여 관리해야 합니다. 영유아가 안전하게 승하차할 수 있도록 관리하는 것, 마지막에 모든 영유아가 하차하였는지 여부를 파악하고 어린이 하차 확인장치를 누르는지 등을 모두 관찰합니다. 평소에 안전 매뉴얼을 숙지하고 실행할 수 있도록 준비하면 됩니다.

안전교육과 사고 예방

영유아는 스스로 자신의 몸을 보호하기에 어려움이 있습니다. 그러니 교사들은 영유아의 일상생활 안에서 자연스럽게 자신을 보호할 수 있도록 알려 주어야 합니다. 안전교육뿐 아니라 생활 안에서 사고를 예방하고 대처할 수 있는 방법에 대해 경험하는지 살펴봅니다. 영유아의 연령별 특성에 맞는 안전교육뿐 아니라 정기적으로(월 1회 이상) 실시하는 소방 대피 훈련의 참여 여부도 함께 살펴보니 참고하세요.

① 연간 영유아 안전교육의 계획을 수립하고 실시한 기록이 일지 등을 통해 나타나야 합니다. 안전교육의 내용은 아동복지법에서 규정한 안전교육의 기준을 준수해야 합니다. [출처 : 2020년도 보육사업 안내]
- 성폭력 및 아동학대 예방교육 : 6개월에 1회 이상
- 실종·유괴의 예방 및 방지 교육 : 3개월에 1회 이상
- 감염병 및 약물 오용·남용 예방 등 보건위생 관리 교육 : 3개월에 1회 이상
- 재난대비 안전교육 : 6개월에 1회 이상
- 교통 안전교육 : 2개월에 1회 이상

물론 보육 현장에서는 이 이상으로 많이 그리고 자주 실시하고 있으니 기준 준수 여부에 대해서는 걱정하지 않아도 됩니다. 여기에서 중요한 것은 영아의 경우, 대그룹을 대상으로 하는 수업 형식의 교육 형태가 아니라 개별 또는 소집단 활동으로 이루어져야 한다는 점입니다. 보육일지에 기록으로 남길 때 이 부분을 꼭 기억하면 좋겠습니다.

② 보육교직원 및 영유아는 정기 소방 대피 훈련에 참여해야 하며, 이 부분은 기록과 면담으로 확인합니다. 이때 소방 대피 훈련은 지진이나 폭설 등을 대비하는 재난 대피 훈련으로 갈음할 수 있습니다. 반드시 비상사태와 동일하게 어린이집 밖으로 대피할 수 있도록 훈련을 실시해야 합니다.

③ 일상생활 안에서 영유아가 놀잇감이나 활동 자료, 놀이기구 등을 안전하게 사용하는 부분도 중요하게 관리되어야 합니다. 관찰을 통해 이루어지고 있으니, 일과 중 영유아가 위험할 수 있는 행동을 보인다면, 즉각적으로 대응하여 긍정적인 방법으로 안전하게 사용하는 법 등에 대한 안내 및 지도를 해 주어야 합니다.

④ 계절 및 날씨 관련 놀이 안전수칙을 준수해야 합니다. 원마다 이 부분에 대한 수칙 및 규정을 마련하고 있어야 하며, 실외 활동을 하는 영유아의 건강에 무리가 되지 않도록 계절 및 날씨 관련 놀이 안전수칙에 대해 준수해야 합니다.

⑤ 보육교직원을 대상으로 연간 안전교육 계획이 수립되어야 합니다. (영유아 안전교육과 연계하여 계획하면 좀 더 쉽게 준비할 수 있습니다.) 영유아 학대 예방교육을 포함하여 안전교육을 각각 연 1회 이상 이수한 기록을 확인합니다. 이 부분은 필수사항이니 교육을 계획할 때 반드시 가장 먼저 준비해 주세요. 영유아 학대 예방지침을 준수하는지 여부 역시 필수사항입니다. 영유아 학대 예방지침에 영유아 학대의 정의와 유형, 그리고 신고 의무에 대해 기재되어 있는지 꼭 확인하고, 언제 물어봐도 술술 대답할 수 있도록 숙지해 주길 바랍니다. 입사 1개월 미만의 교사를 제외한 모든 교직원은 어린이집 자체 교육이나 외부 집합교육, 온라인 교육 등을 통해 안전교육 1회, 영유아 학대 예방교육 1회의 이수증을 구비해야 합니다.

⑥ "비상시 어떤 역할을 맡고 계시나요?" "화재가 발생했을 경우 어떤 역할을 하시나요?" 하고 질문한다면 어떻게 대답하시겠어요? 그 밖에도 비상시 업무분장, 비상대피도, 대피요령 등에 대해 숙지하고 실제 비상 상황에 대처할 수 있어야 합니다. 정말 중요한 사항입니다.

⑦ 원 내에는 응급처치 즉 심폐 소생술과 관련된 교육을 이수한 교직원이 있어야 하며, 실습을 포함한 이수증을 구비해야 합니다. 당연히 유효기간에 한해 인정이 됩니다.

⑧ 안전 설비를 비상시에 효율적으로 사용할 수 있도록 관리하고 점검하고 있는지를 살펴봅니다. 비상구, 비상계단, 영유아용 미끄럼대(놀이기구 아님), 피난구 유도등 등이 언제나 사용할 수 있도록 유지, 관리되어야 합니다. 비상구는 가급적 잠그지 않도록 해야 하나, 영유아 안전을 위해 잠가 둘 경우에는 잠금장치를 성인이 쉽게 열 수 있어야 합니다. 영유아의 손에 닿는 위치는 절대 안 됩니다. 또한 비상구 앞에는 적재물을 두면 안 됩니다. 피난구 유도등이 꺼져 있으면 감점의 사유가 되니 전체 보육 공간에 대한 유도등을 체크하는 것도 기억해 주기 바랍니다.

⑨ 보육시설 내 전체 공간에는 각 층마다 소화기가 구비되어 있어야 합니다. 안전핀 고정 여부, 소방 약제, 압력 등을 확인합니다. 모든 소화기를 확인하니 매월 점검하고 관리해 주어야 합니다. 투척용 소화기

의 경우에도 유효기간과 함께 관리해 주길 바랍니다. 투척용 소화기는 간이 소화용구이니 기본 소화기기 외에 추가적으로 비치할 수 있는 부분입니다. 그러니 우선 비치해야 하는 분말소화기를 구비해야 합니다.

⑩ 비상사태에 대비한 단독경보형 감지기(천장에 부착), 가스누설경보기 등의 작동 여부도 확인해 주기 바랍니다. 단독경보형 감지기는 목욕실·화장실을 제외한 모든 공간에 부착해야 하는데, 자동화재탐지설비가 설치된 경우에는 생략해도 괜찮습니다.

⑪ 보육교직원은 위의 내용과 함께 소화기의 위치, 사용법 및 비상구의 위치와 개폐방법 등에 대해 잘 알고 있어야 합니다. 연간 안전교육계획안에 위의 내용을 계획해서 잘 숙지할 수 있도록 준비하세요.

4 | 교직원

보육 환경의 주인공은 영유아와 교직원입니다. 어린이집의 원장은 보육교직원의 전문성을 향상하기 위해 안정적인 근무 여건을 조성해 주어야 합니다. 4영역을 통해 어린이집이 교직원을 배려한 근무 환경 등을 조성하고 원장의 리더십, 보육교직원의 처우와 복지, 보육교직원의 전문성 제고 등을 위하여 바람직한 운영을 하고 있는지 살펴봅니다.

원장의 리더십

원 운영자인 원장이 리더로서 자신의 전문성을 함양하고 있는지, 보육교직원을 존중하며 바람직한 조직 문화를 조성하고자 노력하는지를 판단하고 있습니다.

① 원장은 어린이집을 운영하는 데 보육에 대한 철학과 소신을 가지고 노력하고 있음을 평가제를 통하여 확인하고자 합니다. 면담 외에 서류를 통해서도 확인하는데, 2년 이상 지속적으로 근무한 교사가 전체 교사의 50%를 충족하는지가 해당하는 서류입니다. 교사 겸직의 원장을 제외한 담임교사가 50% 이상인지를 보고 평정을 합니다.

② 원장은 보육교직원을 존중하며 개별적인 호칭을 사용해야 합니다. 반말을 사용하는 것은 절대로 안 됩니다. '쌤'이 아니라 '선생님'이라고 정확히 불러 주고, 항상 존중하는 말과 태도를 보여 주세요.

③ 원장은 월 1회 이상의 회의를 정기적, 민주적으로 운영해야 하고 그 내용을 기록, 관리해야 합니다. 교사회의 등을 통해 교직원의 의견을 수렴하고 반영하는지에 대해서 면담 등을 통해 확인합니다. 실제 원 운영과 관련하여 교직원이 제시한 의견이 반영된 사항이 있다면 회의 기록 외에도 면담 시에 답변할 수 있도록 준비해 주세요.

④ 각자의 업무에 대해 형평성에 어긋나지 않게 효율적으로 분담하

여 숙지하고 이행할 수 있어야 합니다. 이 안에서 건전한 조직 문화를 조성했는지의 여부를 판단하게 됩니다. 그 밖에 6개월 이상의 근속 교사는 관찰월 전까지 개별 면담의 내용을 연 1회 이상 실시하고 기록으로 보관해야 합니다.

⑤ 원장님과의 면담 내용 등을 관찰자와의 면담을 통해 확인할 수 있으니 잘 준비해 주세요.

보육교직원의 근 무환경

아직 실제 현장에서 교사들을 위한 별도의 공간 확보가 어렵다는 것을 잘 알고 있습니다. 그러나 개정되는 평가의 주안점, 평가 내용의 변화를 보면 앞으로 보육 환경이 많이 개선될 수 있을 것이라 기대합니다. 어린이집은 교사실의 별도 마련 혹은 휴식 공간, 휴식을 위한 설비 등을 확인하고 이 3가지 중 1가지만 충족하면 인정하게 됩니다. 이때 빈 보육실이 있다 하더라도 영유아의 보육 공간에 교사실, 휴게실 등을 마련하는 것은 안 되도록 하고 있으니, 반드시 인가 공간과 영유아 대비 보육 공간의 면적 등을 확인해야 합니다.

① 교사가 개별로 사용하는 사물함이 반드시 마련되어야 합니다. 두 사람이 하나의 사물함을 사용하는 것은 절대로 안 됩니다. 교사가 개별 혹은 공동으로 사용하는 업무 설비 등의 비치 여부도 평정의 대상이 되니 교사실 등에 잘 비치해 두고 활용하는 것이 좋습니다.

② 성인용 화장실을 비치하는 것이 지표로 마련되어 있지만, 환경적인 조건으로 어려운 경우에는 영유아용 화장실 내 한 칸에 성인용 변기가 설치되어 있으면 인정됩니다. (정원 20인 이하의 소규모 어린이집은 평정에서 제외됩니다.)

보육교직원의 처우와 복지

보육 현장에서 누구보다 중요한 선생님들이 없다면, 과연 누가 우리 대한민국의 영유아들을 보듬어 주고 지켜 줄 수 있을까요? 안정된 근무환경에서 합당한 처우를 받아야 하는데 아직까지는 많은 어려움이 있습니다. 그 부분을 지속적으로 보완하고 개선하기 위해 4영역의 평가가 시행된다고 보면 됩니다. 보육교직원의 보수나 근무 시간, 휴게 시간, 휴가 등 기본적인 근무 조건에 대해 합의 후 명문화되어 있는지, 실제 이행이 되고 있는지에 대해 판단하고 있습니다.

① 보육교직원의 근로계약(임용된 모든 보육교직원), 취업규칙의 구비 및 회람 가능 여부(근로계약서의 내용으로 갈음 가능), 4대보험료의 수납 여부, 보수 관련 규정 등의 문서화 등을 기록과 면담을 통해 확인하고 있습니다.

② 복지제도와 별도로 교직원의 직무스트레스의 예방과 관리를 위한 서비스를 안내하고 제공했는지 면담으로 확인하기도 합니다. 보육교직원을 위한 복지는 포상휴가, 상여금, 명절 선물, 동호회 활동 지원

등으로 판단하는데, 이 부분은 1년 이내의 기록이 인정됩니다. 이 부분이 모든 교직원에게 고르게 제공되는지도 기록과 면담으로 확인하고 있으니 소외되는 선생님이 없도록 한 번 더 살펴봐 주시기 바랍니다.

보육교직원의 전문성 제고

영유아의 전인적인 발달을 도모하기 위해 누구보다 중요한 역할을 수행하는 보육교사는 자신의 경력과 직무에 따른 의무 교육 외에도 영유아교육에 도움이 될 수 있는 다양한 재교육에 참여하는지, 그 결과 보육 서비스의 질적인 향상을 도모하는지를 평가합니다.

① 연간 안전교육계획과 함께 연간의 교직원 대상 교육을 계획함으로써 보육교직원의 경력이나 직무에 해당하는 교육 내용이 반영, 실행되는지 기록과 면담을 통해 확인합니다. 또 모든 교직원에 대해서 직무교육의 이수 여부를 확인하고, 직무교육 외의 교육에 대한 내용도 연 1회 이상 참여했는지 여부를 기록과 면담으로 확인합니다. 입사 1개월 이후의 교사도 해당됩니다.

② 일과 중에 어떻게 일상생활을 지도하고 놀이와 활동이 이루어지는지, 그 과정 안에서 교사의 상호작용을 관찰하고 지원한 기록이 교사별로 연 1회 이상 구비되어 있어야 합니다. 여기에는 일시와 관찰자, 관찰 내용, 평가 및 지원 내용이 모두 들어 있어야 합니다. 입사 3개월 이상인 교사는 모두 관찰 및 지원 기록을 준비해 주세요. 1년 동안의 기록을 보니 누락된 교사가 없는지 꼭 확인하기 바랍니다.

③ 위의 기록과 함께 근무 내용에 대한 교사 평가가 연 1회 이상 이루어지는지를 확인합니다. 이때 자기 평가가 아닌 원장이 1년 이상 근무한 교사에 대해 개별로 근무 평가를 실시해야 합니다.

1영역에서 4영역까지 모든 지표를 살펴보았습니다. 하나씩 함께 읽어 보고 살펴보니 생각보다 간단하지요? 현장에서 근무하는 모든 선생님들, 평가제를 준비하는 것이 결코 쉽지 않지만 해맑고 사랑스러운 영유아들을 보며 조금만 더 힘내서 준비하면 좋겠습니다.

* 평가제 관련 참고 서류는 별책 부록을 참조하세요. 보다 자세한 내용이나 예시 등은 지혜쌤 카페를 통해서 업로드할 예정입니다.

Level 3

알림장은
이렇게 쓰세요

알림장은 학부모와 소통하는 방법 중 하나입니다. 요즘에는 알림장 애플리케이션이 생길 만큼 중요한 요소 중 하나입니다. '말 한마디에 천 냥 빚을 갚는다.'라는 말이 있듯이 알림장 멘트 하나로 학부모님들의 기대와 감사를 한 몸에 받기도 하고, 오해를 사기도 합니다. 알림장 내용을 어떻게 작성하면 좋을까요? 다양한 상황에 따라 작성할 수 있는 예시를 소개합니다.

1 새 학기 첫 알림장에 무슨 내용을 쓸까요?

이랑쌤

우리 ○○의 담임 ○○○입니다.

○○년 우리 ○○와 함께할 기대와 설렘으로 하루를 시작하였습니다.

○○반에서의 생활이 우리 ○○에게 즐거운 한 해가 되도록 최선을 다해 노력할 것입니다.

보내 주신 믿음과 신뢰에 사랑으로 보답드리겠습니다.

예은쌤

사랑이 넘치는 학부모님!

올해 별님반 담임을 맡게 된 ○○○입니다.

해마다 새로운 아이들을 만나지만 올해는 더욱 설렘과 행복이 가득합니다.

아이들의 교육이 빛을 발하기 위해서는 학부모님과의 활발한 교류가 중요합니다. 또한 학부모님들이 원에 보내 주시는 신뢰와 협조도 중요하지요.

아이들이 행복한 교육을 이뤄 내기 위해 올 한 해도 따뜻한 교류와 정보 교환이 이루어지길 바랍니다.

이번 학기의 시작을 맞이하여 하시는 일 모두 잘 되시고 매일 행복이 가득하시길 소망합니다.

....

별밤쌤

안녕하세요! ○○반 학부모님!

○○반 담임교사 별밤쌤입니다.

드디어 아이들과 만나 새 학기를 활기차게 열었습니다. 아이들은 처음 만난 선생님이지만 살갑게 다가와 꽃같이 예쁜 말들을 쏟아 내기도 하고, 친구에게 "너는 이름이 뭐야?" 하며 사회관계를 쌓기 시작했습니다. 이 어여쁜 ○○반 아이들을 보면 앞으로의 날들이 기대가 되면서 마음이 간질간질합니다.

○○반 친구들과의 1년. 길다면 길고 짧다면 짧은 이 소중한 시간을 저에게 허락해 주셔서 감사드리며 아이들의 하루하루가 행복해지도록 노력 많이 할게요.

언제나 ○○반 친구들을 위해 노력하시는 학부모님들! ○○반의 담임으로 학부모님들과 한 배를 탄 한 팀이라고 생각합니다. 아이들의 기쁨도 슬픔도 행복도 함께 나누며 성장하는 부모, 교사가 되길 바랍니다.

2 아이가 약을 먹지 못했어요.

이랑쌤

○○어머니~

보내 주신 약을 투약의뢰서에 작성해 주신 대로 투약하지 못

하였습니다.

제가 더 주의를 기울이고 신경을 썼어야 하는데 죄송합니다. 차후에는

이런 실수를 하지 않도록 하겠습니다.

어머니의 이해와 양해 부탁드립니다.

....

예은쌤

안녕하세요.

오늘 투약 의뢰를 확인했음에도 불구하고 ○○의 약을 먹이

지 못했습니다.

○○가 어제에 비해 다른 증상은 크게 보이지 않았고, 마른기침을 좀 하

여 물을 많이 마시도록 하였습니다. 내일부터는 ○○의 약을 잊지 않고

더욱 잘 챙기도록 노력하겠습니다. 죄송합니다.

별밤쌤

○○어머니, 안녕하세요.

오늘 어머님께서 신신당부하셨던 ○○의 감기약을 먹이지 못했습니다. 죄송합니다. ○○의 감기 증상이 많이 나아졌는데 점심약을 먹지 못해 더 심해지는 것은 아닌지 염려가 됩니다. 제 실수로 인해 ○○가 더 아프진 않을까 걱정하는 마음을 담아 사과드려요.

어머니, ○○는 지금 열이 나지는 않나요? 내일 약을 보내 주신다면 잊지 않고 꼭 투약하도록 하겠습니다. 다시 한 번 죄송합니다.

3 아이가 물건을 두고 갔어요.

이랑쌤

○○어머니~

우리 ○○가 ○○을 두고 하원하였습니다. 내일 잊지 않고 보내도록 하겠습니다. 우리 ○○가 물건을 잘 챙기는 똑소리 나는 친구이지만 저도 재확인하도록 하겠습니다.

....

예은쌤

오늘도 신나는 하루를 보내고 잘 귀가하였습니다.

하원을 시키고 교실을 정리하는데 책상에서 ○○의 물건을 보았습니다.

엄마에게 보여 주겠다고 즐거워했는데 아무래도 집에 가는 것이 더욱 신났나 봅니다. 내일 ○○의 물건을 꼭 챙겨 보내겠습니다.

편안한 저녁 보내세요.

별밤쌤

○○어머니 안녕하세요.

오늘 ○○가 쓰고 왔던 모자 너무 너무 귀여웠어요. 친구들에게도 어찌나 자랑을 하던지, 보고 있으면 "허허~" 하고 웃음이 나올 지경이었어요. 친구들에게도 써 보라며 모자를 쓰고 아기상어 노래를 즐겁게 부르기도 했답니다.

그런데 그 소중한 ○○의 아기상어 모자가 교실에 있어요. ○○가 소중히 여기던 모자였는데 집에 갈 때는 모자보다 더 사랑하는 엄마가 있어 빨리 간다고 두고 간 모양이에요. 내일은 ○○가 꼭 쓰고 갈 수 있도록 챙겨 둘게요. ○○에게도 ○○가 좋아하는 아기상어 모자가 교실에 있다고 꼭 전해 주세요!

4 친구들끼리 싸웠어요.

이랑쌤

○○어머니~

우리 ○○와 □□가 함께 놀이하는 과정에서 약간의 다툼이 있었습니다. 자아 개념이 형성되면서 본인의 주장과 의견이 강해지고 소유욕도 생기는 시기라 또래와의 놀이에서 다툼이 발생한 것입니다. ○○의 이야기를 먼저 들어 주시면서 감정을 공감해 주시고 다투지 않고 해결하는 방법에 대해 말씀을 들려주세요.

저도 우리 ○○와 □□가 서로 이야기 나누고 화해하는 시간을 만들면서 아이들이 정서적으로 한 걸음 더 성장할 수 있도록 지도하겠습니다.

예은쌤

안녕하세요. 오늘도 즐거운 하루를 보내고 무사히 귀가하였습니다.

요즘에는 ○○의 또래관계 폭이 너욱 넓어진 것 같아요. 여러 친구와 어울려 지내고 놀이의 범위도 다양해졌습니다.

하루 일과 관찰 중에 보면 ○○가 □□와 갈등이 일어날 때가 종종 있어요. 오늘은 ○○가 친구의 놀잇감을 빼앗아서 □□가 화를 내며 다툼이 시작되었어요. 놀잇감은 모두가 나누어 쓰는 것이라고 교육하였는데 아이들 마음에 쉽사리 이해가 되지 않을 수도 있습니다.

부모님께서 오늘 ○○가 덜 속상하도록 설명을 잘 해 주시면 갈등이 줄어들지 않을까 생각됩니다. 서로 다름을 알며 지내는 생활 속에 ○○가 매일 더욱 성장하기를 기대합니다.

별밤쌤

안녕하세요. ○○어머니

오늘 ○○가 속상한 일이 있었어요. ○○가 오늘 역할 영역에서 □□와 엄마놀이를 하는데 서로 언니 역할을 하겠다고 다투었어요. 그러던 중 □□가 "너랑 안 놀아!" 하고 말했다고 하네요. 둘이 평소에 가장 친하게 지내고 함께 놀이하는 사이인데 □□가 그런 말을 해서 ○○가 많이 속상했던 모양이에요. □□ 말로는 ○○가 "이거는 나만 하는 거야!"라고 해서 그렇게 말을 했대요. ○○와 □□랑 같이 이야기하고 서로 사과하고 나서는 또다시 같이 놀이를 했어요.

오늘 집에 가면 어머니께 □□와 있었던 속상한 이야기를 할 텐데 어머니께서 많이 위로해 주세요. 가장 친하게 지내고 오랜 시간 함께 놀이하다 보니 다른 친구들보다 둘이서 다투는 경우가 종종 있는데 서로의 마음 다치지 않도록 하겠습니다.

5 원에서 생활하다가 다쳤어요.

이랑쌤

○○어머니~

많이 놀라셨지요?

저도 이렇게 속이 상한데 어머니는 얼마나 속상하실까 싶어 더 죄송합니다. 흉터가 생기지 않도록 열심히 연고 발라 주면서 더 신경을 쓰도록 하겠습니다. 더욱 더 안전에 주의를 기울이겠습니다.

....

예은쌤

안녕하세요.

오늘은 영화관 놀이를 하고 즐거운 하루를 보내고 귀가하였습니다.

영화관 놀이 중 의자 틈에 손이 끼어 ○○가 다치게 되었어요.

아까 통화는 하였지만 마음이 쓰여 걱정이 됩니다.

바로 처치해 주었고 소독 후에 재생 밴드를 붙여 주었습니다.

○○가 더욱 안전히 생활할 수 있도록 세심히 지도하겠습니다.

별밤쌤

안녕하세요. ○○어머니

○○가 오늘 놀이터에서 달리기를 하다가 넘어졌어요. 바로 일으켜 세웠는데 무릎이 까졌더라고요. ○○가 놀라서 잠시 울었는데 교무실에서 소독 후 약을 바르고 캐릭터 밴드를 붙이니 금세 눈물을 멈추었어요.

○○가 무릎을 다쳐 아팠을 텐데 눈물을 닦고 나서는 또 바깥놀이를 하겠다고 씩씩하게 나와서 함께 놀이했어요.

○○가 무릎을 다쳐서 어머니께서 깜짝 놀라실까 봐 미리 연락을 드렸습니다. 제가 좀 더 안전하게 놀이할 수 있도록 지도하겠습니다.

6 아이가 원에서 소변/대변 실수를 했어요.

이랑쌤

○○어머니~

우리 ○○가 바지에 실수를 하였습니다. 평소에는 잘 가리는데 오늘은 활동에 집중하느라 화장실 가는 시간을 놓친 것 같습니다. 괜찮다고, 실수할 수 있다고 말씀해 주세요. 잘못했다고 야단을 치면 아이가 죄책감을 느낄 수도 있답니다.

저도 우리 ○○가 실수하지 않도록 화장실 가는 시간을 체크하도록 하겠습니다.

예은쌤

안녕하세요.

오늘은 ○○가 소(대)변 실수를 했어요.

놀이를 하다가 집중한 나머지 화장실에 가는 것도 잊었던 모양입니다. 다음부터는 놀이하다가 소(대)변이 마려우면 참지 않고 화장실에 가는 거라고 한 번만 이야기해 주세요. 너무 다그치시거나 혼내시면 아이에겐 더욱 스트레스가 됩니다.

내일 ○○편에 여벌 옷 보내 주시고, 꼭 안아 주세요.

별밤쌤

○○어머니~ 안녕하세요.

오늘 우리 ○○가 소변 실수를 했어요. 놀이 시간에 친구들이랑 자동차 경주를 하더니, 너무 놀이에 몰입을 했는지 화장실 가는 것도 잊은 모양이에요.

○○가 속상해서 "선생님은 일곱 살까지 바지에 쉬했다?" 하고 얘기해 주니까 "정말?" 하며 안도를 했어요. 얼른 화장실에서 씻고 나와서 친구들과 다시 즐겁게 놀이했답니다.

○○가 속상하지 않도록 부모님께서도 괜찮다고, 다음엔 화장실 가는 시간에 꼭 다녀오자고 이야기해 주세요.

7 원에서 미열이 나거나 아팠어요.

이랑쌤

○○어머니~

우리 ○○가 ○시에 ○○도의 미열이 있었습니다.

그 때문인지 평소보다 점심과 간식 양이 줄었고 컨디션도 좋지 않았습니다.

걱정이 되니 병원 다녀오시고 어떤지 알려 주세요. 병원에서 알려 주는 주의사항이 있다면 전달해 주세요.

저도 더 신경 쓰면서 돌보겠습니다.

예은쌤

○○어머니!

오늘은 ○○가 감기 기운으로 종일 컨디션이 좋지 않았어요.

편도가 부어 가끔씩 목을 만졌고, 식사를 평소만큼 잘 하지 못했습니다. 원에서 무리하게 말을 하지 않도록 하였고 물도 자주 마실 수 있도록 알려 주었습니다. 내일 병원에 가시게 되면 추가 증상을 알려서 진단받을 수 있도록 해 주세요.

별밤쌤

○○어머니, 안녕하세요.

오늘 ○○가 자유선택활동 시간에 미술 영역에서 색연필을 들고 책상에 얼굴을 기댄 채로 색칠을 하더라고요. 제가 끌어안으면서 혹시 기분이 안 좋은지 물었더니, 아니라고 대답을 하는데, 몸이 따뜻했어요. 체온계로 열을 재 보니 ○○도가 나왔습니다.

힘들면 원감님 곁에서 쉬어도 된다고 하니 그러겠다고 대답해서 30분가량 원감님 옆 침대에서 휴식을 취했습니다. 그 이후에는 열이 나지는 않았습니다.

지금은 컨디션이 어떤지 걱정이 많이 됩니다. 혹시 열이 더 오를 수 있으니 ○○의 컨디션을 잘 살펴봐 주세요. 내일은 건강한 모습으로 만날 수 있겠죠?

8 아이가 가지고 온 물건이 망가졌어요.

이랑쌤

○○어머니~

우리 ○○가 가지고 온 ○○가 망가져서 속상해했답니다.

가방 안에 두고 꺼내지 않기로 약속했는데 친구들에게 보여 주고 싶어서 꺼내서 가지고 놀다가 망가져 버렸네요.

원래 마음이 따뜻한 아이라 친구가 사과를 하고 저도 달래 주어 마음은 풀렸어요. 원에 올 때는 집에 있는 물건을 가지고 오지 않기로 약속했는데 어머니도 그 약속을 지킬 수 있도록 도와주세요.

예은쌤

안녕하세요.

오늘 ○○가 가져온 물건을 보고 반 아이들이 모두 신기해했어요.

아무래도 모든 아이가 한 번씩 만지고 놀다 보니 ○○ 부분이 고장 났어요. 제가 고쳐 주려고 해 보았는데 되지 않아 일단은 잘 포장해서 가방에 넣었습니다.

○○가 많이 속상해했는데 특별한 안내 없이는 원에 개인 물건을 가지고 오지 않도록 지도해 주세요.

별밤쌤

안녕하세요. ○○어머니!

오늘 ○○가 원에 ○○를 가지고 왔더라고요. 집에서 가지고 노는 장난감은 원에 가져오지 않기로 약속을 했기 때문에 ○○가 가방에 다시 넣었어요. 그런데 친구들에게 가방에서 살짝 꺼내 보여 주기도 하고, 친구들과 가지고 놀다가 장난감이 망가졌어요. 친구들도 사과하고, 저도 ○○의 마음을 많이 달래 주었답니다.

아마 소중한 장난감을 친구들에게 보여 주고 싶은 마음에 가지고 왔을 텐데 망가져서 얼마나 속이 상했겠어요. 저도 오늘 하루 동안 많이 위로했는데, 오후 시간이 되니 아무렇지 않게 다시 놀이했답니다.

어머님께서도 속상했을 ○○를 많이 위로해 주시고, 친구들과 약속을 잘 지키도록 도와주세요.

9 아이 물건을 잃어버렸어요.

이랑쌤

○○어머니~

우리 ○○의 ○○을 아무리 찾아보아도 찾을 수 가 없네요.

우리 ○○의 물건이라 더 잘 챙긴다고 챙겼는데 없어져 안 보여서 저도

속상하네요. 한 번 더 세심히 찾아보겠습니다만 혹여 찾지 못하더라도

양해 부탁드립니다.

예은쌤

안녕하세요.

전화를 받고 ○○의 물건을 계속 찾아보았는데 아직까지 보

이지 않습니다. 제가 계속 찾아보고 물건이 발견되면 ○○ 편에 꼭 보

내도록 하겠습니다.

자신의 물건을 잘 챙기도록 지도하고 있는데 체육 시간이라 정신이 없

었던 모양입니다. 잘 찾아보고 앞으로 더욱 잘 챙길 수 있도록 지도할

테니 어머님도 잘 이야기해 주세요.

별밤쌤

○○어머니!

오늘 우리 ○○가 아침에 하고 온 □□를 잃어버린 것 같습니다. ○○가 □□을 가방에 두었다고 했는데, 하원할 시간에 찾아보았지만 보이지 않았어요. 저도 교실과 오늘 갔던 강당에서 다시 한 번 찾아보도록 하겠습니다만, 혹시나 잃어버렸다면 ○○의 속상한 마음을 덜어 주세요.

10 아이가 어린이집을 가고 싶어 하지 않아요.

이랑쌤

○○어머니~

우리 ○○가 어린이집을 가고 싶어 하지 않는다고 해서 걱정이 많이 되실 것이라 생각합니다. 원에서는 친구와의 관계도 원만하며 다른 어려움 없이 잘 지내고 있습니다.

저도 우리 ○○에게 더 많은 사랑과 관심을 기울이며 원 생활을 더 즐겁게 할 수 있도록 최선을 다해 보살피겠습니다.

가정에서도 ○○가 원에서의 즐거운 생각을 가질 수 있도록 "오늘 어떤 활동이 제일 재미있었니?" 등의 질문으로 긍정적인 답변을 유도해 주시면 좋을 듯합니다.

우리 ○○를 위해 열심히 노력하겠습니다.

예은쌤

○○어머님!

오늘 ○○가 어린이집을 오지 않겠다고 해서 많이 힘드셨을 거라 생각됩니다. ○○는 □□와 놀이하는 것을 좋아하고, 쌓기 영역에서 레고블럭을 이용해 동물원 만드는 것을 좋아합니다. 교실에 들어와 조금만 지나면 다 잊고 놀이하며 꺄르르 웃는 ○○의 웃음소리가 들리는데 아침에 원에 오는 발걸음은 좀 힘겨운가 봅니다.

원에서 귀가하면 어떤 재밌는 것을 하고 놀았는지 즐거운 경험을 함께 나눠 주시고, 내일 원에 가서 즐겁게 놀면 엄마랑 곧 만날 수 있다는 것을 이야기해 주세요. 원에서 즐거운 시간을 보내면 엄마를 만나는 시간이 더욱 빨리 돌아온다는 것을 알려 주시고, 안정감을 가질 수 있도록 잘 설명해 주세요.

별밤쌤

○○어머니

○○가 어제는 즐겁게 놀이하고 갔는데, 혹시 ○○가 어떤 이유를 이야기하던가요? 월요일에는 주말 동안 엄마와 함께 있었기 때문에 엄마와 헤어지기 싫어서 그런 경우가 종종 있어요.

○○가 등원하면 혹시 속상했던 일이 있는지 이야기 나누어 보고 속상한 일이 있었다면 속상한 마음을 잘 풀고 가도록 하겠습니다.

11 아이가 편식이 심해요.

이랑쌤

○○어머니~

우리 ○○의 편식 지도를 위해 다양한 방법으로 식습관 지도를 하고 있습니다.

점심시간이 즐거운 시간이 될 수 있도록 노력하고 있으며 싫어하는 음식 재료에 흥미를 가지도록 동화나 동요 등으로 관심을 유도하고 있습니다.

억지로 먹이는 것은 도리어 음식에 대한 거부감을 생기게 하므로 먹으려는 작은 시도에도 칭찬과 격려를 부탁드립니다.

우리 ○○의 건강한 식습관을 위해 저도 애쓰겠습니다.

....

예은쌤

안녕하세요.

오늘은 점심에 돼지고기가 나와서 ○○가 밥을 더욱 맛있게 먹었습니다.

○○는 김치를 너무 싫어해서 잘 먹으려고 하지 않아요.

원에서의 규칙은 먹기 싫은 반찬이 있어도 딱 한 번씩은 먹어 보는 것이에요. 그래서 ○○도 약속하였는데 ○○가 한 번은 김치 먹기를 시도해 보면 좋겠습니다.

물론 크면 다 먹을 음식이지만 유아기 때 다양한 영양 공급이 중요하고 가정에서도 아이가 좋아하는 음식 위주로 식단이 구성되기 때문에 원에서라도 골고루 먹어 볼 것을 권장합니다. 내일은 김치를 씩씩하게 한 입 베어 물 ○○를 직접 만나볼게요!

....

별밤쌤

안녕하세요~ ○○어머니

○○가 요즘 원에서도 잘 먹지 않고 있네요. 그래도 다른 친구들이 먹는 모습을 보면서 반찬에 호기심을 보이고 있어요. 저도 ○○에게 맛있게 먹는 모습을 계속해서 보여 주면서 "선생님은 이거 먹고 예뻐진 건데?" 하고 이야기하면 조금씩 먹는 모습을 보였어요. 어머님께서도 ○○가 잘 먹을 수 있도록 한 번 유도해 보시는 것은 어떨까요?

아이들이 먹기 싫어하는 재료로 함께 요리를 해 보면 호기심에, 혹은 자기가 만들었기 때문에 좋아하지 않는 재료라도 한 번씩 맛을 보기도 해요. ○○와 주말 동안 볶음밥이나 카레처럼 다양한 재료가 들어가는 요리를 함께 만들어 보시는 것도 좋을 것 같아요.

12 견학(현장체험학습)을 다녀왔어요.

이랑쌤

○○어머니~

문화체험으로 ○○반 친구들과 인형극 ○○○○를 관람하였습니다.

공연을 관람하기 전에 함께 정한 약속을 잘 지키며 멋진 관람 태도를 보여 주었답니다.

배우들의 요청에 박수도 치고 응원도 해 주며 열정적으로 호응했어요.

원에 와서도 친구들과 함께 본 인형극에 관한 이야기를 나누면서 즐거워합니다.

자기 전에 우리 ○○에게 인형극에 대해 물어봐 주세요.

○○만의 재미있는 이야기를 듣게 되실 거예요.

예은쌤

오늘 ○○에 안전하게 잘 다녀왔습니다.

○○는 ○○을 관찰하며 가장 흥미를 보였고 즐거워하였습니다. ○○가 좋아하고 흥미 있는 소재여서 더욱 좋아했나 봅니다.

점심을 많이 먹진 않았고, 간식을 잘 먹다가 금방 놀고 싶다며 정리하고 놀이하느라 보내 주신 양을 다 먹진 못했습니다.

오늘 집에 도착하면 깨끗하게 씻고 푹 쉴 수 있도록 해 주세요.
감사합니다.

....

별밤쌤

○○어머니, 안녕하세요!

오늘은 우리 ○○반 친구들이 방짜유기박물관에 다녀왔습니다.
방짜유기로 만든 아주 커다란 징도 보고, 옛날에 왕이 쓰던 금관과 장
신구를 관찰하고 돌아왔습니다. 옛 시대의 귀걸이를 유심히 살펴보던
○○가 "이런 거 우리 엄마한테도 있어!" 하며 친구들과 자기가 하고 싶
은 귀걸이 모양에 대해서 한참을 이야기하며 즐거워했답니다. 박물관
관람 약속도 너무 잘 지킨 ○○, 오늘 정말 멋졌답니다.

오늘 ○○를 만나시면 방짜유기박물관에서 보았던 다양한 귀걸이에 대
해 물어봐 주세요. ○○의 이야기보따리가 술술 풀리지 않을까요?

오늘 넓은 박물관을 관람하고, 민속놀이 체험까지 하느라 많이 피곤할
테니 푹 쉬고 내일도 건강한 모습으로 만날 수 있도록 컨디션 조절 꼭
부탁드릴게요. ♡

13 유아가 입원하여 장기 결석한 경우

이랑쌤

○○어머니~

우리 ○○는 좀 어떤가요?

혼자 있으면 심심하기도 하고 컨디션도 좋지 않아 힘이 빠질 텐데 걱정이네요.

친구들도 ○○를 찾으며 궁금해한답니다.

우리 ○○가 결석을 하니 교실이 허전하기까지 합니다.

선생님과 친구들이 너무 보고 싶어 하고 빨리 만나길 기다린다고 전해주세요.

원에 등원하면 제가 건강에 더 신경 쓰도록 하겠습니다.

어머니도 힘드실 텐데 건강 잘 챙기십시오.

예은쌤

우리 ○○가 아픈 기운 때문에 너무 힘들어하고 있을까 봐 걱정이 됩니다.

좀 괜찮아지고 있나요?

친구들은 ○○가 보고 싶다며 언제 오는지 저에게 계속 물었답니다.

하루 빨리 완쾌해서 예전처럼 유치원에서 즐겁게 놀이했으면 좋겠습니다.

간호하시느라 힘드실 어머님도 건강 잘 챙기시고, 우리 ○○의 소식 들려주세요.

....

별밤쌤

○○어머니, 안녕하세요.

우리 ○○는 좀 어떤가요? 아직도 열이 계속 나는지… 목이 부어서 식사는 제대로 하는지… 하루 종일 ○○ 생각을 하며 걱정으로 하루를 보냈습니다.

친구들도 ○○는 언제 오냐고 묻고 하루 빨리 만나길 기다리고 있어요. 친구들이 ○○가 퇴원하고 원에 등원하면 주겠다며 ○○가 좋아하는 공주 그림도 잔뜩 준비했어요. 저뿐만 아니라 우리 원의 많은 선생님과 원장님, 원감님 한마음으로 ○○를 기다리고 있어요.

건강한 ○○ 기다리고 있을게요. ○○ 간병하신다고 많이 힘드실 텐데 어머님께서 건강하셔야 ○○도 빨리 나을 거예요. 어머니께서도 힘내시고 등원하는 날 뵙겠습니다.

14 방학(여름, 겨울 자율등원기간) 기간 중 안부인사

이랑쌤

○○어머니~

우리 ○○는 요즘 어떻게 지내고 있나요?

며칠 동안 만나지 못하니 많이 보고 싶네요.

저는 방학(자율등원기간) 동안 ○○가 원에 등원했을 때 1학기(2학기 또는 작년)보다 더 준비되고 발전된 교육과정을 접할 수 있도록 열심히 준비 중입니다. 즐거워할 ○○의 모습을 생각하니 설렙니다.

남은 기간 동안 좋은 추억 함께 많이 만들어 주세요.

개학날 뵙겠습니다.

○○에게 제가 만날 날을 기다린다고 전해 주세요.

....

예은쌤

안녕하세요!

더운 여름(추운 겨울) 건강 잘 지키고 계신가요?

저희 교사진은 오늘도 새로운 학기를 위해 열심히 준비하고 있습니다.

더욱더 발전하고 아이들이 행복한 원이 될 수 있도록 노력하겠습니다.

몸은 한 뼘 더, 마음은 한층 더 성숙해졌을 우리 아이들을 기대하며 개학날 건강하게 만나겠습니다.

그동안 학부모님들 댁내에 평안과 행복이 가득하길 바랍니다.

....

별밤쌤

○○어머니, 안녕하세요~

잠시만 나가도 땀방울이 맺히는 무더운 여름! 방학은 잘 보내고 계신가요?

저는 우리 ○○가 너무 보고 싶어 하루에도 여러 번 핸드폰 속 사진을 들여다보고 있습니다.

햇볕이 쨍쨍한 요즘, ○○는 잘 지내고 있나요? ○○반 친구들 다함께 방학 전에 유튜브 많이 보지 않기로 약속을 했는데 ○○가 잘 지키고 있는지도 너무 궁금해요.

찬 음식 너무 많이 먹어 배탈 나거나 아프지 않도록 주의시켜 주시고 건강한 모습으로 만나도록 하겠습니다.

2학기에도 더욱 알차고 신나는 일들이 가득하니 ○○가 기대하고 등원할 수 있도록 이야기해 주세요.

즐거운 방학 잘 마무리하시고 개학날 뵙겠습니다.

15 배변 훈련에 대한 안내

이랑쌤

○○어머니~

우리 ○○가 시간에 맞추어 화장실 가는 연습도 하고 배변의 느낌이 나면 의사를 표현하는 방법도 익히고 있습니다.

처음이라 실수도 하지만 잘해 내고 있답니다. 원에서는 실수를 하면 격려를 해 주고 성공을 하면 칭찬을 하면서 배변 훈련 중입니다.

어머니께서도 우리 ○○가 기저귀와 편안하게 이별할 수 있도록 격려와 칭찬으로 응원해 주세요.

....

예은쌤

오늘은 ○○가 소변이 마려운 것 같아서 "소변 마려워? 그럼 우리 변기에 앉아서 쉬 해 볼까?"라고 했더니 바로 "응."이라고 하여 변기에 앉혔습니다.

한 번의 성공으로 느낌을 알게 되고 점차 익숙해지면 곧 기저귀 생활이 아닌 변기 생활을 하게 될 것입니다. 오늘 원에서 칭찬 많이 받았으니, 가정에서도 칭찬 많이 해 주세요.

○○가 스트레스 받지 않고 편안한 상황에서 시도해 볼 수 있도록 해 주시고, ○○의 신호를 잘 읽어 주세요.

별밤쌤

안녕하세요. ○○어머니!

오늘 처음으로 ○○가 "쉬~ 쉬~." 하고 다급하게 발을 동동 구르면서 의사표현을 잘했어요. 화장실까지 얼른 손잡고 갔는데, 아직까지는 실수하곤 합니다. 그래도 ○○가 먼저 언어로 표현한다는 것이 얼마나 큰 발전인지 몰라요. 대견해서 칭찬을 많이 해 주었답니다.

혹시라도 부모님께서 조급해하시면 아이들의 눈치는 100단! 알고 계시죠? 응원과 격려 속에서 ○○가 자랄 수 있도록 해 주세요.

어머니께서도 ○○의 배변 훈련에 많은 응원과 격려 부탁드려요.

16 원에서 처음으로 낮잠을 잤어요.

이랑쌤

○○어머니~

우리 ○○가 처음으로 원에서 낮잠을 잤습니다.

낮잠을 자기 전에 조용한 음악을 들려주고 보내 주신 이불을 미리 준비해 두어 잠자는 분위기를 조성하면서 불안감을 줄이도록 하였습니다. 처음이라 어색해서 잠이 드는 데 시간이 ○○분 정도 소요되었지만 내일은 더 나아질 것이니 염려하지 않으셔도 됩니다.

낮잠 시간은 ○시간 정도였고 잘 자고 일어나니 기분이 좋아 오후 활동에도 적극적으로 참여하였답니다. 침구는 매주 금요일 세탁을 위해 가정으로 보내 드리도록 하겠습니다.

예은쌤

오늘은 ○○가 원에서 낮잠을 처음 시도했습니다.

처음에는 조금 불안한 듯 보였으나 제가 ○○ 옆에서 토닥여 주니 금세 잠이 들었습니다. 낮잠을 통해 ○○의 컨디션이 더욱 좋아져 오후 활동의 질이 더 높아졌습니다. 가정에서도 평소와 같은 패턴으로 수면 교육을 해 주세요. 내일도 편안한 마음으로 낮잠을 시도할 수 있도록 노력하겠습니다.

오늘 거부감 없이 잘 노력해 준 ○○에게 칭찬 많이 해 주세요!

별밤쌤

안녕하세요. ○○어머니

오늘 ○○가 원에서 낮잠 자는 첫 번째 날이었습니다. 걱정 반 기대 반으로 기다리고 계셨지요?

오늘 점심식사 후 양치도 깨끗하게 하고, 잠시 휴식한 뒤 자기 이불에 누웠어요. ○○가 이전에도 사용하던 이불이어서 그랬는지 베개에 얼굴을 부비며 행복한 웃음을 지었습니다. 어린이집에서 낮잠은 처음이라 이불에 누워 예쁜 두 눈으로 두리번거리다가 피곤했는지 금세 꿈나라로 떠났답니다.

낮잠은 ○○분 정도 잤고, 일어나서는 간식도 맛있게 먹고 즐거운 오후 시간을 보냈습니다. 오늘 보내 주신 낮잠이불은 매주 금요일에 가정으로 보내 드리니 깨끗하게 세탁하신 뒤 매주 월요일에 보내 주세요.

내일도 행복한 하루를 위해 오늘도 푹 재워 주시고, 어린이집에 대한 기대감을 가질 수 있도록 긍정적인 상호작용도 부탁드립니다.

17 개인사정으로 인한 중도퇴사 시 인사말

이랑쌤

○○어머니~

○○반 담임교사 ○○○입니다.

제 개인사정으로 인하여 ○월 ○일로 퇴사를 하게 되었습니다.

○○년도 교육과정을 함께 수료(졸업)하지 못하게 되어 죄송한 마음이
큽니다. 새로운 담임교사분께서 남은 기간 동안 더 잘 이끌어 나가실
수 있도록 제가 할 수 있는 모든 노력을 기울이겠습니다.

그동안 보내 주신 믿음과 응원에 감사드립니다.

예은쌤

안녕하세요.

그동안 ○○반을 맡은 담임 ○○○입니다.

새 학기를 시작하며 많은 기대와 설렘으로 이번 년도는 더욱 알차게 이
끌어야지라는 마음을 가졌습니다. 아이들과 지내는 시간이 너무 즐거
웠고 주말이 되면 아이들이 보고 싶어 월요일을 기다리는 날이 많았습
니다. 하지만 저의 의지와는 다르게 건강상의 문제로 일에 집중하기가
어려워졌고 부득이하게 퇴사를 결정하게 되었습니다.

이번 년도는 아이들의 졸업까지 마무리하고 싶었지만 도저히 건강이

허락하지 않아 이렇게 된 점 죄송하게 생각합니다. 아이들에게 피해가 가지 않도록 인계 부분을 철저히 하도록 하겠습니다.

그동안 협조해 주시고 믿고 보내 주셔서 진심으로 감사했습니다.

별밤쌤

○○○ 학부모님. 안녕하세요?

○○반 담임교사 ○○○입니다.

우리 ○○반 친구들과 만난 지 ○개월이 지나며 매일 새롭고 즐거운 일들로 ○○반은 행복한 웃음이 끊이지 않았습니다. 사랑스러운 ○○반 친구들을 바라보고 있노라면 웃음이 절로 나며 제 마음에도 행복의 싹이 올라 하루가 다르게 무럭무럭 자랐습니다.

하지만 개인사정으로 인해 ○○반 친구들과 더 이상 함께하지 못하고 ○월 ○일로 퇴사하게 되었습니다. 학부모님께서 보여 주신 깊은 신뢰와 아이들의 사랑에 보답하지 못하고 떠나게 되어 죄송한 마음뿐입니다.

○월 ○일부터 ○월 ○일까지 새로운 담임선생님과 함께 적응 기간을 가지며 아이들이 남은 시간을 더욱 행복하고 알차게 보낼 수 있도록 노력하겠습니다.

그동안 응원해 주시고 함께해 주셔서 감사합니다.

18 중도입사 인사말

이랑쌤

반갑습니다.

○○의 담임교사 ○○○입니다.

○월 ○일부터 새롭게 ○○반의 담임을 맡게 되어 너무나 기쁘고 설렙니다.

저와 함께하는 기간 동안 우리 ○○가 더 행복하고 즐겁게 지낼 수 있도록 최선의 노력을 하겠습니다. 믿고 맡겨 주신 믿음을 ○○에 대한 애정과 사랑으로 보답드리겠습니다. ○○와 많은 이야기를 나누어 유대감과 신뢰감이 잘 형성되도록 노력하겠습니다.

감사합니다.

....

예은쌤

안녕하세요.

오늘부터 ○○반을 맡게 된 담임교사 ○○○입니다.

중간에 합류하여 우리 아이들이 혼동되고 긴장될 거라고 생각합니다. 아이들의 마음을 헤아려 주고 이해하며 남은 시간 동안 행복하게 지내겠습니다.

아이의 특성이나 제가 급히 알아야 할 사항들이 있으면 알려 주세요.

아이들과 소통하며 낯설지 않은 친근한 담임으로 다가가겠습니다.

남은 기간 동안 마지막 퍼즐을 완성하기 위해 더욱더 노력하는 학부모님과 담임교사의 관계가 되길 바랍니다.

감사합니다!

....

별밤쌤

안녕하세요.

○월부터 ○○반의 담임을 맡게 된 ○○○입니다.

녹음이 푸른 여름날 우리 ○○반 친구들을 만나게 되어 봄날의 간지러운 마음처럼 설레고 하루빨리 아이들을 만나길 기다려 왔습니다.

예쁜 아이들과 매일매일 소중한 추억을 쌓을 수 있다는 생각에 강한 책임감을 느끼고 있습니다. 매일이 소중한 우리 아이들에게 넘치는 사랑고루 나누어 행복한 ○○반이 되도록 하겠습니다.

믿고 맡겨 주심에 감사합니다.

Level 4

알고 있으면
도움이 되는
상식 Q&A

아이들을 사랑하고 함께하고 싶은 마음으로 열심히 노력해서 자격증을 취득하였습니다. 그리고 드디어 아이들의 선생님으로 즐겁게 근무를 하는데 예상하지 못한 문제가 발생하였습니다.

선생님이니 아이들만 안전하게 잘 보살피고 교육하면 될 줄 알았는데 당황스러워 어찌할 바를 모르겠습니다. 이럴 경우 어떻게 해야 하나요?

원장님과 보호자, 동료교사 많은 분들과의 관계에서 발생할 수 있는 여러 가지 문제 상황을 몇 가지 Q&A 사례를 통해 살펴보며 문제가 발생하지 않도록 사전에 예방하고, 대응하는 방법을 알아보겠습니다.

퇴사를 못하게 해요.

원장님의 운영방침이 저랑 맞지 않아 퇴사하겠다고 말씀을 드리니 후임자를 구하기 전까지는 절대로 퇴사를 시켜줄 수 없다고 합니다. 원장님이 안 된다고 하면 퇴사를 하지 못하나요?

근로자에게는 엄연히 이직의 자유가 있습니다. 선생님께서 퇴직 희망일 1개월 전에 퇴사 의사를 표시하고 근로자로서 인수인계 등의 소임을 다한다면 선생님의 의무는 다한 셈입니다. 선생님께서 퇴사 의사를 밝힌 시점부터 후임자를 구하는 부분은 원장님(사업주)의 역할이며 이 기간 이후에 후임을 채용하지 못하거나 인수인계가 안 된 부분에 대한 책임은 시설장(원장님)의 몫입니다.

차후라도 이로 인한 문제가 발생하지 않도록 가급적 서면으로 퇴직 의사를 정확하게 전달하기 바라며, 다툼의 여지가 있는 부분들이 조금이라도 있다면 증거가 될 수 있는 자료들(녹취, 서면자료 등)을 잘 챙겨두길 바랍니다.

사업장에서 4대보험을 미납하고 있어요.

집으로 4대보험 체납통지서가 날아왔어요. 분명히 월급을 받을 때는 근로자부담의 4대보험 금액을 제외하고 수령했는데 말이죠. 말씀을 드려도 납부할 거라고만 하고 아직 납부를 안 하고 계세요. 사업장에서 계속 납부를 안 하면 신고하고 싶은데 절차가 어떻게 되나요?

해당 건은 4대보험 공단에 민원을 넣어 조사를 요청하면 됩니다. 체납금액과 고의성 여부에 따라 시설장(원장님)이 처벌받을 수도 있습니다. 다만 이런 건으로 소송을 생각하는 분들도 있는데 소송을 진행한다 하더라도 원의 상황이 어려워서 그런 경우라면 사실상 소송에서 이겨도 체납금액을 받아내기 힘들 수 있습니다.

저 때문에 원아가 퇴소했다고 손해배상청구를 한다고 해요.

제가 ㄱ어린이집을 퇴사하고 ㄴ어린이집으로 이직하면서 저희 반 학부모님께 퇴사인사차 전화를 드렸어요. 그런데 몇 분 어머니께서 제가 그만둔다고 어린이집을 퇴소하고 제가 이직하는 원으로 입소를 하신다고 합니다. 퇴사하는 원의 원장님께서 이 사실을 아시고 저랑 통화한 후에 아이들이 퇴소한 것이므로 손해배상청구 소송을 하겠다고 합니다. 이런 경우 제가 원에 손해를 입힌 것이 맞나요?

해당 건은 손해배상이라는 개념 자체가 성립되지 않는 건입니다. 물론 다른 사유나 핑계를 들어 원장님이 손해배상청구 소송을 할 수도 있겠지만 선생님께서 민·형사상 중대한 과실이 있는 경우를 제외하면 원장님이 승소할 가능성도 거의 없거니와 현실적으로 배상비용보다 소송에 들어가는 비용과 시간 등이 더 부담되기 때문에 실제 소송을 진행하기는 어려울 겁니다.

아마 원장님께서 선생님들께 부담을 주고자 일부러 그렇게 말하는 것 같은데 사안이나 표현에 따라서는 오히려 원장님이 협박죄가 성립될 수도 있고 실제 고소나 소송 시 무고죄가 될 수도 있으니 선생님께서도 기죽지 말고 당당하게 대처하길 바랍니다.

비용의 일부를 부담하라고 해요.

저희 반 아이가 제가 잠시 교실을 비운 사이에 새로 도배한 교실 한쪽 벽면에 낙서를 했어요. 원장님께서 제가 자리를 비운 사이에 일어난 일이라 저의 책임도 있으니 도배비용을 일부 부담하라고 합니다. 제가 이 비용을 부담해야 하는 것이 맞나요?

선생님께서 비용을 부담할 의무는 전혀 없습니다. 선생님이 고의성을 가지고 원에 재산상 피해를 끼쳤거나 아이들을 종용해서 손실을 끼친 거라면 배상의 책임이 따를 수 있으나 위의 사유는 이러한 경우에 해당하지 않기 때문입니다.

원장님께서 계속해서 비용부담을 강요할 경우 우선 구두상으로 잘 협의해 보고, 그럼에도 부당한 요구를 계속한다면 법적인 근거를 가지고 청구하라고 요청하면 될 것 같습니다. 만약 선생님과의 협의 혹은 동의 없이 급여에서 해당 비용을 차감하는 경우에는 관할 노동청에 신고하면 됩니다.

비슷한 사례로 컴퓨터를 사용하다가 교사가 고장 냈다고 수리비를 대신 내라고 하는 경우도 있습니다. 이런 경우도 교사의 고의적인 행동으로 인해 고장 난 게 아니라면 교사가 수리비를 내야 할 의무는 없습니다.

CCTV로 교사들을 감시해요.

어린이집에 설치한 CCTV로 원장님이 교사들을 감시합니다. 아동학대 방지용으로 설치한 CCTV를 다른 용도로 사용해도 되는지요? 사생활 침해 같은데 제시할 만한 기준이 있을까요?

CCTV를 교사에 대한 감시 목적으로 사용한다거나 사생활을 침해하는 부분은 당연히 잘못된 것입니다. 다만 이런 부분들이 법적으로 해결점을 찾는다고 해도 교사들에게 일방적으로 유리하다고 보기는 어렵습니다. 왜냐하면 교사에 대한 감시의 목적으로 봤는지 아동학대 방지 차원에서 봤는지를 분명하게 구분하기가 어렵기 때문입니다. 교사가 느끼기엔 분명 감시 혹은 사생활 침해라 하더라도 원장님이 이를 아동학대 방지 차원에서 봤다고 하면 교사들의 피해 사실에 대해 정확히 증빙할 만한 객관적인 증거자료를 대기가 어렵기 때문입니다.

이런 상황이 발생한다면 현실적으로 교사들이 원장님께 부당함을 얘기하기가 쉽진 않겠지만 교사의 감시나 사생활 침해의 소지가 있다면 이에 대한 이의 제기를 하고 지나칠 경우 법적으로 문제가 될 수 있음을 말씀드리는 것이 좋을 것 같습니다.

보호자가 아동학대 의심이 아닌 호기심으로 CCTV 열람을 하려고 해요.

저희 반 아이의 보호자가 자녀가 어떻게 생활하는지 궁금하다며 어린이집 CCTV 열람을 요청합니다. 원장님께서는 공개하지 않으면 좋지 않은 소문이 날 수도 있으니 그냥 보여 주자고 합니다. 저는 아동학대를 한 일이 없으므로 동의하고 싶지 않습니다. 단순한 궁금증으로 열람을 요청할 때 거절할 근거는 없나요?

원 내 CCTV 열람에 관한 법령은 영유아보육법을 근거로 합니다. 시설장은 CCTV를 설치하여 60일 이상 보관할 의무가 있으며 영유아보육법 제15조의 5항에 따라 보호자가 열람요청서를 작성 및 제출하면 특별한 사정이 없는 경우 시설장은 이에 대해 10일 이내에 열람 일시 등을 기재하여 회신해야 합니다.

자세한 사항은 보건복지부 장관이 정한 '어린이집 영상정보처리기기 설치/운영 가이드라인'에서 규정하고 있습니다. 열람 사유는 아동학대나 안전사고로 신체적 또는 정신적 피해를 입었다고 의심되는 경우입니다. 따라서 원장님께서 열람을 거부하려면 아래의 2가지 사유 중 하나에 해당해야 합니다.

- 영상 보관기간이 경과하여 파기한 경우(60일)
- 어린이집 운영위원장이 피해의 정도, 사생활 침해 등 제반 사항을 고려하여 열람을 거부하는 것이 영유아의 이익에 부합한다고 판단하는 경우

맘카페에 악의적인 소문을 내는데 명예훼손으로 고소 가능할까요?

지역 맘카페에 저희 원을 비방하는 글을 올리는 사람이 있습니다. 사실과는 전혀 다른 내용으로 악의적인 소문을 퍼트리고 있습니다. 카페에 연락해도 카페 운영자는 본인과는 상관없으니 알아서 하라고 합니다. 지역 맘카페라 조금만 검색해 보면 저희 원인 것을 알 수도 있고, 댓글을 보니 쪽지로 알려 주는 것 같습니다. 이런 경우 명예훼손으로 신고 가능할까요? 가능하다면 증거자료로 무엇을 수집해야 하나요? 처벌의 수위는 어느 정도까지 가능할까요?

명예훼손으로 고소가 가능합니다. 악의적이 아니라 실제 사실을 기반으로 한 경우에도 사실적시에 의한 명예훼손으로 고소가 가능하며

상황에 따라서는 영업방해죄에도 해당될 수 있습니다.

증거자료로 인터넷에 실제 올라온 글과 작성자의 아이디를 반드시 캡처해 두어야 하며 해당 사항을 카페 회원들에게 쪽지나 채팅 등으로 알려 주고 있다면 다른 아이디로 이러한 쪽지나 채팅 등을 받아 보고 이를 캡처해서 증거자료로 삼을 수도 있습니다.

처벌 수위는 피해 정도에 따라 달라질 수 있는데 보통은 벌금형이고 중대한 경우 2년 이하의 징역까지도 가능합니다. 벌금형이라 하더라도 범죄 전과가 남으니 이러한 부분을 참고해서 우선 원만하게 해결점을 찾아보고 필요한 경우 법의 도움을 받길 바랍니다.

퇴사한 원의 원장님이 취업을 방해해요.

근무했던 원에서 퇴사를 했습니다. 새로 취업을 하려고 이력서를 여기저기 제출했는데 면접을 보자는 곳이 없더라고요. 알고 보니 퇴사한 원의 원장님이 제 평판을 좋지 않게 말하면서 취업을 방해하고 있었습니다. 이런 식으로 취업을 방해하는 것은 법적으로 문제가 되는 것 아닌가요?

근로기준법상 취업을 방해하는 행위는 5년 이하의 징역 또는 3,000만 원 이하의 벌금형에 처해질 수 있습니다. 우선 취업방해 행위를 객관적으로 입증할 수 있는 자료들을 최대한 수집해서 지참 후 관할 노동청에 신고하면 처벌할 수 있습니다. 고의적인 취업방해 행위가 입증되고 그에 따른 경제적 손실이 발행했다면 손해배상청구도 가능하니 원장님께 위법한 부분들에 대해 말씀드리고 원만히 해결하길 바랍니다.

자발적으로 퇴사한 교사가 실업급여를 받게 해 달라고 졸라요.

오랫동안 함께 근무한 교사가 개인사정으로 퇴사를 하면서 권고사직으로 처리해서 실업급여를 받게 해 달라고 자꾸 조릅니다. 안 된다고 하니 서운해합니다. 실업급여 지급대상자가 아닌데 허위로 실업급여를 받게 해 주었을 경우 사업장에는 어떤 불이익이 발생할까요?

최근 현장에서 빈번하게 발생되는 사안입니다. 이직확인서를 거짓으로 작성할 경우 위반횟수에 따라 시설에 100~300만 원의 과태료가 부과됩니다. 그 밖에도 부정수급자에 대해서는 3년 이하 징역 또는 3,000만 원 이하의 벌금이 부과되고, 공모형 부정수급의 경우 최대 5년 이하 징역 또는 5,000만 원 이하의 벌금이 부과됩니다. 거짓으로 할 경우 해당 교사나 시설장 모두 무거운 처벌을 받을 수 있으니 법에서 정한 대로 원리원칙에 따라 처리하길 바랍니다.

동료교사가 아동을 학대하는 것을 목격했어요.

옆 반 교실을 지나치다가 동료교사가 아동을 학대하는 장면을 목격했습니다. 친한 동료라서 신고를 하기가 망설여집니다. 저는 아동학대 신고의무자인데 신고를 하지 않으면 같이 처벌을 받게 되나요?

우선 학대를 한 당사자는 아동학대 신고의무자임에도 학대행위를 했으므로 일반적인 아동학대범죄의 정해진 처벌보다 2분의 1까지 가중한 처벌을 받게 돼 있습니다. 신고의무자임에도 행위를 목격하고 방관한 경우에도 벌금형의 처분을 받게 됩니다. 친한 동료라서 여러 가지 생각으로 머리가 복잡할 수도 있고 이성적인 판단이 힘들 수도 있겠지만 직업적 본분과 아동학대 신고의무자라는 책임감을 고려해 현명한 판단을 하길 바랍니다.

원장님이 다른 교사들 앞에서 저를 비하하는 발언을 해요.

원장님이 교사회의 때 다른 동료교사들 앞에서 저를 비웃고 조롱하는 말을 합니다. 더 이상 참고 있을 수가 없습니다. 이렇듯 교사회의 같은 자리에서 개인에게 수치심을 주는 발언을 하는 것이 모욕죄에 해당하지 않나요? 소송을 할 생각은 없지만 그냥 넘어가면 안 될 것 같아요.

본 사항은 모욕죄 이전에 업무 또는 관계상 우위를 이용하여 업무상 적정범위를 넘어 근로자에게 정신적 혹은 신체적 스트레스를 주거나 근무 환경을 악화시키는 행위로 직장 내 괴롭힘에 해당됩니다. 아직까지 법령에 정한 처벌조항은 없지만 노동청에 진정을 넣으면 사실관계를 확인해 취업규칙 개정 등 시설장에게 괴롭힘 방지를 위한 적정조치를 취하라고 할 것입니다. 그 밖에 발언의 수위나 내용에 따라 모욕죄가 성립될 수도 있으며 이런 경우 벌금형으로 처벌 및 민사상 위자료 청구까지도 가능하니 참고하기 바랍니다.

12 Q 가끔 어린이집 업무로 제 차량을 이용하자고 해요.

원장님이 가끔 원의 아동을 병원에 데리고 갈 일이 있으면 제 차량을 이용하자고 합니다. 제 개인차량이라 카시트도 없는데 혹시 접촉사고가 나서 아이가 다칠까 걱정입니다. 제가 거절했지만 원장님의 강압적인 요구로 인해 차량을 운행했을 경우 만약 사고가 발생하면 저에게도 책임이 있을까요? 제가 거절하고 원장님이 강요한 내용의 카톡은 많이 저장되어 있습니다. 법률적으로 알려주시면 원장님께 해당 근거를 들어 안 된다고 정확히 말씀드리려고요.

원장님의 강요에 의한 행위라 하더라도 사고가 발생했을 때 혹은 카시트 미착용으로 인한 벌금 등이 발생했을 때의 책임은 운전한 당사자에게 있습니다. 물론 사고가 없어야 하겠지만 혹여 사고가 발생한다면 이로 인한 민·형사상 모든 책임을 운전자가 지게 되니 이 부분을 정확하게 말씀하고 거절하는 것이 현명할 것 같습니다. 추후 원장님의 강요에 대한 부분이 참작은 될 수 있겠지만 그런다고 선생님의 책임이 없어지는 건 아닙니다.

직장에서 따돌림을 당하고 있어요.

저는 새로 입사한 교사이고 다른 분들은 기존에 함께 근무하는 교사들입니다. 제가 없는 자리에서 저에 대해 좋지 않은 이야기를 하는 것을 지나가면서 들은 적이 자주 있습니다. 처음에는 그러려니 했는데 시간이 지날수록 화가 나서 참고 싶지 않습니다. 직장 내 괴롭힘 금지법에 대해 알려 주세요. 신고절차와 처벌규정에 대해서도 알고 싶습니다.

직장 내 괴롭힘 금지법이 성립되기 위해서는 다음 3가지 내용이 충족돼야 합니다.

첫째는 직장에서의 지위 혹은 관계 등의 우위를 이용하는 것, 둘째는 업무상 적정 범위를 넘는 행위, 셋째는 신체적·정신적 고통을 주거나 근무 환경을 악화시키는 행위입니다.

이런 이유로 따돌림 행위도 엄연히 직장 내 괴롭힘에 해당됩니다. 우선 관할 노동청에 신고하면 가해자는 적법한 절차에 따라 조사를 받을 의무가 있고 시설장은 피해자의 의견을 듣고 근무 장소 변경 혹은 유급휴가 명령, 인사위원회를 통한 가해자의 징계처분 등의 조치를 할 수 있습니다. 신고했다는 이유로 피해자에게 불이익이나 해고를 하는 경우 시설장에게도 불이익이 따른다는 점을 참고하기 바랍니다.

다만 현재 가해자에 대한 형사적인 처분은 제도화되지 않았으며 2년 이하의 징역 혹은 벌금을 부과하게끔 국회에 발의된 상태입니다.

Q14 입사 시 경력을 거짓으로 기재했다고 해고통보를 받았어요.

제가 중도에 퇴사한 경력이 있는데 취업 시 방해가 될까 봐 일부러 기재를 하지 않았고 면접 시에도 따로 말씀을 드리지 않았습니다. 합격을 해서 근무 중인데 경력증명서를 제출하면서 경력을 속인 것을 원장님께서 아시고는 거짓 이력서를 제출한 것이므로 퇴사를 하라고 합니다. 이런 사유로 해고해도 되나요?

입사 서류에서 근로자에게 경력 등을 정확하게 기재한 이력서를 제출하게 하는 것은 노동력 평가 외에 노사 간의 신뢰관계 설정이나 유지 안정을 도모하고자 하는 목적이 있습니다. 만약 이러한 부분들이 사전에 발각됐다면 시설장(원장님)은 고용계약을 체결하지 않았거나 적어도 동일조건으로는 계약을 체결하지 않았을 사유로 인정되는 정도의 것이라면 징계해고 사유에 해당됩니다.

보육교사인데 개인사업자 등록이 가능할까요?

현재 보육교사로 근무 중이라 4대보험에 가입돼 있는데 남편이 사업을 시작하면서 제 명의로 사업자등록을 내려고 합니다. 4대보험이 가입되어 있는 보육교사로 근무하면서 개인사업자 등록이 가능한가요? 어린이집에서 권고사직으로 인해 퇴사를 하게 되면 실업급여 대상자인데 개인사업자로 등록되어 있으면 실업급여를 받을 수 있나요?

해당 부분은 원 내 비치된 업무(근로) 규정이나 근로계약서를 참고하기 바랍니다. 해당 문서상에 겸직 금지나 개인사업 운영 금지 등에 대한 조항이 있다면 규정 위반으로 해고 사유가 될 수 있습니다. 다만 겸직 금지 혹은 개인사업 운영 금지에 대한 조항이 없거나 조항이 있더라도 시설장의 허가를 얻은 경우라면 문제가 되지 않습니다. 개인사업자 운영 시에는 실업급여 수급 대상에서 제외되니 참고 바랍니다.

오전 보조교사인데 오후에 아르바이트를 하려고 해요.

4대보험에 가입되어 있고 오전 9시~오후 1시 30분까지 근무를 하는 보조교사입니다. 시간적 여유가 있어 오후에 아르바이트를 하려고 하는데 이곳도 4대보험 가입 사업장이라고 합니다. 이럴 경우 4대보험이 이중으로 가입이 가능한가요?

4대보험은 고용보험을 제외하고 이중가입이 가능합니다. 고용보험의 경우 급여가 많은 사업장을 기준으로 가입됩니다. 다만 각 원들의 업무(근로) 규정이나 근로계약서 상에 겸직 금지 조항이 있을 수도 있으며 해당 조항이 명시된 경우 해고 사유가 될 수도 있습니다. 이런 경우 해당 시설장님과 얘기해서 허가를 얻은 후 겸직하길 바랍니다.

실업급여 기간이 부족해요.

이번에 권고사직으로 퇴사하였습니다. 이곳에서의 근무 기간은 5개월이라 고용보험 가입 일수가 부족합니다. 이전 직장에서는 2년을 근무하였는데 고용보험 가입일수를 합산하면 실업급여를 받을 수 있을 것 같은데 기간 합산이 가능한가요? 가능하다면 필요한 서류는 무엇인가요?

기간 합산이 가능하며, 이를 통해 실업급여를 수급할 수 있습니다. 필요한 서류는 고용보험 상실신고서와 이직확인서입니다.

월급의 일부를 돌려 달라고 해요.(페이백)

원아가 퇴소하여 원 운영이 어렵다고 근무 시간을 줄이고 축소된 시간만큼 지급된 월급에서 돌려 달라고 합니다. 불법인 것은 아는데 저도 빨리 퇴근하고 싶어서 동의하고 싶네요. 혹시 적발되면 교사에게 어떤 불이익이 있나요? 원장님과 어린이집의 처벌 내용은 무엇인가요?

선생님의 급여 안에 국가 혹은 지자체에서 지원되는 지원금이 포함돼 있다면 페이백 행위는 결국 이를 부정 수급해서 원장님과 선생님이 이득을 취하는 것이기 때문에 보조금 횡령 및 형법상 사기죄에 해당됩니다. 이를 통해 원장님이나 선생님 모두 페이백된 금액에 준하게 형사처벌 대상이 될 수 있으며 자격증 박탈 및 취업금지 등의 불이익을 받을 수도 있으므로 주의하기 바랍니다.

연말정산환급금을 지급해 주지 않아요.

연말정산환급금이 있는 것을 확인하고 환급해 달라고 했는데 돌려주지 않습니다. 근거를 제시하면서 요구하려고 합니다. 제가 준비해야 할 자료와 신고절차를 알려 주세요.

근로소득 지급명세서상의 환급세액을 입금받지 못했다면 근로소득 원천징수영수증을 첨부하여 원장님께 지급 요청을 하면 됩니다. 다만 원장님이 고의로 지급하지 않는다면 관할 노동청에 신고하고 지급받을 수 있습니다.

퇴직금을 지급해 주지 않아요.

퇴사한 지 거의 한 달이 지났는데 아직도 퇴직금을 지급해 주지 않고 있습니다. 퇴직금을 지급하지 않을 때 어떻게 하면 되나요?

퇴직금 지급기한은 공휴일 포함 14일입니다. 해당 기간 내에 퇴직금을 받지 못했다면 고용노동부 홈페이지 → 민원 → 민원신청 → 임금체불진정서 메뉴를 통해 접수하면 됩니다. 고용노동부에서 조사 후 퇴직금 미지급 사실이 확인되면 회사에 지급명령을 내리고 따르지 않는 경우 사업주는 처벌을 받게 됩니다. 다만 고용노동부에서는 지급명령만 내릴 뿐 퇴직금을 대신 받아 주는 건 아니기 때문에 결국 원장님이 지급을 해 줘야 사건이 종결됩니다. 처벌을 받는데도 불구하고 지급하지 않을 경우 민사소송을 통해 지급을 받아야 합니다.

퇴사한 교사가 업무를 다 마무리하지 않았어요.

한 해 서류를 정리하면서 확인을 해 보니 1주일 전에 퇴사한 교사가 담당서류를 마무리하지 않은 것을 발견했습니다. 연락을 하여 서류를 다 마무리해 달라고 요청하였더니 퇴사했으니 할 필요가 없다고 합니다. 근무 중에 했어야 할 본인 업무인데 퇴사했다고 책임을 회피합니다. 이럴 경우 조치를 취할 방법은 없나요?

현장에서 자주 접하는 경우이긴 하나 해당 교사가 퇴사하기 전에 원에서도 제대로 인수인계 과정에서 확인하지 못한 만큼 법적인 책임이나 별다른 조치를 요구하는 데는 무리가 있습니다. 꼭 퇴사한 교사분만이 해결해 줄 수 있는 업무라면 연락을 취해 원만한 해결점을 찾는 게 좋을 것 같습니다.

모든 서류를 저장해 놓으라고 해요.

원장님이 제가 근무하는 동안 작성한 모든 서류 일체를 어린이집 컴퓨터에 빠짐없이 저장해 놓으라고 합니다. 원에서 보관해야 하는 서류를 제외하고는 저장해 두고 싶지 않습니다. 제가 근무하는 동안 만든 서류인데 왜 남겨 놓아야 하는지 이해가 되지 않습니다. 원장님은 작성은 제가 했지만 어린이집 업무의 일부이므로 저장해 두라고 하는데 맞는 말인가요?

근무하는 동안 작성된 서류들은 급여라는 대가를 받고 진행된 업무의 연장이므로 원장님의 지시가 부당하다고 보기는 어렵습니다. 다만 개인적으로 원활한 수업 준비를 위해 업무 시간 외에 별도로 준비한 자료나 개인적으로 구비한 자료 등에 대해서는 원장님이 강제할 수 없습니다.

동료교사가 제 개인 자료를 몰래 저장했어요.

노트북으로 작업을 하다가 잠시 자리를 비운 사이에 동료
교사가 저장되어 있는 제 서류와 활동지 및 여러 가지 자
료를 제 동의 없이 본인의 USB에 저장했어요. 돌아와 보
니 USB로 제 자료들이 복사되고 있더라고요. 삭제를 요구했지만 사과
만 하고 자료는 삭제하지 않았어요. 열심히 모으고 작성한 자료들인데
너무 화가 납니다. 삭제를 요구할 정확한 근거가 필요합니다.

선생님의 개인적인 자료를 허가받지 않고 무단으로 복사해서 편취
했다면 절도죄로 처벌받을 수 있습니다. 증거자료(CCTV 영상 등)를 근
거로 명확한 조치를 요청하고 이에 따른 합당한 조치가 없다면 경찰에
수사 의뢰도 가능한 건이니 이런 부분 잘 말씀하셔서 원만하게 처리하
기 바랍니다.

귀가 시 미성년자인 형제 자매가 데리러 와요.

귀가동의서에는 보호자가 데리러 오는 것으로 되어 있는
데 자꾸 미성년자인 초등학생 형이나 중학생 누나가 데리
러 옵니다. 보호자에게 전화드리니 그냥 형이나 누나에게
아이를 인계하라고 하는데 귀가하다가 사고가 날까 봐 걱정입니다. 보
호자의 거듭된 요청으로 미성년자와 귀가시키다가 문제가 생기게 되
면 원에도 책임이 발생할 텐데 어떤 책임이 따를까요? 추가로 보호자

에게 받아 둬야 할 서류가 있을까요?

이 사안에 대해 명확하게 법으로 명시된 부분은 없으나 만약 이로 인한 문제가 발생된다면 시설장 혹은 담당교사는 업무상 과실로 손해배상 및 처벌이 따를 것으로 예상됩니다. 이에 대한 책임을 최소화하기 위해서는 보호자에게 서면이나 구두상으로 이로 인한 문제 발생 시 시설이나 담당교사는 책임을 질 수 없다는 점을 분명히 전달하고 혹시 모를 상황에 대비해 반드시 증거(녹취 혹은 대화내용 캡처)를 남겨 놓길 바랍니다. 추가적으로 귀가동의서 외에 인계동의서를 한 장 더 받아 두면 도움이 될 것 같습니다.

근로계약서 작성 시 꼭 확인해야 할 사항이 있나요?

초임교사입니다. 이제 근로계약서를 작성하게 됩니다. 근로계약서 작성 시 특별히 잘 살펴보아야 하는 사항이 있을까요? 또 꼭 기재해야 하거나 추가하면 좋은 내용은 무엇이 있을까요?

근로계약서 작성 시 필수 기재사항은 입사일, 출근 시각, 퇴근 시간, 식사 및 휴게 시간, 임금(월 임금, 하루 일당)입니다. 이 내용들이 원장님께서 약속한 부분과 다름없이 기재돼 있는지 잘 확인해 보기 바랍니다. 특히 입사일 같은 경우 1일 차이로도 나중에 퇴직금을 못 받는 상황이 생기거나 시시비비를 가려야 하는 상황이 발생될 수 있으니 잘 살펴보기 바랍니다. 위의 내용들 외에 특약사항이 들어갈 수도 있는데 특약사항 중에 선생님께 일방적으로 불리하게 작성된 내용이 있다면 반드시 짚고 넘어가야 합니다. 간혹 말도 안 되는 피해보상 규정이라든가 동종업계 이직 금지 조항들을 넣는 경우가 있는데 이런 경우는 명백한 위법사항입니다.

교사가 어린이집 사진을 맘카페에 올렸어요.

26
Q

가정어린이집을 운영하고 있는 원장입니다. 교사가 어린이집의 식단과 활동사진을 맘카페에 올렸어요. 부실 식단도 아니고 문제가 있는 것은 아니라 상관은 없지만 제 동의 없이 어린이집 사진을 올리는 것은 문제가 있다고 생각합니다. 차후 이런 일이 발생하지 않도록 주의를 주고 싶습니다. 복무규정 조항으로 추가하고 싶은데 어떤 법률적인 조항을 참고하면 될까요?

사안 자체가 법률적인 조항을 근거로 하기에 다소 모호한 부분이 있습니다. 다만 근로자에게도 사업장(원)에 대한 보안 유지의 의무가 있으므로 보안서약서를 작성하고 그 내용 안에 원에서 근무하면서 취득한 정보나 사진 등을 외부로 유출 시 민·형사상 책임이 따를 수 있다는 부분을 명시하고 주의를 주는 게 좋을 것 같습니다.

아동학대 발생 시 원장님이 신고하면 어떻게 되나요?

아동학대를 발견하고 원장님이 교사를 신고하면 원장님은 처벌되지 않나요?

아동학대 발생 시 민·형사상 처벌과 별개로 원장 및 보육교사 자격정지, 자격취소 처분이 있습니다. 사안에 대해 어느 정도의 참작은 되겠지만 책임을 피하기는 어려울 것으로 보입니다. 이 때문에 상황을 알면서도 적극적으로 신고하기가 망설여지는 부분도 있을 거라 생각합니다. 다만 이를 사전에 알면서도 계속적으로 방치했다가 사건이 발생한다면 행정처분 외에도 민·형사상 책임의 범위와 처벌의 수위가 훨씬 높아지기 때문에 이러한 상황에 처한다면 적극적으로 신고하는 자세가 필요합니다.

근무 중에 상해사고가 발생했어요.

어린이집 근무 중 아이가 갑자기 달려와 안기는 바람에 넘어지면 허리를 다쳤습니다. 제가 병원비를 결제하면서 치료 중인데 치료비에 대해 원장님이 아무 말씀을 하지 않으십니다. 계속 치료를 받아야 해서 어린이집에 치료비를 청구하려고 합니다. 근무 중 발생한 상해에 대한 산재보험처리에 대해 알고 싶습니다.

어린이집 업무로 인하여 질병이나 상해가 발생한 부분이 입증된다면 산재 처리가 가능합니다. 다만 산재 진행은 시설이나 고용주가 아닌 본인이 진행하는 것이 원칙이며 시설이나 고용주는 조력의 의무만 있습니다. 이런 상황을 혼자 대처하기 어렵다면 변호사 혹은 공인노무사를 통해 대리할 것을 추천합니다.

산재 승인을 받기 위해서는 시설장 및 동료의 도움이 있어야 유리한데 만일 비협조가 예상된다면 성급하게 진행하기보다 사전에 유리한 근거 및 자료 확보 등을 통해 전문가와 상의하기 바랍니다.

추가적으로 산재 승인 시 혜택은 ① 소정의 치료비, ② 산재기간 중 취업할 수 없을 것으로 인정되는 기간에 대하여 평균임금의 70%에 달하는 휴업급여, ③ 잔존 장해에 대한 장해급여, ④ 재발 시 재요양 등의 혜택을 근로복지공단으로부터 받을 수 있습니다.

참고로 산재기간은 근속기간에 포함되며, 동 기간 중에는 해고처분이 금지되어 있으므로 무리하게 복귀할 필요 없이 치료에만 전념할 수 있고, 만일 산재로 인정되지 않는다면 건강보험으로의 처리가 가능합니다.

안전사고 발생 시 교사의 책임은 어디까지인가요?

아이가 교실에서 뛰다가 넘어지면서 눈썹이 찢어지는 안전사고가 발생했습니다. 어린이집 보험으로 치료를 하였는데 보호자가 차후 흉터 제거에 필요한 성형비와 정신적인 피해 보상을 요구합니다. 이런 경우에 어린이집 측과 보육교사에게 어떠한 책임이 발생하는지와 보상금 기준 등이 궁금합니다.

안전사고 발생에 대해 시설장 혹은 선생님의 책임이 따르기 위해서는 업무상 과실이 인정돼야 합니다. 만약 위험요소가 인지되는 환경을 방치했다거나 아동에 대한 보호의 의무를 소홀히 한 부분들이 인정된다면 민·형사상 처벌을 받을 수 있으니 유의하기 바랍니다. 보상금 기준 등은 아동의 상해 정도나 시설 혹은 교사의 책임 정도에 따라 달라질 수 있으므로 정확한 기준을 말씀드리기는 어렵습니다.

어린이집 보험으로 처리되었다면 보험 약관을 참고해서 차후 흉터 제거 비용이나 정신적 피해 보상까지 가능한지 확인해 보기 바랍니다. 다만 아무리 시설이나 교사에 책임이 있다고 하더라도 피해자가 정확한 근거도 없이 막대한 비용을 요구하는 걸 다 수용할 의무는 없습니다. 이런 부분에 대해서는 합리적인 선이 아니라면 직접 해결하려고 하기보다 전문가의 조언이나 도움을 받아 해결하길 바랍니다.

보호자가 아닌 타인에게 아이를 인계한 뉴스를 보았어요.

전남 광양의 한 어린이집에서 두 살배기 아이를 치매 증세가 있는 엉뚱한 할아버지에게 잘못 인계하는 일이 벌어졌습니다. 보호자에게 확인도 하지 않고 아이를 넘겨줬지만, 어린이집에 대한 처벌 규정이 없어 아픈 할아버지만 입건됐습니다.

[기자]

할아버지가 두 살배기 아이의 손을 꼭 잡고 횡단보도를 건넙니다. 불편한 몸인데도 지팡이를 쥔 손에 어린이집 가방까지 들고, 아이가 다칠까 봐 차가 오는지 꼼꼼히 살핍니다. 하지만 이 할아버지는 보호자가 아니었습니다. 딸의 부탁으로 외손주를 데리러 갔다가 다른 어린이집에서 엉뚱한 아이를 데려간 겁니다.

[전남 광양경찰서 수사과장]

외손주 이름 하고 피해자 이름 하고 거의 비슷했습니다. 어린이집에서는 비슷한 어린이를 할아버지가 데리러 오니까 (맞는) 어린이인 줄 알고 내보냈는데….

저녁 6시 반쯤 어린이집에서 나와 250m 떨어진 딸의 집까지 아이를 데려갔던 78살 최 모 할아버지는 아이가 사라진 걸 안 부모의 신고로 1시간 만에 경찰에 붙잡혔습니다. 할아버지는 가족도 몰랐던 치매로 어린이집을 잘못 찾아간 것으로 조사됐습니다. 어린이집은 보호자에게 확인도 하지 않고 처음 보는 노인에게 아이를 넘겼습니다.

[전남 광양경찰서 수사과장]

어린이집은 딱히 처벌 규정이 없고요. 부모한테 인계할 때는 인적사항을 반드시 확인하고 그래야….

어린이집의 소홀함에 두 아이와 가족 모두 아찔해야 했지만, 아픈 할아버지만 경찰에 입건됐습니다.

[출처] 기자이름-이정미 / 기사제목-엉뚱한 치매 노인에게 아이 넘긴 어린이집 / 매체이름-YTN / 작성일시-2018년 06월 29일 06시 19분 / 사이트 주소-https://www.ytn.co.kr/_ln/0115_201806290619230110

이런 경우 어린이집과 담당교사는 책임이 없나요? 만약 내 아이에게 일어난 일이면 어린이집을 신고할 것 같아요.

이러한 부분에 대해 명확한 처벌의 근거를 법으로 정해 놓지는 않았지만 만약 이로 인해 아이에게 문제가 발생됐거나 사고가 생겼다면 담당교사와 시설장은 업무상 과실로 처벌받을 수 있습니다. 처벌의 정도는 과실 범위와 사건 인과관계 등에 따라 중대성이 판단된 후 결정되는데 형법상으로는 5년 이하의 금고 또는 2,000만 원 이하의 벌금형에 처해질 수 있습니다. 법적인 책임이나 처벌의 정도를 떠나 절대 발생하지 않아야 할 상황이므로 각별히 주의하기 바랍니다.

외부 음식을 먹고 아이가 탈이 났어요.

교사들이 간식으로 치킨을 먹을 때 늦게까지 혼자 남아 있는 7살 아이와 함께 먹었습니다. 그날 밤에 아이가 계속 토하고 설사를 했다고 합니다. 보호자가 어린이집에서 즉시 조리한 음식이 아닌 외부 음식을 보호자의 동의 없이 아이에게 먹여서 탈이 났다고 신고하겠다고 합니다. 신고사유가 되나요?

아이에게 질병이 발병한 원인이 어린이집에서 제공한 외부 음식에 있다면 이 부분 역시 업무상 과실치상으로 처벌받을 수 있습니다. 가급적 외부 음식 취식을 금지하고 부득이한 경우에는 반드시 해당 학부모의 동의를 구하고 동의한 부분에 대한 증거자료(녹취 혹은 메시지 캡처 등)를 보관해 두는 게 좋습니다.

VIP 자료실

유치원과 어린이집에서는 4차 보육과정과 2019 개정누리과정을 운영하며 다양한 연구와 자료 개발을 위해 노력하고 있습니다. 하지만 현장에서 매일 새로운 자료를 개발하고 수업을 연구하기란 쉽지 않습니다. 또한 환경 구성을 위해 시간과 노력을 들이지만 그에 비해 만족할 만한 성과를 얻지 못하는 경우도 있습니다.

영유아기는 환경과 사물, 교구를 탐색하며 자신의 인지 구조를 확장해 가는 시기이므로 교육기관 환경 구성은 중요합니다. 이를 위해 네이버 카페 '지혜쌤 최강 유아교육 자료실'에서는 영유아 교사를 다양한 환경 구성 자료와 원 행사 자료를 제공하고 있습니다. 더불어 교사의 교육 활동을 지원하기 위해 연령별 연간보육/교육계획안, 주간보육/교육계획안, 놀이(활동)계획안을 제공하고 있습니다. 놀이(활동)계획안에서는 놀이방법을 소개하고, 관련 활동 자료도 함께 다루고 있습니다.

연령별로 다채롭고 흥미로운 활동과 자료들을 소개하고 있으니 교사에게 유익한 VIP 자료실을 활용해 보세요.

차
례

1 만 0세 보육계획안

2 만 1세 보육계획안

3 만 2세 보육계획안

4 만 3세 보육계획안

⋛ 1. 만 0세 보육계획안 ⋜

만 0세 보육계획안은 영아의 발달과 흥미에 따라 작성된 보육계획안 예시입니다. 월간보육계획안, 주간보육계획안, 활동계획안으로 제시하고 있습니다.

1 | 만 0세 월간보육계획안

대주제 - '놀이는 재미있어요' 보육계획안

구분 주 소주제		1주 움직이는 놀잇감1	2주 움직이는 놀잇감2		3주 구멍이 있는 놀잇감1	4주 구멍이 있는 놀잇감2	5주 굴러가는 놀잇감1
등원 및 맞이하기		날씨에 대해 이야기 나누며 맞이하기				옷에 대해 이야기 나누며 맞이하기	
기본생활		선생님의 도움을 받아 장난감을 정리해요	내 신발장에 신발을 넣어요		혼자 숟가락질을 해봐요 1	혼자 숟가락질을 해봐요 2	턱받이를 하고 먹어요
안전교육	재난대비안전교육	뜨거운 것을 조심해요					
	성폭력·아동학대예방교육	우리 모두 친구예요					
	교통안전교육	자동차 옆에서 놀지 않아요					
	소방대피훈련	발화점-어린이집 실정에 맞게 적기					
	성폭력·아동학대예방교육	화장실에서 지켜요					
	실종·유괴예방교육	선생님이 보이지 않으면 그 자리에 서 있어요					
	약물오남용교육	맛있는 냄새! 먹으면 안 돼요					
	교통안전교육	빵빵 피하세요					
	약물오남용교육	먹기 전에 어른에게 꼭 물어봐요					
일상생활	점심 및 간식	턱받이를 하고 밥을 먹어요				우유나 물을 빨대로 먹어요	
	낮잠	선생님의 이야기를 들으며 잠들어요				자고 난 후 웃으며 인사해요	
	배변활동	기저귀가 보송보송				기저귀 까꿍 놀이	
실내자유놀이	신체	아기체육관	오뚜기처럼 움직여요		술이 달린 훌라후프	신문지 구멍 통과하기	바퀴달린 놀잇감을 굴려요
	언어	바퀴 그림 위에 끼적이기	움직이는 놀잇감 그림 카드		도너츠 그림 위에 끼적이기	고리를 끼워요	한 조각 자동차 퍼즐
	감각·탐색	쭉쭉 늘어나요	움직이는 멍멍이		오볼 구멍에 솜공이 쏙	신문지 구멍 놀이	자동차가 나갑니다
	역할·쌓기	자동차 장난감 놀이	자동차길 만들기		도너츠 놀이를 해요	바구니에 물건을 담고 놀이해요	도토리 쌓기 놀이
	미술	자동차 바퀴 찍기	팽이 만들기		도너츠 꾸미기	점토에 구멍을 찍어요	도토리 꾸미기
	음률	상자 두드리기	'우편마차' 들으며 표현하기		손잡이 있는 탬버린 흔들기	'바나나차차' 노래 들으며 표현하기	'데굴데굴 도토리' 노래 들으며 표현하기
실외놀이 (대체 놀이)		바람개비를 단 유모차를 타요	비눗방울 놀이		페트병 구멍에서 물이 나와요	휴지심 안경으로 바깥 풍경 보기	뛰뛰빵빵 밀어줘요
		자동차 놀이를 해요	도로 그림 따라 자동차 움직이기		링끼우기 1	링끼우기 2	도토리 구멍에 넣기
귀가 및 연계	가정 및 지역사회 연계	'선생님 사랑해요' 안아주며 인사하기				악수하며 '안녕' 하며 인사하기	

년 월 주 주간교육계획안

연령	0세		기간	월 일 ~ 월 일
대주제	놀이는 재미있어요		소주제	움직이는 놀잇감 1

목표	- 움직이는 놀잇감에 관심을 갖는다. - 움직이는 놀잇감을 이용한 놀이를 경험한다.

일과 \ 요일		월( )	화( )	수( )	목( )	금( )
실내 자유놀이	신체	아기체육관				
	언어	바퀴 그림 위에 끼적이기				
	감각·탐색	쭉쭉 늘어나요				
	역할·쌓기	자동차 장난감 놀이				
	미술	자동차 바퀴 찍기				
	음률	상자 두드리기				
바깥놀이 (실내대체)		바람개비 단 유모차를 타요 (자동차 놀이를 해요)				
기본생활습관		선생님의 도움을 받아 장난감을 정리해요				
안전교육		성폭력아동학대예방교육: 우리 모두 친구예요				

가정연계	'선생님 사랑해요' 안아주며 인사하기
공지사항	해당 원 및 반의 공지사항 작성

자동차 장난감 놀이

○ 대상연령 : 만 0세
○ 활동목표 : 자동차 장난감 놀이를 시도한다.
   자동차를 굴리며 모방 놀이를 한다.
   자연탐구 › 탐구 과정 즐기기 › 사물과 자연 탐색하기를 즐긴다.
   예술경험 › 창의적으로 표현하기 › 모방 행동을 즐긴다.
○ 활동자료 : 자동차 장난감

활동방법

🌼 관심의 시작
- 자동차 장난감에 대한 영아의 관심을 관찰한다.

🌼 놀이의 흐름
- 자동차 장난감에 관심을 보이는 영아에게 다가가 상호작용한다.
  (예: 자동차 장난감이 있네~, 무슨색 장난감이야?, 장난감을 만져 볼까?)
- 교사가 장난감을 움직이며 놀이하는 모습을 보여 준 후 영아도 모방할 수 있도록 돕는다.
  (예: 뛰뛰빵빵 자동차가 지나갑니다~, 자동차 타실래요?, 삐뽀삐뽀 경찰차가 지나갑니다.)
- 영아가 자동차를 자유롭게 움직이며 놀이할 수 있도록 돕는다.
  1수준: 자동차에 관심을 가진다.
  2수준: 자동차를 움직이며 자유롭게 놀이한다.

🌼 놀이의 확장
- 테이프로 자동차 도로를 만들어 교사가 제공한 후 영아가 자유롭게 놀이한다.

참고사항

- 경찰차, 구급차 등 소리가 나는 자동차를 제공해서 영아의 호기심을 자극한다.

《이렇게도 놀이할 수 있어요》

박스 자동차 만들기 놀이 – 박스로 자동차를 만들어 영아가 핸들을 움직이며 자동차 타는 모방 놀이를 한다.	박스, 핸들

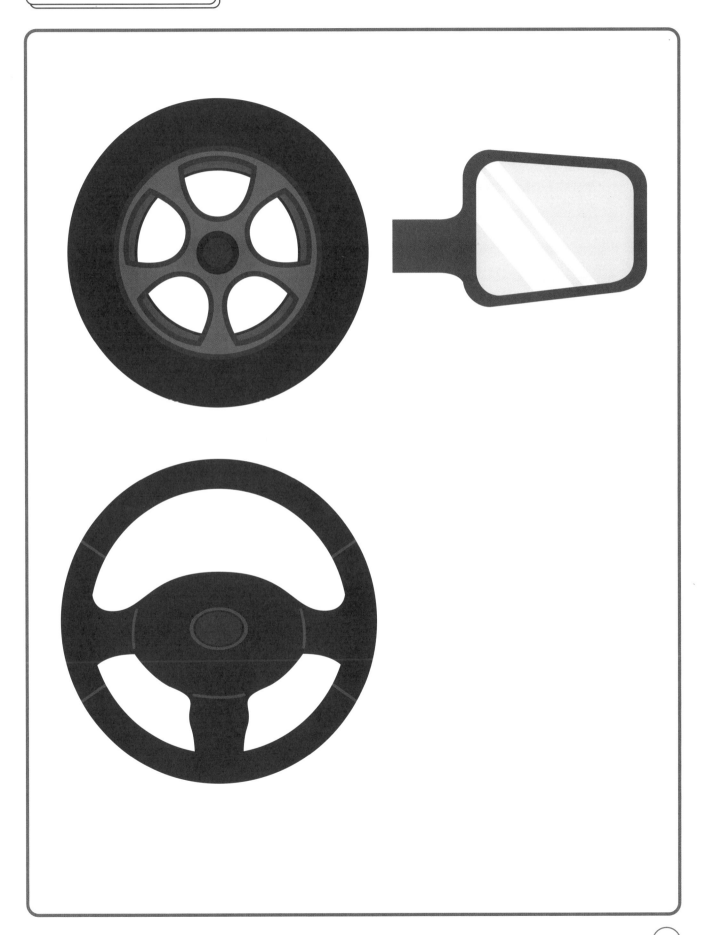

놀이 영역 – 역할·쌓기

자동차 바퀴 찍기

○ 대상연령 : 만 0세
○ 활동목표 : 여러 가지 바퀴 모양에 관심을 가진다.

바퀴를 도장에 찍어 본다.

자연탐구 › 생활 속에서 탐구하기 › 주변 공간과 모양을 탐색한다.

예술경험 › 창의적으로 표현한기 › 감각을 통해 미술을 경험한다.

○ 활동자료 : 자동차 바퀴, 물감, 자동차 도안(바퀴 없는 도안)

활동방법

🌷 관심의 시작

– 자동차 바퀴에 대한 영아의 관심을 관찰한다.

🌷 놀이의 흐름

– 자동차 바퀴에 관심을 보이는 영아에게 다가가 상호작용한다.

(예: 바퀴가 있네~, 바퀴가 동글동글하네~, **도 바퀴를 만져 볼래?)

– 교사가 바퀴를 자동차 도안에 물감을 찍는 모습을 보여 준 후 영아도 해 볼 수 있도록 돕는다.

(예: 선생님이 바퀴에 물감을 찍어 볼게~, **도 찍어 볼 수 있겠니?, 어떤 색깔의 물감에 찍어 볼까?)

– 영아가 자유롭게 도장을 찍을 수 있도록 돕는다.

(예: 와~ 우리 **가 도장을 잘 찍는구나!, **는 어떤 색을 좋아해?)

1수준: 바퀴에 관심을 가진다.

2수준: 바퀴를 물감에 자유롭게 찍어 본다.

🌷 놀이의 확장

– 바퀴에 물감을 묻힌 후 전지에 굴려 본다.

참고사항

– 물감을 입에 넣지 않도록 주의한다.

《이렇게도 놀이할 수 있어요》

자동차 물감 놀이 – 자동차 장난감에 물감을 묻힌 후 자유롭게 움직이며 놀이한다.	전지, 자동차, 물감

2. 만 1세 보육계획안

만 1세 보육계획안은 영아의 발달과 흥미에 따라 작성된 보육계획안 예시입니다. 월간보육계획안, 주간보육계획안, 활동계획안으로 제시하고 있습니다.

1 | 만 1세 월간보육계획안

느낄 수 있어요

구분	주 소주제	1주 들어 보아요	2주 맡아 보아요	3주 맛보아요	4주 온몸으로 느껴 보아요
등원 및 맞이하기		내 소지품을 장에 넣어요		어린이집에 올 때 본 것을 선생님에게 이야기해요	
기본생활		휴지는 휴지통에 넣어요		손 씻은 후 수건에 닦아요	
일상 생활	점심 및 간식	음식을 남기지 않고 먹어요		내 칫솔과 컵을 찾아요	
	낮잠	친구 이불을 밟지 않아요		낮잠을 자기 전에 친구에게 인사해요	
	기저귀갈이/ 배변활동	낮잠 전후에 화장실에 가요		배변하고 싶을 때 화장실을 사용해요	
실내 자유 놀이	신체	칙칙폭폭~ 동물 기차	향기 나는 주머니를 던져요	모양 과자로 놀이해요	신문지로 놀이해요
	언어	누구의 목소리일까요?	무슨 냄새일까요?	입안에 쏙~! 먹이를 주어요	내 몸의 이름을 말해 보아요
	감각·탐색	상자 안에 무엇이 있을까요?	향기나는 밀가루 점토로 놀아요	과일 우유를 만들어서 먹어요	나무야 사랑해
	역할·쌓기	마음껏 흔들어 보아요	음식을 담아 보아요	냠냠~ 맛있는 음식을 먹어요	밀가루 반죽으로 음식을 만들어요
실외놀이		그림자를 쫓아가요		꽃과 나무에 물을 주어요	
귀가 및 가정과의 연계		선생님, 친구들과 밝은 목소리로 인사하며 헤어져요			
비고		* 다양한 놀이를 하며 오감을 통합적으로 활용하는 경험할 수 있도록 한다.			

년 월 주 주간교육계획안

일과 \ 요일		월( )	화( )	수( )	목( )	금( )
실내 자유놀이	신체	칙칙폭폭~ 동물 기차				
	언어	누구의 목소리일까요?				
	감각·탐색	상자 안에 무엇이 있을까요?				
	역할·쌓기	마음껏 흔들어 보아요				
실외놀이		그림자를 쫓아가요				
기본생활습관		휴지는 휴지통에 넣어요				

귀가 및 가정과의 연계	선생님, 친구들과 밝은 목소리로 인사하며 헤어져요
공지사항	해당 원 및 반의 공지사항 작성

실내 자유 놀이 - **언어**

누구의 목소리일까요

○ 대상연령 : 만 1세
○ 활동목표 : 친숙한 사람의 목소리를 귀 기울여 듣고 안정감을 느낀다.
　　　　　　동물의 소리를 듣고 동물의 소리를 흉내 낸다.
○ 표준보육과정 내용 범주
　 : 사회관계 〉 나를 알고 존중하기 〉 나와 친숙한 것을 안다.
　　 의사소통 〉 듣기와 말하기 〉 표정, 몸짓, 말과 주변의 소리에 관심을 갖고 듣는다.
○ 활동자료 : 녹음기, 가족 사진, 동물 손가락 인형

활동방법

🌸 도입

1. 영아에게 녹음된 교사의 목소리를 들려준다.
　 - (녹음된 목소리를 들려주며)소리가 들리네요. 어? 어디서 들리는 걸까요?
　 - ○○를 부르고 있네요. 누가 부르는 걸까요? 누구의 목소리일까요?
　 - 선생님의 목소리네요. 선생님은 어디 있나요?

🌸 전개

1. 가족 사진을 보며 영아에게 녹음된 가족의 목소리를 들려주고 목소리의 주인공을 찾아본다.
　 - 또 ○○를 부르는 목소리가 들리네요. 누구 목소리일까요?
　 - 엄마(또는 아빠, 할머니 등)의 목소리가 들리네요.
　 - 사진 속에 엄마(또는 아빠, 할머니 등)은 어디 계신가요? 찾아볼까요?
2. 녹음된 동물의 소리를 들려주며 어떤 동물의 소리인지 영아가 동물 손가락 인형을 찾아보고
　 교사는 동물 손가락 인형을 조작하며 동물의 소리를 흉내 내어 들려준다.
　 - 어떤 동물의 소리인가요? 강아지가 어디 있나요?
　 - 강아지는 어떤 소리를 내나요? 멍멍 강아지 소리구나.

🌸 마무리

1. 가족 사진과 동물 손가락 인형을 활용하여 영아가 가족과 동물의 소리를 흉내 내어 말하도록 격려한다.

참고사항

　 - 전형적인 소리를 교사가 들려주기보다는 영아가 소리를 듣고 들리는 대로 표현하도록 격려한다.

실내 자유 놀이 - 신체

칙칙폭폭 동물 기차

○ 대상연령 : 만 1세
○ 활동목표 : 동물 기차 놀이를 해 본다.
　　　　　　　기차 소리에 관심을 갖고 흉내 내어 본다.
○ 표준보육과정 내용 범주
　: 신체운동 〉 신체활동 즐기기 〉 대소근육을 조절한다.
　　의사소통 〉 듣기와 말하기 〉 상대방의 이야기를 들으면서 말소리를 낸다.
○ 활동자료 : 동물 기차 놀잇감

활동방법

🌸 도입

1. 교사는 동물 모양 블록를 보여 주며 영아의 관심을 유도한다.
　- 이것이 무엇일까요?
　- 어떤 동물인가요? 동물 모양 블록에 바퀴가 있네요.

🌸 전개

1. 동물 모양 블록을 연결하여 동물 기차를 만든다.
　- 동물 친구들을 연결해 볼까요?
　- 블록을 연결하니 어떤 모습이 되었나요?
2. 동물 기차를 기찻길을 따라 이동하며 기차 소리를 내어 본다.
　- 기차를 움직여 볼까요?
　- 기차가 움직일 때 어떤 소리가 나요?
　- 칙칙폭폭~!! 기차가 출발합니다~~!!!

🌸 마무리

1. 영아가 동물 기차 놀잇감을 다양한 방법으로 놀이할 수 있도록 한다.
　(예: '장난감 기차' 노래를 부르며 동물 기차 놀잇감을 조작해 본다.)

참고사항

- 기차 외에 다양한 교통 기관을 이용하여 소리를 내며 놀이해 본다.
　예: 자동차, 버스, 자전거, 소방차 등

만드는 방법

① 입체 동물 전개도를 모양대로 오리고 전개도를 접어 동물 모양 블록을 만든다.

② 기차 연결 부분에 벨크로 테이프(보슬이)를 붙인다.

③ 보슬이를 붙인 기차 연결 부분의 반대쪽 기차 연결 부분에 벨크로 테이프(까슬이)를 붙인다.

   (＊연결 부분이 없는 마지막 기차는 벨크로 테이프를 붙이지 않는다.)

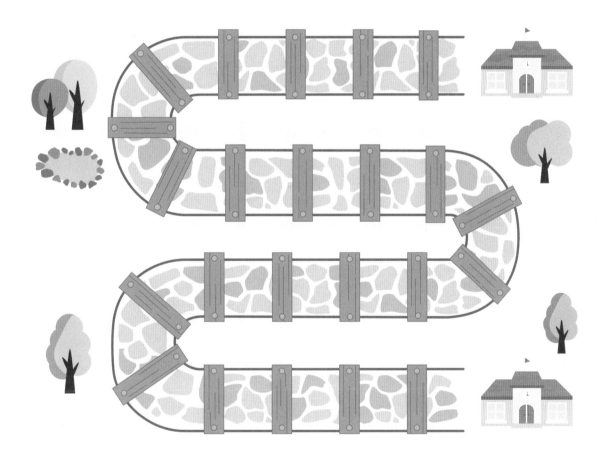

⋛ 3. 만 2세 보육계획안 ⋛

만 2세 보육계획안은 영아의 발달과 흥미에 따라 작성된 보육계획안 예시입니다. 연간보육계획안, 주간보육계획안, 활동계획안으로 제시하고 있습니다.

1 | 만 2세 연간보육계획안

2020년 만 2세 연간보육계획안

월	대주제	주	소주제
5	어린이집이 좋아요 따뜻한 봄이 왔어요 (5주)	1	어린이집에 가요
		2	우리 반 선생님
		3	우리 반 친구들
		4	따뜻해진 날씨
6	나는요 (5주)	1	안전하게 바깥놀이해요
		2	나는 ○○○이에요
		3	내 몸을 알아요
		4	내 기분을 느껴요
		5	내가 좋아하는 놀이를 해요
7	신나는 여름이에요 (5주)	1	혼자서 해봐요
		2	날씨가 더워요 1 (옷차림)
		3	날씨가 더워요 2 (음식)
		4	여름비가 내려요
8	재미있는 놀이 (4주)	1	재미있는 물놀이 1
		2	재미있는 물놀이 2
		3	자동차놀이해요 1
		4	자동차놀이해요 2
		5	동물놀이해요 1
9	나는 가족이 있어요 시원한 가을이에요 (5주)	1	동물놀이해요 2
		2	엄마아빠 놀이해요
		3	우리 가족 1
		4	우리 가족 2 (추석주간)
10	음식 (4주)	1	가을 열매로 놀이해요
		2	가을 가족 나들이 가요
		3	여러 가지 음식 1 (채소)
		4	여러 가지 음식 2 (과일)
11	추운 겨울이에요, 즐거운 모양놀이 (5주)	1	내가 좋아하는 음식이 있어요
		2	요리사 놀이해요
		3	날씨가 추워요
		4	따뜻하게 지내요
		5	신나는 겨울놀이
12	친구 (5주)	1	여러 가지 모양이 있어요
		2	모양놀이 해요
		3	즐거운 크리스마스
		4	친구와 놀이해요 1
1		1	친구와 놀이해요 2
		2	서로 다른 친구들
		3	친구와 사이좋게 지내요
		4	혼자서도 잘해요 1
2	형님반에 가요 (5주)	1	혼자서도 잘해요 2
		2	설날이에요
		3	많이 자란 나
		4	즐거웠던 우리 반

년 월 주 주간교육계획안

연령	만 2세	기간	월 주(~)
대주제	나는 가족이 있어요	소주제	우리 가족 1

목표	– 놀이를 통해 우리 가족을 사랑하고 아끼는 마음을 표현해 본다.

일과 \ 요일		월( )	화( )	수( )	목( )	금( )
실내 자유놀이	신체	유모차에 아기 인형을 태워 주어요 * 준비: 유모차, 아기인형				
	언어	우리 가족이에요 * 준비: 가족 사진(가정과의 연계)				
	감각·탐색	숨어 있는 우리 가족을 찾아보아요 * 준비: 밀가루풀, 지퍼백, 가족 구성원 사진				
	역할·쌓기	우리집을 만들어요 * 준비: 종이 벽돌 블록, 엄마아빠 소품				
	미술	엄마, 아빠 얼굴을 꾸며요 * 준비: 얼굴 밑그림, 털실, 도트물감 등				
	음률	♪ '아빠 힘내세요' 노래 부르며 마라카스 흔들어요 * 준비: ♪ '아빠 힘내세요'음원, 카세트, 마라카스				
바깥놀이		모래로 우리집을 만들어요				
기본생활습관		내 물건을 서랍장에 넣어 정리해요				
안전교육		〈약물오남용〉 담배는 나빠요				

가정연계	지난 주에 이어 가족을 주제로 놀이할 예정입니다. 이번 주에는 보내 주신 가족 사진을 이용해 우리 가족 구성원을 알아보고, 간단히 소개해 보는 시간을 가질 예정입니다. 가정에서는 우리 가족 구성원에 대해 이야기 나누고, 함께 찍은 사진을 보기도 하며 우리 가족만의 즐거웠던 추억들에 대해 이야기 나누면서 영아가 가족을 아끼고 사랑하는 마음을 가져 볼 수 있도록 격려해 주세요.
공지사항	해당 원 및 반의 공지사항 작성

놀이 영역 - 신체

유모차에 아기 인형을 태워 주어요

○ 대상연령 : 만 2세
○ 활동목표 : 유모차를 끌고 걸어 보며 이동 운동을 해 본다.
　　　　　신체운동 › 신체활동 즐기기 › 기본 운동을 즐긴다.
　　　　　아기 돌보기와 관련된 소품에 흥미를 갖고 탐색해 본다.
　　　　　자연탐구 › 생활 속에서 탐구하기 › 친숙한 물체의 특성과 변화를 감각으로 탐색한다.
○ 활동자료 : 유모차, 아기인형

활동방법

🌸 관심의 시작

- 유모차 소품에 대한 관심
- 유모차 관련 역할놀이에 대한 흥미
- 유모차를 끌고 다니며 걸어 보는 신체활동에 대한 흥미

🌸 놀이의 흐름

- 신체 영역에 제시한 유모차에 흥미를 보이는 영아들과 이야기 나누어 본다.
　예) 이게 뭘까? 본 적이 있니? 누가 타고 있었니?
- 영아가 흥미를 보이면 이에 대해 반응해 주며 유모차를 탐색해 볼 수 있도록 한다.
　예) 유모차를 어떻게 움직여 볼 수 있을까? ○○는 두 손으로 손잡이를 꼭 잡고 끌어보고 있구나.
　　　○○는 유모차 밑에 있는 주머니를 발견했대. 아기가 먹을 음식을 넣고 걸어가고 있네.
- 함께 제시한 아기 인형을 유모차에 태워 보거나 유모차 자체를 끌고 다니며 이동 운동을 해 본다.

🌸 놀이의 확장

- 유모차가 가는 길을 표시해 주어 길 따라 조절하여 걸어 보는 활동으로 확장해 볼 수 있다.
- 유모차에 아기를 태운 후 아기가 먹을 음식이 있는 곳까지 데려다주는 게임 활동으로 확장해 볼 수 있다.

《이렇게도 놀이할 수 있어요》

〈역할〉 아기를 돌봐주어요	젖병, 아기 옷, 아기 음식 등
〈음률〉 아기가 좋아하는 노래를 불러주어요	동요 음원, 카세트, 마이크

놀이 영역 - 미술

엄마, 아빠 얼굴을 꾸며요

○ 대상연령 : 만 2세
○ 활동목표 : 엄마, 아빠의 모습에 관심을 갖고 꾸며 본다.
　　　　　사회관계 > 더불어 생활하기 > 가족에게 관심을 가진다.
　　　　　새로운 재료를 이용한 미술 활동을 경험해 본다.
　　　　　예술경험 > 창의적으로 표현하기 > 미술 재료와 도구로 표현해 본다.
○ 활동자료 : 얼굴 밑그림, 풀, 다양한 색깔과 길이의 털실

활동방법

🌸 관심의 시작

- 엄마, 아빠 얼굴 그림에 대한 관심
- 털실을 이용한 미술 활동에 대한 흥미

🌸 놀이의 흐름

- 머리카락이 없는 엄마, 아빠 그림을 비치한 후 관심을 보이는 영아가 자유롭게 탐색해 볼 수 있도록 한다.
　예) 이게 무슨 그림일까? 얼굴이 있네. 누구 얼굴일까? 그런데 엄마랑 얼굴이 다르네. 어디가 다른 걸까?
- 다양한 색의 털실을 탐색해 본 후 어떤 색으로 엄마, 아빠의 머리를 꾸며 줄지 선택한다.
- 풀을 종이에 바른 후 털실을 붙여 머리를 꾸며 본다.
　예) ○○는 초록색 긴 머리를 엄마에게 붙여 주었구나. ○○엄마 머리처럼 긴 머리가 되었네.
　　　△△는 뽀글뽀글 동그란 모양으로 머리를 붙여 주었네.
- 완성 후에는 게시하여 친구와 나의 작품을 함께 감상해 본다.

🌸 놀이의 확장

- 추가 재료로 도트 물감이나 물감, 붓 등을 제시하여 좀 더 다양하게 표현해 볼 수 있도록 놀이를 확장할 수 있다.

《이렇게도 놀이할 수 있어요》

〈언어〉 엄마, 아빠에게 그림편지를 선물해요 〈탐색〉 엄마, 아빠 사진 보며 머리 모양을 관찰해요	영아가 꾸민 엄마, 아빠 얼굴, 색연필 영아의 엄마, 아빠 사진

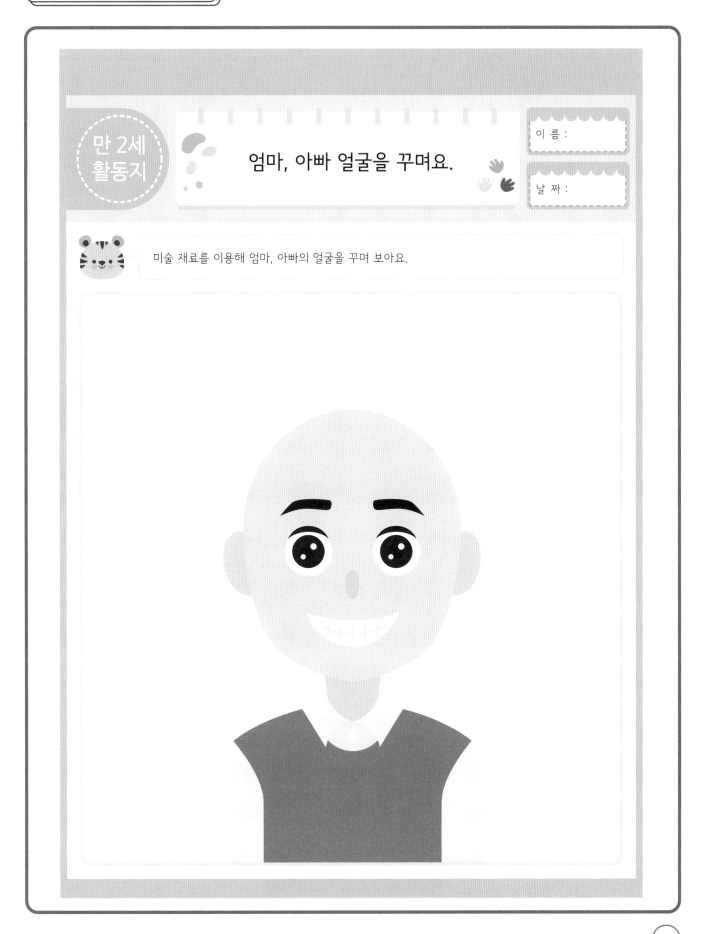

만 2세
활동지

엄마, 아빠 얼굴을 꾸며요.

이 름 :

날 짜 :

미술 재료를 이용해 엄마, 아빠의 얼굴을 꾸며 보아요.

만 3세 교육계획안은 유아의 발달과 흥미에 따라 작성된 교육계획안 예시입니다. 개정누리과정에 의한 놀이와 활동을 중심으로 다양한 예시를 제공하고, 활동과 놀이에 필요한 다양한 교육 자료를 소개하였습니다.

1 | 만 3세 연간교육계획안

2020년 만 3세 놀이중심 연간계획안

월	주	행사	생활 주제	놀이활동 전개방향	
				주제	교사 예상 놀이계획 및 재료
3	1	입학식	유치원과 친구	유치원에 왔어요	유치원의 내 물건과 우리 반이 있음을 알고 유치원에서 지켜야 할 규칙들을 알고 실천한다. (다양한 블록, 유아 개인 물건 그림)
	2			유치원의 하루 일과	다양한 하루 일과를 경험하고 하루 일과 속에서 적절한 휴식을 취하며 즐겁게 지낸다. (하루일과 그림, 유아들이 좋아하는 놀이)
	3			우리 반 친구들	우리 반 친구들이 있음을 알고 친구들과 사이좋게 지낸다. (친구들 사진)
	4			우리 선생님	담임선생님 외 다른 여러 선생님과 친밀감을 가질 수 있도록 다양한 (사진과 교실, 반의 사진)을 제공
4	1	견학	봄	봄의 날씨	봄옷가게 놀이 등을 통해 봄의 날씨와 옷차림에 대해 관심을 가짐 (다양한 봄옷과 액세서리)
	2			봄의 곤충과 꽃	꽃가게 놀이와 곤충이 되어 신체활동 등을 통해 봄 곤충과 꽃에 관심을 갖도록 환경 구성(나비날개, 다양한 조화, 꽃 만들기 자료)
	3			봄철 음식과 영양	봄나물을 제시하여 유아들이 봄의 음식이 다양함을 알고, 건강하게 먹는 음식에 관심을 가짐(다양한 봄 나물)
	4			봄의 동물	겨울잠 자는 동물 역할놀이를 통해 봄에 볼 수 있는 동물에 관심 갖기 (곰, 다람쥐 인형, 동물 탈, 다양한 곡식 모형, 스카프, 물감)
	5			봄 나들이를 가요	봄 나들이에 필요한 다양한 물건들을 제시하여 유아들이 교실-바깥놀이에서 즐거운 봄 나들이 놀이를 진행 (바구니, 다양한 장난감접시, 클레이)
5	1	어린이날 어버이날	나와 가족	나의 몸	나의 신체에 관련된 다양한 모형을 제공하여 유아들이 나의 몸을 스스로 탐색하는 기회를 제공(나의 몸 모형, 점토, 손바닥 모형 등)
	2			나의 마음	나의 감정이 다양함을 알고, 적절하게 표현할 수 있도록 표현할 수 있는 준비물 제공(스카프, 각종 색카드)
	3			우리 엄마 우리 아빠	가족 구성원에게 관심을 갖고, 다양한 가족의 형태가 있음을 알 수 있도록 기회를 제공(가족 사진, 부모님 결혼 사진, 가족나무 등)
	4			사랑하는 우리 가족	엄마놀이, 아빠놀이를 통해 부모님의 역할을 알고 부모님을 위해 할 수 있는 일을 가정과 연계하여 실천(역할놀이 도구)
6	1	학부모 상담 현충일	우리 동네	우리 동네의 모습	우리 동네의 이름과 동네의 모습에 관심을 갖도록 (우리 동네의 지도와 각종 사진, 블록, 그림)을 제공
	2			우리 동네에는 무엇이 있을까?	우리 동네의 다양한 가게와 기관을 견학하고 유아들과 역할놀이를 통해 다양한 활동을 체험 (직업체험관 견학, 네일아트숍, 소방관놀이)
	3			일하는 사람들	우리 동네의 다양한 가게와 기관을 견학하고 유아들과 역할놀이를 통해 다양한 활동을 체험 (직업체험관 견학, 네일아트숍, 소방관놀이)
	4			우리 동네 골목대장	우리 동네를 더욱 살기 좋은 곳으로 만들기 위해 어떤 노력을 할 수 있는지 알아보고 실천(우리 동네 사진)

월	주	행사	생활 주제	놀이활동 전개방향	
				주제	교사 예상 놀이계획 및 재료
7	1	여름방학 물놀이	여름	여름철 날씨	장마와 더위에 대한 다양한 자료들을 제공하며 유아들이 바깥활동을 통해 직접 날씨를 느껴봄(우산, 우비, 분무기, 여름 옷)
	2			여름철 음식과 영양	시장에서 직접 제철 음식을 알아보고, 과학 활동으로 연계하여 요리, 식중독 등에 대해 접할 기회 제공 (과일 모형, 아이스크림가게 놀이)
	3			안전한 놀이	여름철에 할 수 있는 다양한 놀이를 안전하게 하도록 제공 (수영장놀이, 물총놀이)
	4			캠핑을 떠나요 1	캠핑 활동에 필요한 물건들을 제공하여 안전한 캠핑놀이를 즐기기 (간이의자, 모닥불모형, 바비큐모형, 텐트 등)
	5			캠핑을 떠나요 2	
8	1	개학 광복절	교통 기관	땅 위의 교통기관	다양한 교통기관 장난감과 블록 등 제공하여 유아들이 자유롭게 교통기관을 접할 수 있도록 기회 제공(교통기관 장난감)
	2			물 위의 교통기관	교실 내부에 수조를 배치하여 유아들이 물 위의 교통기관의 움직임과 다양한 교통기관을 탐색(교통기관 장난감)
	3			하늘의 교통기관	프로펠러와 날개 등이 달린 장난감들을 제공하여 하늘의 교통기관에 관심을 갖도록 함(교통기관 장난감)
	4			안전한 교통생활	다양한 교통기관을 탐색, 직접 체험해 보며 안전하게 보내는 방법을 알아보기(표지판, 횡단보도 발판, 신호등, 교통기관 모자이크)
9	1	추석	옛날 옛날에	우리나라를 대표하는 것	태극기와 무궁화를 이용한 환경 구성과 전통놀이, 한복을 통해 우리나라를 대표하는 것에 관심을 가짐(한복, 다양한 전통놀잇감)
	2			재미있는 옛날이야기	전래동화를 많이 제공하고 교실 분위기를 동화 속 모습으로 환경 구성. 한복, 옛날 물건들을 제공
	3			우리나라의 역사	역사적 인물들을 막대인형으로 제공하여 관심을 갖고, 다양한 유물을 제공하여 여러 가지 놀이를 확장
	4			우리의 문화 예술	각종 탈을 제공하여 유아들이 탈춤과 탈에 관심을 갖고 신체활동과 음악을 접하는 기회를 제공
	5			추석	전통놀이를 경험하고 교실에 연, 한복 등을 제시 (윷놀이, 연날리기, 칠교)
10	1	한글날	가을	가을의 날씨	가을 하늘에 대한 다양한 자료를 제공 및 바깥놀이를 통해 가을 날씨를 접해 봄(구름, 잠자리)
	2			가을의 곤충	다양한 곤충 모형과 잠자리 자료를 통해 유아들이 가을의 대표 곤충 잠자리에 대해 관심을 갖는다. (곤충 모형, 잠자리 벽면 자료)
	3			가을의 음식과 영양	가을에 나오는 다양한 곡식을 접해 보고, 곡식들을 비교하고 요리하여 먹어 보는 기회를 제공(쌀, 밤, 도토리, 감 실물 자료)
	4			가을 소풍을 떠나요	가을 소풍에 필요한 소품을 제공하여 유아들이 가을 소풍 놀이를 진행(가을 소풍 소품)
11	1		환경과 생활	물	물에 대한 다양한 경험을 통해 물의 성질에 따른 다양한 놀이를 즐김 (물, 스펀지, 색소가 담긴 물, 물감)
	2			돌, 흙	우리 주변의 다양한 돌의 쓰임과, 돌을 활용한 물건 만들기 활동 및 쌓기 등(다양한 종류의 돌과 흙, 다양한 모양의 돌)
	3			바람, 공기	바람을 만드는 다양한 물건을 관찰하며, 바람의 특성에 맞는 놀이활동을 진행(바람개비, 풍선, 부채)
	4			빛	빛에 따른 그림자 놀이를 다양하게 해 볼 수 있도록 재료를 지원 (그림자놀이, 샌드아트, 셀로판지, 코팅지, 반짝이종이)

월	주	행사	생활 주제	놀이활동 전개방향	
				주제	교사 예상 놀이계획 및 재료
12	1	크리스마스 겨울방학	겨울	겨울철 날씨	겨울철 날씨에 알맞은 복장으로 겨울 날씨를 느껴보도록 지원 (겨울 옷, 목도리, 장갑 등)
	2			겨울철 놀이	겨울철에 할 수 있는 다양한 놀이를 경험하도록 자료를 제시 (눈모양 스펀지, 썰매, 빙판낚시)
	3			안전한 겨울	유아들이 스스로 몸을 보호하는 방법을 알아보고, 경험해 봄 (자동차 체인, 방한용품가게 놀이, 핫팩)
	4			소원이 있어요	크리스마스에 받고 싶은 선물이나 새해가 되어 이루고 싶은 소원을 다양하게 표현해 봄(소원종이)
1	1	개학	새해/ 생활도구	새해가 되었어요	소의 해를 맞이하여 소의 모습으로 다양한 활동 제시 (소 머리띠, 소 옷)
	2			다양한 생활도구	다양한 생활도구를 제시하여 공구놀이, 주방놀이 등을 경험 (다양한 공구 장난감, 안전모자, 주방도구)
	3			생활도구를 움직이는 힘	다양한 장난감으로 움직이는 힘이 있음을 경험 (건전지로 움직이는 장난감, 태엽으로 움직이는 장난감, 풍선)
	4			생활도구로서의 미디어	유아들이 방송국이나 일기예보를 접하고, 직접 일기예보를 통한 방송 놀이를 진행(마이크, 카메라, 책상, 지도, 날씨그림)
2	1	수료 및 졸업	형님이 되었어요	즐거웠던 우리 반	그동안 유아들이 좋아했던 놀이를 사진으로 제시하여 좋아하는 놀이를 다시 경험함(가장 즐거웠던 놀이)
	2				
	3			설날	설에 하는 일을 경험함으로써 다양한 놀이로 연계해 나가며 세배 하는 방법을 알기(세배 놀이, 제사상 놀이)
				형님반에는	형님반에서 형님들과 함께 시간을 보내며 다양한 놀이를 함 (형님반에서 놀기, 형님반에 있는 물건으로 놀기)
	4			안녕 친구들아	수료식 놀이를 하며 수료의 의미를 알아 봄 (친구들이 하고 싶었던 놀이하기, 수료식 놀이)

만 3세   월   주 주간교육계획

옛날 옛날에 우리나라를 대표하는 것	월 일 ~ 월 일
	♡ 태극기, 무궁화 등 우리나라를 대표하는 것에 관심을 갖는다. ♡ 한복을 직접 입어 보며, 한복의 아름다움을 느낀다.

교사 예상 놀이 흐름

1 관심의 시작 한복 패션쇼

2 활동 한복 꾸미기 -미인도

3 활동 우리나라 대표 주자

4 놀이 무궁화를 찾아서

5 놀이 모자이크 무궁화

교사 예상 놀이 흐름

(쌓기) 왕이 사는 그 집
(미술) 모자이크 무궁화
(언어) 우리나라 책 만들기
(수조작) 태극기 퍼즐 맞추기
(역할) 한복 패션쇼

교사 예상 놀이 흐름

(이야기 나누기) 어떤 집이 있었을까?
(동시) 우리나라 대표 주자
(새노래) 애국가 1절
(미술) 한복 꾸미기-미인도
(과학) 치자 염색

바깥놀이	무궁화를 찾아서!
안전교육	[재난안전] 누가 집을 흔들어 [교통안전] 자동차를 안전하게 타요. [폭력 및 신변안전] 다양한 표정의 친구들
기본생활습관	예절 - 조용히 문 닫고 열기

> **활동 자료**

활동

활 동 명 ∥ 어떤 집이 있었을까?
대상연령 ∥ 만 3세
활동목표 ∥ 옛날 집의 형태에 관심을 갖는다.
　　　　　　다양한 형태의 집이 있었음을 안다.
활동자료 ∥ PPT자료

활동 내용

🌸 **도입**

유아들이 살고 있는 집에 대해 이야기 나눈다.
- 너희들이 살고 있는 집은 어떤 모양이니?
- 창문은 어떤 모양이니?

🌸 **전개**

옛날 집은 어떤 모양일지 상상해 본다.
- 옛날 사람들이 살았을 때도 지금과 같은 집이었을까?
- 옛날 사람들은 어떤 집에서 살았을까?

PPT 자료 중 동굴을 보며 이야기 나눈다.
- 아주 옛날에는 사람들이 집을 지을 수가 없었대요.
- 그래서 사람들이 동굴에서 살기도 했대.

PPT 자료 중 초가집, 기와집, 궁궐을 보며 이야기 나눈다.
- 옛날 사람들은 어떤 집에서 살았을까요?
- 집이 어떤 모습인가요?
- 왕이 사는 집과 어떻게 다른가요?

🌸 **마무리**

옛날 집 중 만들어 보고 싶은 집을 이야기하며 마무리한다.

평가의 예시

유아들이 선사시대의 동굴집을 보며 까르르 웃으며 "동굴에서 살았대." 하고 즐거워했다. "동굴에서 살면 호랑이가 나오면 어떡해? 으~" 하며 다양한 상상을 하며 이야기하였고, 서로의 이야기에 관련되어 호랑이를 막는 방법 등을 생각해 보기도 했다. 다양한 집에 대해서 살펴보고, 그 장소에서 살면 어떨지 상상해 보는 등 상황에 맞는 이야기를 풀어냈다. 특히 유아들이 왕의 집인 궁궐에 관심을 가지며 "나도 저기서 살고싶다." 등을 이야기하기도 했다.

놀이

활 동 명 ‖ 한복 패션쇼
대상연령 ‖ 만 3세
활동목표 ‖ 한복을 입어 보고 한복 입는 방법을 안다.
　　　　　 한복을 입고 패션쇼를 하며 우리 옷의 아름다움을 느낀다.
활동자료 ‖ 다양한 색상의 한복

놀이 내용

🌸 관심의 시작
교실 내 옷걸이에 걸려 있는 많은 종류의 한복을 보며 유아들이 한복을 탐색한다.
- 한복이 있구나. 한복을 보니 어떠니?
- 한복을 입어 본 적 있니? 한복을 입을 때 어떤 방법으로 입어 보았니?

🌸 놀이의 흐름
한복을 입고 한복 패션쇼를 제안한다.
- 한복을 입어 보니 어떤 기분이 드니?
- 내가 입은 한복을 친구들에게도 보여 주는 것이 어떨까?

> **놀이지원 및 방법**
> 1. 유아들이 다양한 한복을 골라 입는다.
> 2. 패션쇼 무대를 만든다.
> 3. 한복을 입고 패션쇼 무대를 걷는다.
> 4. 무대 위에서 예쁜 포즈를 취한다.

한복을 입어 본 느낌에 대해 이야기 나눈다.
- 한복을 입어 보니 어땠니?

🌸 마무리
내가 입고 싶은 한복에 대해 이야기 나누며 놀이를 마무리한다.
- 내가 입고 싶은 한복이 있니? 한복 만들기 활동을 해 보자.

평가의 예시
유아들이 한복을 보더니 "나도 이거 집에 있어." 하며 자신의 한복을 설명하기 시작했다. 교실 내에 비치된 한복과 비교하며 색상, 무늬 등을 언어로 말하며 자세하게 설명했다. 직접 한복을 입어 보며 "이거 입고 입어야 돼!" 하고 속치마를 먼저 건넸다. 한복 입는 방법을 익히 알고, 입고 벗으며 한복을 소중히 다루는 모습을 보였다.

5. 만 4세 교육계획안

만 4세 교육계획안은 유아의 발달과 흥미에 따라 작성된 교육계획안 예시입니다. 개정누리과정에 의한 놀이와 활동을 중심으로 다양한 예시를 제공하고, 활동과 놀이에 필요한 다양한 교육 자료를 소개하였습니다.

1 | 만 4세 연간교육계획안

2020년 만 4세 놀이중심 연간계획안

월	주	일정	생활주제	놀이활동 전개방향	
				주제	교사 예상 놀이계획 및 재료
3	1	3·1절 입학식	유치원과 친구	우리는 6살이에요	새로운 교실과 환경 살펴보며 이전과 달라진 모습, 기대되는 모습 나누기
	2			새로운 친구들과 함께해요	우리 반 유아, 교사 사진을 제공하여 유아 간의 친밀감 형성하기
	3			유치원에서의 하루	놀이를 할 때 발생하는 다양한 상황을 알아보며 우리 반 약속 정하기
	4			친구와 함께하는 자유놀이	혼자 할 수 있는 놀이, 친구와 함께 하는 놀이 계획해 보기(신문지, 블록, 등 유아가 원하는 재료 제공)
4	1	식목일 지방선거 석가탄신일 1학기 면담	봄 (꽃과 곤충)	봄이 왔어요	유아들이 '봄' 하면 생각하는 것을 직접 가져와서 소개하기(자연물, 그림 등)
	2			봄의 날씨와 생활	봄과 관련된 다양한 사진, 도서를 통해 우리가 발견한 봄의 모습 살펴보기
	3			아름다운 봄꽃	내가 좋아하는 봄꽃 만들기 (색종이, 주름지, 수수깡, 점토 등)
	4			봄의 곤충 친구들	봄에 볼 수 있는 곤충 되어 보기 (비닐, 재활용품, 색칠도구 등 제공)
	5			봄 풍경 자유놀이	유아들이 원하는 재료 제공하여 봄 풍경 꾸며 보기
5	1	근로자의날 어린이날	나와 가족	나의 몸과 마음	내가 느끼는 감정을 놀이로 표현하기 (다양한 감정이 담긴 얼굴 사진, 색깔 종이컵, 뺵업 등)
	2			소중한 나	징검다리, 색판 뒤집기 등을 신체활동 도구를 이용해 다양한 신체놀이 진행
	3			소중한 가족	유아들의 가족 사진을 탐색하며 다양한 가족 구성원의 형태를 알고, 가족 액자 만들기(점토, 구슬, 모루 등)
	4			행복한 우리 가족	역할극에 필요한 재료 알아본 후, 가족역할극 놀이 진행
6	1	현충일	우리 동네	우리 동네의 모습	우리 동네를 탐색한 후, 우리 동네 지도 만들기 (박스, 비닐, 전지, 플레이콘 등)
	2			우리 동네 생활	
	3			우리 동네 다양한 직업	우리 동네의 다양한 시설 견학을 통해 우리 동네를 위해 일하는 분들께 고마움 전달하기 (유아들이 만든 편지, 선물 전달하기)
	4			우리 동네 자유놀이	내가 하고 싶은 직업 선택하여 역할놀이에 필요한 재료를 준비한 후 놀이 진행
7	1	도쿄올림픽 물총놀이	여름 / 건강과 안전	여름 풍경 즐기기	유아들이 느끼는 여름의 모습 떠올리며 교실 환경 구성하기(물감 분무기, 색모래, 우산 등)
	2			여름 자유놀이	유아들이 원하는 모습의 물총 만들고 물총놀이 진행 (페트병, 우유갑 등)
	3			다양한 운동	올림픽의 다양한 운동 종목을 미디어를 통해 알아보고, 신체로 표현해 보기
	4			즐거운 운동과 휴식	운동기구를 제공하여 안전한 방법으로 운동하기 (훌라후프, 요가매트, 뺵업 아령)

월	주	일정	생활주제	놀이활동 전개방향	
				주제	교사 예상 놀이계획 및 재료
8	5	여름방학	신나는 우리들의 놀이	우리들의 놀이터	책상, 의자 등 유아들이 교실 배치를 자유롭게 할 수 있도록 공간과 놀이재료 제공하기
	1				
9	2	개학식	동식물과 자연 (동물, 공룡)	궁금한 동물 이야기	내가 좋아하는 동물 가면 만들기 (종이상자, 색종이, 색칠도구 등)
	3			사라져 가는 동물들	미디어, 도서자료를 통해 멸종위기에 처한 동물 알아보기
	4			공룡이 궁금해요	유아들이 준비한 공룡자료(공룡모형, 공룡카드)를 활용하여 공룡에 대한 궁금증 해결하기
	5			지금은 공룡시대	유아들이 함께 공룡세상 환경 구성 후 공룡 자유놀이 진행 (습사시, 찰흙, 테이프, 자연물, 조형도구 등)
10	1	추석 민속의 날	우리나라	우리나라의 생활문화	옛날과 오늘날의 생활모습 사진과 실물자료 제공, 치자열매를 이용한 천연염색 활동 진행
	2			우리나라의 예술	우리나라의 예술작품 사진 자료 제공, 한지 먹물그림 활동 진행(먹물, 한지, 붓)
	3			자랑스런 우리나라	우리나라의 한글 몸으로 표현하기 (자음, 모음 사진 자료)
	4			함께하는 전통놀이	유아들이 알고 있는 전통놀이 진행 (줄, 제기, 투호, 비석)
11	1	2학기 면담	가을	알록달록 가을	단풍, 나뭇가지, 돌멩이 등을 이용하여 가을나무 완성하기
	2			가을의 날씨 느끼기	가을의 날씨를 느낄 수 있는 방법 탐색하기 (바람개비, 풍선, 휴지 등)
	3			가을의 곡식과 열매	가을의 곡식과 열매를 이용하여 협동작품 만들기
	4			가을 속 우리들의 모습	가을의 모습 표현하기 (돗자리, 스케치북, 색칠도구 등)
12	1	성탄행사 겨울방학	겨울	겨울풍경 즐기기	우리 반 겨울왕국 표현하기 (솜, 블록, 끈 등)
	2			신나는 겨울놀이	유아들이 알고 있는 겨울놀이로 놀이활동 진행
	3			안전한 겨울나기	놀이를 통해 겨울철 안전에 대해 알아보기
	4			겨울 자유놀이	크리스마스 트리 협동작품 (계란판, 물감, 뽕뽕이, 반짝이 모루 등)
1·2	3	개학식 설날 졸업식	새해	새해가 왔어요	함께했던 놀이 중 기억에 남는 놀이 알아보고, 자유롭게 놀이계획 후 놀이 진행 (유아들이 원하는 자료 제공)
	4			행복했던 우리 반	
	1				
	2			졸업을 해요	형님반 견학 후, 유아들이 원하는 형님반 구성하기 (여러 가지 블록 등)

만 4세　　월　　주 주간교육계획

	월 일 ~ 월 일
우리나라 우리나라 문화예술 / 추석	• 우리나라 명절 추석에 관심을 가지고, 추석에 하는 일을 경험한다. • 우리나라의 예술작품을 감상하고, 아름다움을 느낀다. • 우리나라의 전통악기에 관심을 가진다.

교사 예상 놀이 흐름

1 관심의 시작
추석을 맞이하여 추석 관련 활동과 함께 풍속화에 흥미를 보여 우리나라의 예술(춤, 악기, 그림)에 대해 알아보기 위해 활동을 계획함

2 활동/놀이
- 추석 차례상 차리기
- 솔이의 추석 이야기
- 추석 선물상자 만들기

3 놀이
- 얼수 씬나는 춤을 춰요!
- 탈을 완성해요
- 풍물놀이 속 전통악기

4 놀이
- 고려청자 속 사군자 그림
- 미인도 재구성하기

5 활동
- 강강술래를 해요
- 보름달에게 소원을 빌어요
- 탈춤놀이 한마당

놀이	활동
[쌓기] 추석 차례상 차리기	[미술] 미인도 재구성하기
[역할] 얼쑤! 신나는 춤을 춰요!	[언어] 보름달에게 소원을 빌어요
[수·조작] 탈을 완성해요	[동화] 솔이의 추석 이야기
[음률] 풍물놀이 속 전통악기	[조형] 추석선물상자 만들기
[미술] 고려청자 속 사군자 그림	[신체] 탈춤놀이 한마당

바깥놀이	강강술래를 해요
안전교육	[폭력 및 신변안전] 좋은 비밀 나쁜 비밀 [약물 사이버 중독 예방] 금연 포스터 그리기 [재난안전] 빨간모자와 미세먼지
기본생활습관	어른께는 두 손으로 물건을 드려요

놀이

활 동 명 ‖ 탈춤놀이 한마당
활동목표 ‖ 우리나라의 전통춤인 탈춤을 안다.
　　　　　전통가락에 맞춰 탈춤을 경험해 본다.
활동자료 ‖ 탈춤놀이 동영상, 한삼, 전통가락 음원, 전통탈

놀이내용

🌸 관심의 시작
- 점심식사 후 전이시간에 탈춤놀이 노래에 맞춰 탈춤놀이 체조를 소개했더니 탈춤을 따라 추며 집중하여 활동하였다. 탈춤에 관심을 가지는 모습을 보고, 탈춤을 직접 춰 보며 경험할 수 있도록 계획했다.

🌸 놀이의 흐름
- **전통탈, 한삼을 보여 주며 유아의 흥미를 이끈다.**
　T : (한삼과 탈을 보여 주며) 이것은 무엇일까요?
　T : 탈의 표정은 어떤가요?
　T : 선생님이 가져온 준비물을 보니 우리나라의 어떤 춤이 떠오르나요?
- **탈춤이 담긴 영상을 보며 이야기 나눈다.**
　T : 이 춤의 이름은 무엇일까요?
　T : (영상을 보며) 몸을 어떻게 움직였나요? 무엇을 표현하려 하는 걸까요?
　T : 탈이 다른 이유는 무엇일까요?
- **탈춤놀이를 위한 준비를 한 후, 전통가락에 맞춰 춤을 춰 본다.**
　T : 탈춤을 추는 데 무엇이 필요할까요?
　T : 한삼은 어디에 끼우면 될까요?
　T : 노래에 맞춰 탈춤을 춰 볼까요?
- **활동 후 마무리한다.**

> **활동방법**
> 1. 탈춤놀이에 필요한 전통탈과 한삼을 보여 주며 이야기 나눈다.
> 2. 탈춤놀이 영상을 통해 탈춤을 추는 모습을 감상한다.
> 3. 탈춤놀이를 위한 준비를 하고, 탈춤을 춰 본다.
> 4. 활동 후 마무리한다.

🌸 놀이의 확장
- 탈춤놀이를 할 때 사용하는 한삼을 다양한 재료를 이용해 만들어 본다.

함께 놀이해요!

[언어] 전통춤 작은책

준비물 : '전통책' 작은책 활동지, 색칠도구, 연필
- 전통춤 종류를 알아 볼 수 있는 작은책을 만들어 본다.

놀이

활 동 명 ‖ ‘미인도’ 재구성하기
활동목표 ‖ 다양한 재료를 이용하여 미인도를 재구성한다.
　　　　　우리나라의 명화를 감상하며 아름다움을 느낀다.
활동자료 ‖ 미인도 도안, 하얀색 한지, 파스텔, 색칠도구, 스티커

놀이내용

🌼 **관심의 시작**
- 지난 주 ‘김홍도 - 씨름’ 그림에서 볼 수 있는 씨름놀이를 친구와 함께 표현하며 그림 속 선조들의 모습에 관심 가지는 모습을 보여 다양한 풍속화를 감상하고, 미술활동으로 표현할 수 있도록 계획했다.

🌼 **놀이의 흐름**
- **‘신윤복 - 미인도’ 명화를 퍼즐 교구로 제시하여 유아의 흥미를 이끈다.**
　T : 어떤 그림이 숨어 있을까요?
　T : (퍼즐 조각을 하나 떼어 내며) 어떤 그림이 보이나요?
- **명화를 보며 이야기 나눈다.**
　T : 이 그림은 신윤복이라는 화가가 그린 ‘미인도’라는 작품이에요.
　T : 그림 속에 있는 사람은 누구일까요?
　T : 어떤 옷을 입고 있나요?
　T : 표정은 어때 보이나요?
　T : 이 그림을 왜 그리게 되었을까요?
- **활동지를 보여 주며 ‘미인도’ 명화를 재구성해 보기로 한다.**
　T : (치마가 없는 모습을 보며) 미인도의 모습이 어때 보이나요?
　T : 치마를 어떤 재료로 만들 수 있을까요?
　T : 한복에 있는 장신구는 어떻게 표현할 수 있을까요?
- **활동방법을 소개한 후 시작한다.**
　T : 치마가 되어 줄 한복은 파스텔 가루를 한지에 묻혀 물들여 보려고 해요.
　T : 색칠도구를 이용해서 치마를 예쁘게 꾸며 보아요.
　T : (파스텔을 보여 준 후) 어떤 색깔로 물들여 보고 싶나요?
- **활동 후 마무리한다.**

> **활동방법**
> 1. 치마가 되어줄 한지와 파스텔을 준비한다.
> 2. 원하는 파스텔색을 선택하여 모양칼로 파스텔을 긁어내 가루를 한지에 떨어뜨린다.
> 3. 가루를 한지에 골고루 묻혀 준다.
> 4. 색깔이 잘 입혀지면 색칠도구를 이용해 치마를 꾸며 준다.

🌼 **놀이의 확장**
- 우리나라의 다양한 풍속화 작품을 감상한다.

함께 놀이해요!
　　　　　　　　　　[과학] 자연물로 염색하기
　　　　　　　　　　준비물 : 포도, 그릇, 절구, 손수건
　　　　　　　　　　- 절구에 손수건을 넣은 후, 포도껍질을 올려놓고 빻아 손수건에 포도물을 물들여 본다.

⨠ 6. 만 5세 교육계획안 ⨞

만 5세 교육계획안은 유아의 발달과 흥미에 따라 작성된 교육계획안 예시입니다. 개정누리과정에 의한 놀이와 활동을 중심으로 다양한 예시를 제공하고, 활동과 놀이에 필요한 다양한 교육 자료를 소개하였습니다.

1 | 만 5세 연간교육계획안

2020년 만 5세 놀이중심 연간계획안

	월	주	생활주제	계획주제	전개방향
1학기	3	1	유치원과 친구	새로운 환경/ 새로 꾸민 우리 반	새로운 환경에서 낯섦보다는 설렘과 호기심을 가지고 내가 속한 학급뿐만 아니라 유치원(어린이집)의 여러 구성원과 공간을 다양한 방법으로 탐색하고 다양한 놀이를 통해 함께하기 위해 필요한 예절과 약속, 규칙 등을 정하고 공동체 안에서 소속감을 느끼고 긍정적인 관계 형성을 할 수 있는 놀이를 할 수 있도록 지원한다.
		2		우리들의 약속	
		3		우리 반의 하루	
		4		사이좋은 친구	
	4	1	봄과 동식물	봄의 날씨와 생활	관찰을 통해 봄의 환경 변화를 알도록 하며 호기심과 탐구하는 태도를 가지고 자연을 만날 수 있는 기회를 제공한다. 더불어 유아들이 느끼고 경험한 봄의 날씨와 자연, 생활 모습의 변화를 우리들의 봄 이야기로 표현할 수 있도록 한다.
		2		봄에 피는 꽃	
		3		봄의 동식물	
		4		봄의 곤충	
		5		우리들의 봄 이야기	
	5	1	나와 가족	소중한 나	자신과 가족에 대해 긍정적인 태도를 가질 수 있도록 나에 대한 가치와 특성, 가족 관계와 가족의 역할 등을 이해할 수 있는 다양한 놀이를 제공하며 가족의 의미와 소중함을 느낄 수 있도록 한다.
		2		나와 우리 가족	
		3		함께하는 가족 놀이	
		4		다양한 가족의 모습	
	6	1	우리 동네	우리 동네의 모습	내가 살고 있는 지역사회에 관심을 갖고 탐색하며 사회 지식을 가지고 다양한 경험을 통해 지역사회 안에서 화목하게 지내는 방법을 익힐 수 있도록 한다. 더불어 지역사회의 다양한 기관과 여러 가지 직업을 가진 사람들을 놀이로 재현해 볼 수 있도록 지원한다.
		2		우리 동네 기관	
		3		다양한 직업	
		4		함께하는 우리 이웃	
	7	1	여름	여름의 날씨와 생활	여름 날씨와 생활의 변화에 관심을 가지면서 무더운 여름을 건강하게 날 수 있는 다양한 방법을 알고 실천할 수 있도록 한다. 관찰, 실험 등을 통해 물의 특성을 알고 물을 이용한 다양한 놀이를 경험할 수 있도록 한다.
		2		여름철 음식과 건강	
		3		여름아 놀자	
	8	1	교통기관	궁금한 교통기관	다양한 교통기관과 교통기관을 위한 교통시설 등을 탐색하고 연계하여 교통문화를 경험해 봄으로써 교통안전의 중요성을 알고 안전하게 생활하는 태도를 기른다.
		2		고마운 교통기관	
		3		미래의 교통기관/ 안전한 교통문화	

	월	주	생활주제	계획주제	전개방향
2학기	9	1	우리나라/세계 여러 나라	우리나라 사람들의 생활(의식주)	우리나라의 상징, 문화유산 등이 무엇인지 살펴보고 춤, 노래, 놀이 등을 경험하고 표현하며 자연스럽게 우수한 우리 문화에 대해 자부심을 갖고 나라를 사랑하는 마음과 한국인으로서의 긍지를 가질 수 있도록 한다. 더불어 세계 여러 나라에 대해 알아보며 우리와 비슷하거나 다른 문화가 있음을 이해하고 존중하며 더불어 사는 마음가짐을 갖도록 한다.
		2		우리나라의 문화유산	
		3		예술(춤과 노래)	
		4		우리나라 놀이	
		5		추석	
	10	1		우리나라 역사	
		2		세계 속의 우리나라	
		3	가을	가을의 날씨와 생활	여름과 비교하며 가을이 되어 변화된 날씨와 생활에 관심을 갖고 관찰 등을 통해 경험한 가을의 계절적 특징과 생활 변화를 놀이로 표현할 수 있도록 한다. 또한 가을 곡식과 열매 등의 수확은 추석 명절과 연계되도록 하며 가을의 풍요로움과 고마움을 느낄 수 있도록 한다.
		4		풍성한 가을	
	11	1		가을 풍경 즐기기	
		2		우리들의 가을 나들이	
		3	환경과 생활	돌, 흙과 우리 생활	자연환경의 구성물인 흙, 공기, 바람 등 자연물의 특성과 변화를 다양한 활동을 통해 탐색하고 관찰하고 조사해 볼 수 있도록 돕는다.
		4		바람, 공기와 우리 생활	
	12	1		빛, 소리와 우리 생활	
		2	겨울	겨울 날씨/동식물의 겨울나기	호기심을 가지고 책, 인터넷 등을 통해 추운 겨울을 이겨내는 동식물에 대해 조사하고 산책 등을 통해 겨울 날씨의 특징을 경험해 보고 건강하고 안전하게 겨울을 보내는 방법에 관심을 갖도록 하며 어려운 이웃에 관심을 갖고 도울 수 있는 방법을 찾아 실천하도록 한다.
		3		즐거운 겨울 놀이	
		4		이웃과 함께 하는 겨울	
	1	1	생활도구	편리한 생활도구	일상생활에서 이용하는 도구와 기계를 직접 다루어보며 실제적인 활용을 경험하고 다양한 미디어(컴퓨터, 텔레비전 등)의 사용에 대해 알아보며 올바른 도구와 기계 사용의 주체가 될 수 있도록 한다.
		2		우리 주변의 기계와 미디어	
		3		위대한 발명가들/ 미래의 생활도구와 기계	
	2	1	설날/ 초등학교에 가요	즐거웠던 유치원	유치원(어린이집)에서의 생활을 회상하고 자신과 또래의 성장에 대해 긍정적인 자아감을 가질 수 있도록 지원하며 초등학교 입학을 앞두고 긍정적인 태도를 가질 수 있도록 다양한 놀이를 통한 경험을 지원하여 새로운 출발에 대해 희망과 꿈을 가질 수 있도록 한다.
		2		설날	
		3		초등학교에 가요/졸업	

만 5세　　월　　주 주간교육계획

월　일 ~ 월　일

| 우리나라/
세계 여러 나라
우리나라 역사 | * 우리나라를 빛낸 인물들에 대해 관심을 가지고 알아보며 자긍심을 갖는다.
* 우리나라 역사 및 영토에 관심을 갖는다.
* 남북 분단의 과정과 현실을 알고 통일의 필요성을 이해한다. |

주요 내용

🌸 우리나라의 역사	🌼 우리나라의 과거, 현재, 미래에 대해 알아보기	🌺 북한에 관심 가지기
우리나라의 시작 알기 역사적 사건이나 사실과 역사 속 인물(위인)에 관심 갖기	시간의 흐름에 따른 변화 알기 문화유산, 과거의 기록 등을 통해 과거와 현재의 생활 비교하기	남한과 북한은 한 민족임을 알기 남북한 간의 평화와 협력에 관심 갖기 평화통일의 의미 이해하기

환경구성 및 자료

고구려, 백제, 신라, 고려, 조선 등 우리나라의 유물, 문화재 등 사진 자료
우리나라 영토와 관련된 도서
북한과 관련된 도서, 화보(북한의 언어, 음식, 생활, 자연, 문화 등)

활동 ＼ 날짜	월( )	화( )	수( )	목( )	금( )
교육과정 (놀이지원활동)	자유선택활동		대·소집단 활동		
	〈쌓기놀이〉 - 고인돌 만들기 〈음률〉 - 역사 속 위대한 인물들 (한국을 빛낸 100명의 위인들) 〈미술〉 - 금관 만들기 - 우리의 소원은 통일 (통일기를 디자인해요)		〈이야기 나누기〉 - 우리나라의 땅 모양은 어떻게 생겼을까요? - 한글날(아름다운 우리 말) 〈미술〉 - 토기 만들기(빗살무늬 문양 내기) 〈요리〉 - 쑥갓 김치를 만들어요		
	바깥놀이		〈현장체험〉 역사박물관에 가요		
안전교육	(생활안전) 안전하게 숲 체험활동을 해요 (교통안전) 안전하게 길을 걸어요 (폭력 및 신변안전) 나쁜 비밀에 대처하는 방법				
행사 및 비고					

♣ 위 계획안은 유아들의 흥미와 유치원 사정에 의해 변경될 수 있습니다.

월   주 활동계획안

우리나라/우리나라 역사
대·소집단 활동/이야기 나누기

활 동 명 ‖ 한글날(아름다운 우리 말)
활동목표 ‖ 한글과 한글날의 의미를 안다.
　　　　　자음과 모음을 이용하여 글자를 만들어 본다.
누리과정 관련요소 ‖ 사회관계 〉 사회에 관심 가지기 〉 우리나라에 대해 자부심을 가진다.
　　　　　　　　　의사소통 〉 말하기 〉 자신의 경험, 느낌, 생각을 말한다.
활동자료 ‖ 달력, 한글에 대한 그림 자료, 자음과 모음 카드, 순우리말 초성 맞히기 게임 카드

놀이의 흐름

🌸 놀이의 시작	🌸 놀이	🌸 놀이
한글날에 대해 알아보기	순우리말 알아보기	아름다운 우리 말 (순우리말 초성 맞히기) 게임하기

활동방법

1. '한글날'에 대해 이야기 나눈다.
   - 한글날은 어떤 날일까요?
2. 자음과 모음 카드를 이용하여 단어를 만들어 본다.
   - 한글 중에서 가장 좋아하는 단어가 있나요? 왜 좋아하나요?
   - 자음과 모음을 이용하여 단어를 만들어 볼까요?
3. 아름다운 우리말(순우리말)을 소개한다.
4. '아름다운 우리 말(순우리말 초성 맞히기)' 게임 방법에 대해 이야기 나눈다.
5. '아름다운 우리 말(순우리말 초성 맞히기)' 게임을 한다.
6. 활동을 마무리한 후 평가한다.

교사의 놀이 지원 실제

▶자료의 변화
한글에 대해 관심을 가지고 한글의 우수성, 아름다움을 느낄 수 있도록 관련된 책, 화보 등을 제시한다.

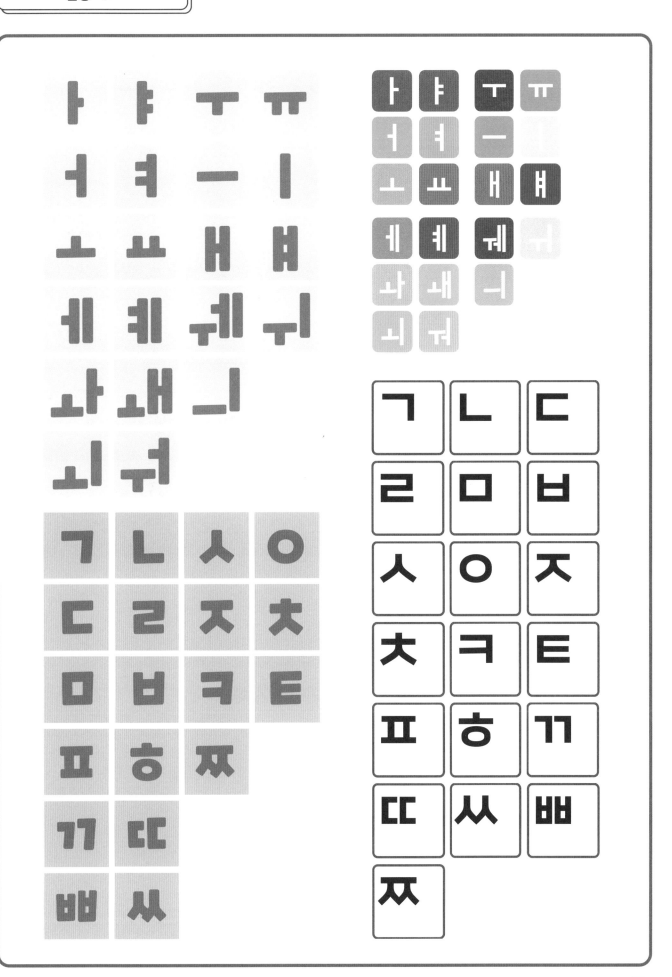

<'아름다운 우리 말(초성 맞히기)' 게임 자료>

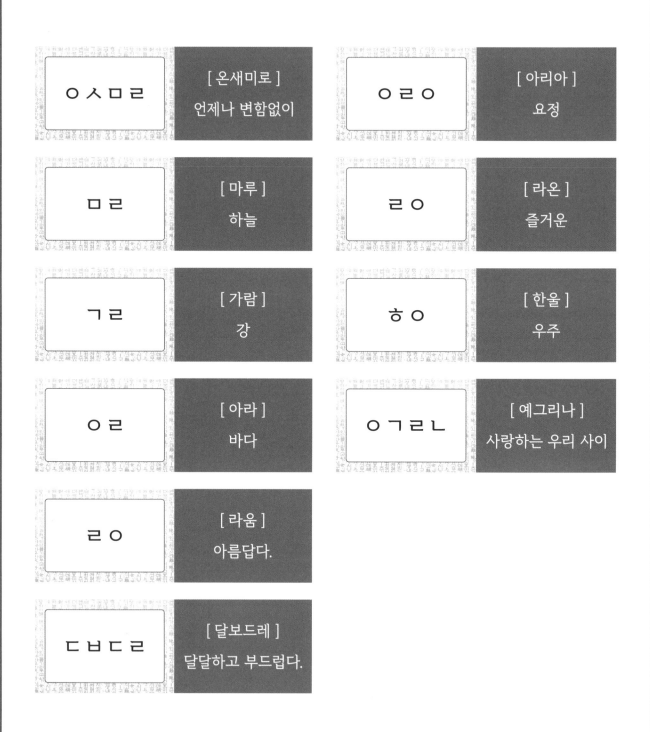

ㅇㅅㅁㄹ	[온새미로] 언제나 변함없이
ㅇㄹㅇ	[아리아] 요정
ㅁㄹ	[마루] 하늘
ㄹㅇ	[라온] 즐거운
ㄱㄹ	[가람] 강
ㅎㅇ	[한울] 우주
ㅇㄹ	[아라] 바다
ㅇㄱㄹㄴ	[예그리나] 사랑하는 우리 사이
ㄹㅇ	[라움] 아름답다.
ㄷㅂㄷㄹ	[달보드레] 달달하고 부드럽다.

월   주 활동계획안

우리나라/우리나라 역사
자유선택활동/미술 영역

활 동 명 ∥ 금관 만들기
활동목표 ∥ 우리 문화재에 관심을 갖는다.
　　　　　 창의적 표현과 미적 감각을 발달시킨다.
누리과정 관련요소 ∥ 예술경험 〉 창의적으로 표현하기 〉 다양한 미술 재료와 도구로 자신의 생각과 느낌을
　　　　　　　　　 표현한다.
　　　　　　　　　 사회관계 〉 사회에 관심 가지기 〉 우리나라에 대해 자부심을 가진다.
활동자료 ∥ 금관 사진 자료, 금관 머리띠 틀, 금지 색종이, 스팽글, 모루 등 꾸미기 재료

놀이의 흐름

🌸 놀이의 시작	🌸 놀이	🌸 놀이
금관 사진 보며 이야기 나누기 금관의 형태 보며 모양 탐색하기 금관 만들기 재료 소개하기	금관 만들기	금관 쓰고 런웨이하기

활동방법

1. 금관 사진을 보며 이야기 나눈다.
   - 이것이 무엇일까요? 이것을 본 적이 있나요?
2. 금관의 형태와 모양을 탐색한다.
   - 금관은 무엇으로 만들었을까요?
   - 모양이 어떤가요?
3. 금관 만들기에 필요한 재료를 소개한다.
4. 다양한 재료를 활용하여 금관을 만든다.
   - 무엇으로 어떻게 꾸미고 싶나요?
5. 활동을 마무리한 후 평가한다.

교사의 놀이 지원 실제

▶상호작용
신라시대의 다양한 유물에 관심을 가질 수 있도록 장신구, 그릇 등과 관련된 책, 화보 등을 제시한다.

금관 도안

금관 꾸미기

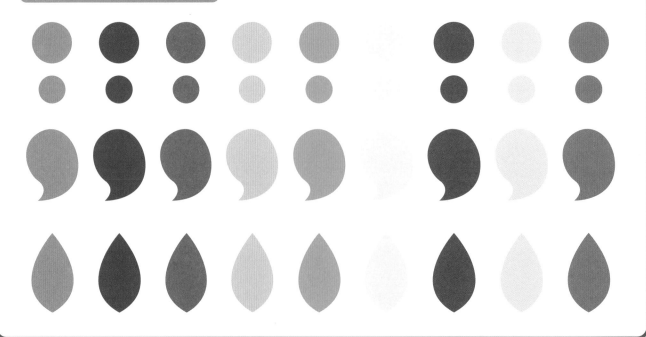

⋛ 7. 행사 및 기타 자료 💬 ⋚

신학기부터 행사까지 알차게 보낼 수 있는 행사 준비에 필요한 자료부터 이름표, 가랜드, 각 영역에 필요한 게시 자료, 교실 환경 구성 자료, 행사용 포토존, 기타 자료들입니다.

1 | 환경판과 포토존

환경판 자료와 포토존 자료를 간단하게 프린트하거나 현수막으로 제작하여 사용할 수 있습니다.

2 | 기타 환경 구성 자료

교실 환경 구성을 위한 자료들입니다. 각 생활 주제와 계절에 어울리는 가랜드와 여러 행사를 위한 자료, 그 밖에 최근에 많은 선생님이 활용하는 합성 도안을 제공합니다.

가랜드

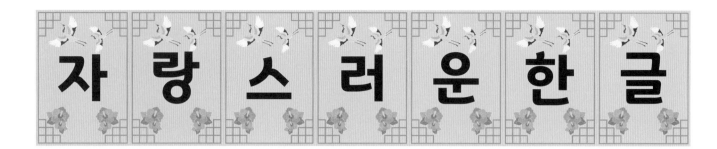

합성 도안

3 | 교실 게시 자료

동요판, 동시판, 날짜판 등 교실 환경 구성에 필요한 자료들입니다. 프린트하여 간단하게 사용할 수 있습니다.

투약함

날짜판과 출석판

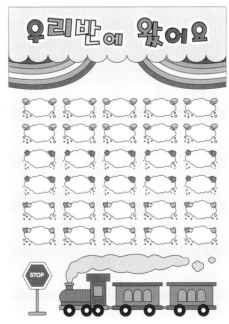

동요판과 동시판

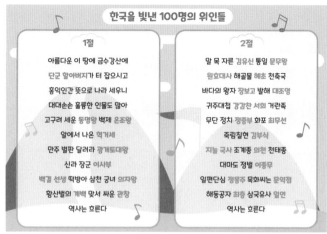

한국을 빛낸 100명의 위인들

1절	2절
아름다운 이 땅에 금수강산에	말 목 자른 김유신 통일 문무왕
단군 할아버지가 터 잡으시고	원효대사 해골물 혜초 천축국
홍익인간 뜻으로 나라 세우니	바다의 왕자 장보고 발해 대조영
대대손손 훌륭한 인물도 많아	귀주대첩 강감찬 서희 거란족
고구려 세운 동명왕 백제 온조왕	무단 정치 정중부 화포 최무선
알에서 나온 혁거세	죽림칠현 김부식
만주 벌판 달려라 광개토대왕	지눌 국사 조계종 의천 천태종
신라 장군 이사부	대마도 정벌 이종무
백결 선생 떡방아 삼천 궁녀 의자왕	일편단심 정몽주 목화씨는 문익점
황산벌의 계백 맞서 싸운 관창	해동공자 최충 삼국유사 일연
역사는 흐른다	역사는 흐른다

촉감판과 끼적거리기판

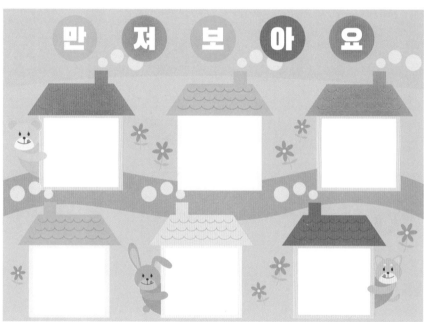

행사계획안

담당	원감	원장

☆☆ 어린이집·유치원

행사명		대상	
목 표			
행사일시			
장 소			
시 간	활동내용		비고
준비물 및 유의사항			
기 타			
행사 사후 평가			

행사 사후평가

	담당	원감	원장

☆☆ 어린이집·유치원

행사명		대상	
행사일시	실제 행사 운영 소요 시간으로 작성		
장 소	변경되거나 추후 변경을 요하는 내용으로 작성		
시간	활동 내용		
	변경되거나 추후 변경을 요하는 내용으로 작성		
교사 평가			
학부모 평가			
유아 평가			
추후 반영 내용	추후 반영되면 좋을 의견이나 수정하여 운영할 수 있는 행사 내용을 작성		
기 타			

[평가제 관련 참고 서류 - 안전 관련]
<일별 점검표>

① 급식 분야

(점검상태 : 양호○, 보통△, 불량×)

구분	점 검 항 목	점검결과						조치사항
		/	/	/	/	/	/	
		월	화	수	목	금	토	
위생 관리 및 식재료 관리	- 작업 전 건강 상태를 확인한다.(감기, 설사, 손 상처자 등 조리 금지)							
	- 위생복, 위생화, 앞치마, 위생모를 착용하고, 배식 시에는 배식 전용기구, 마스크, 위생장갑을 사용하고 있다.							
	- 유통기간 확인 및 선입선출을 준수하고 있다.							
	- 식재료 보관실은 항상 청결을 유지하고 있다.							
	- 보존식 보존 및 관리 기준을 준수하고 있다(배식 직전 소독된 전용 용기에 100g 이상 채취하여 144시간 냉동 보관)**							
	- 어류·육류·채소류를 취급하는 칼·도마는 각각 구분하여 사용하고 있다.							
	- 식기류 및 조리기구의 세척, 소독을 철저히 하고 있다.							
	- 세제, 소독제, 살충제에 라벨을 부착하여 분리보관하고 방충, 방서 등을 위한 정기적인 방역 소독필증을 보관하고 있다.							
	- 식재료의 입고날짜를 기록한 라벨을 부착하여 관리하고 있다.							
	- 식재료 검수일지를 작성하고 보관하고 있다.**							
작업 관리	- 조리 후 2시간 이내 배식하고 있다.							
	- 영양사가 작성한 식단을 사용하고 있다.							
	- 농수산물 및 그 가공품(쇠고기 등 16종)을 조리하여 제공하는 경우 식단표에 그 원산지를 기재하여 공개하고 있다.**							
	- 영양사나 교사는 검식 후 검식일지 작성 및 배식 점검을 하고 있다.							
시설 설비 관리	- 조리장 바닥과 배수로에 물고임 및 냄새 역류가 없도록 관리하고 있다.							
	- 후드, 환풍기를 청결하게 관리하고 있다.							

※ '**'가 표시된 점검사항은 집단급식소 미신고 대상시설에서 반드시 준수할 사항은 아님

② 안전 분야

(점검상태 : 양호○, 보통△, 불량×)

구분	점 검 항 목	점검결과						조치 사항
		/ 월	/ 화	/ 수	/ 목	/ 금	/ 토	
실외 환경	- 어린이집 보호벽 및 주변의 관리 상태는 양호한가?							
	- 실외놀이 공간 주변의 돌, 유리조각, 요철, 녹이 슨 부분, 벗겨진 페인트, 돌출된 모서리가 방치되어 있지는 않은가?							
	- 놀이터 바닥에 오물, 방치된 물웅덩이가 없는가?							
실내 환경	- 문과 창문 등의 추락 위험은 없는가?							
	- 바닥에는 다칠 수 있거나 미끄러운 곳이 없는가?							
	- 복도, 계단, 비상계단, 미끄럼대 등에 방치된 물건이 없어 피난계단, 미끄럼대 등을 사용하기에 양호한가?							
	- 보육용품이나 비품, 유리창 등에 날카로운 모서리 등이 없는가?							
놀이감 및 놀이 기구	- 망가져 날카롭고 위험한 것 또는 부품이 빠지거나 작은 볼트 등이 빠진 것은 없는가?							
	- 유해 색소가 칠해진 놀이감은 없는가?							
	- 영유아가 삼킬 만한 작은 놀이감이나 부품은 없는가?							
	- 놀이감 및 놀이기구의 수납 상태가 양호한가?							
화장실· 세면대	- 화장실 내 세제나 락스 등 위험한 물건이 영유아들의 손이 닿는 곳에 방치되어 있지 않은가?							
전기· 화기· 위험물·	- 콘센트는 안전덮개로 보호되어 있는가?							
	- 화기에 의한 안전사고 위험은 없는가?							
	- 위험물에 의한 안전사고 위험은 없는가?							
	- 가스밸브와 가스중간밸브 잠금은 양호한가?							

③ 차량 분야

(점검상태 : 양호○, 보통△, 불량x)

구분	점 검 항 목	점검결과						조치 사항
		/	/	/	/	/	/	
		월	화	수	목	금	토	
운행 전 점검	- 차량 외부의 이상 유무를 확인한다.							
	- 차량 내 소화기, 비상약품이 비치 여부 및 비치 상태가 양호한지 확인한다.							
	- 차량시동 후 엔진 및 각종계기판 이상 유무를 확인한다.							
	- 엔진 및 차체의 잡음은 없는가?							
	- 차량 출발 전 탑승자의 안전벨트 및 문단속을 확인하고 전후방 사각지대에 영유아 또는 장애물이 있는지 확인한다.							
운행 중 점검	- 차량에 영유아를 보호할 수 있는 사람(보육교사 등)이 탑승하는가?							
	- 창문 밖으로 머리, 손을 내미는 영유아가 있는가?							
	- 안전운행을 위하여 교통안전규칙을 철저히 지킨다.							
	- 정차는 후방의 차량에 최대한 방해되지 않는 곳에 한다.							
	- 운행 중에는 휴대폰, 이어폰 등을 사용하지 않는다.							
운행 후 점검	- 타이어 압력 및 트랙은 양호한가?							
	- 주차 브레이크는 정상인가?							
	- 차량 내 영유아가 전원 하차하였는지 확인한다.							

<월별 점검표>

<점검상태 : 양호○, 보통△, 불량×>

구분	점 검 항 목	점검결과 월	조치사항
안전관리	- 안전관리의 책임 및 위기관리 체계가 적합한가?		
	- 일별 안전점검 체크리스트에 의해 관리되고 있는가?		
	- 응급전화번호 및 비상연락망 등이 잘 관리되고 있는가?		
실외환경	- 어린이집 주변에 감전 위험은 없는가?		
	- 위험한 적치물, 축대 붕괴, 맨홀 등에 대한 위험은 없는가?		
실내 환경	- 모든 설비는 움직이거나 떨어지지 않도록 바닥과 벽면에 단단히 고정되어 있는가?		
	- 창문, 방충망의 상태는 안전한가?		
현관·통로· 계단·비상구	- 출입문, 현관문 등의 안전장치는 정상 작동하는가?		
	- 계단, 통로부분에 미끄럼 방지 처리가 되어 있는가?		
	- 계단의 안전 상태는 양호한가?		
화장실· 세면대	- 화장실 내 전기 콘센트 등 전기용품은 안전한가?		
	- 세면대의 고정 상태는 안전한가?		
실내외 놀이기구 및 공간	- 모든 놀이기구가 바닥에 안전하게 고정되어 있는가?		
	- 놀이 시설물의 상태(틈새나 간격)가 영유아의 몸에 끼이지 않는 넓이인가?		
	- 기초대, 지지대 등 매설 부분이 노출되지 않았는가?		
	- 모든 놀이기구 아래와 주위(안전지대)의 충격흡수재 성능은 양호한가?		
	- 보수가 필요한 놀잇감 및 놀이 기구가 방치되어 있는가?		
	- 놀이기구의 높이가 영유아에게 적합한가?		
	- 어린이제품안전특별법, 품질경영 및 공산품 안전관리법 등에 의한 안전검사(KC 인증 등)를 필한 제품인가?		
전기·가스· 위험물 안전관리	- 전선, 콘센트, 플러그 등 손상된 부분은 없는가?		
	- 한 개의 콘센트에 용량을 초과해 사용하고 있지 않은가?		
	- 분배전반 및 각종 전기기구의 노후 및 파손된 것은 없는가?		
	- 가스경보기의 설치 상태가 양호한가?		
소방시설 관리	- 대피를 위한 대피도가 잘 관리되어 있는가?		
	- 소화기, 스프링쿨러 등 소화장비의 작동 및 관리 상태는 양호한가?		
	- 자동화재 탐지설비의 설치 상태가 양호한가?		
	- 옥내소화전의 관리 및 작동이 양호한가?		
비상대피 시설관리	- 비상계단 및 미끄럼대 등이 화재 등 유사 시 사용이 가능한가?		
	- 피난유도등 유도표지등이 잘 갖추어져 있고 정상 작동하는가?		
	- 건물 내 대피경로에 장애가 되는 요소는 없는가?		

<월별 점검표>

(점검상태 : 양호○, 보통△, 불량X)

※ 체크리스트 항목별 점검 시 참고사항

□ 안전분야 일별점검 체크리스트 참고사항

1) 실외환경

- 어린이집 보호벽 및 어린이집 주변의 관리 상태는 양호한가?

　(조치사항)　담, 울타리, 창살, 가스 혹은 난방기 등의 계량기, 보일러 설비, 퓨즈박스, 비상미끄럼틀, 외부 차양 등 설비의 안전 상태를 확인하여 위험요소를 즉시 안전하게 제거·수리 및 관리한다.

- 놀이터 바닥에 오물, 방치된 물 웅덩이가 없는가?

　(조치사항)　오물 및 물 웅덩이는 전염성 질환을 야기 시키는 해충의 서식지가 될 수 있으므로 발견 즉시 제거하고, 물 웅덩이는 물 제거 후 웅덩이를 관리하여 영유아가 넘어질 수 있음을 방지한다.

2) 실내환경

- 문과 창문 등의 추락 위험은 없는가?

　(조치사항)　문과 창문의 안전상태 확인 및 창문 등의 가까이에 오를 수 있는 물품이 있어 추락 위험이 있는지 확인하고 즉시 제거한다.

- 바닥에는 다칠 수 있거나 미끄러운 곳은 없는가?

　(조치사항)　화장실, 계단, 실내 보육실 등에 미끄러운 곳, 물이 고인 곳을 확인한다. 미끄럼방지 시트 또는 타일을 부착하거나 물기가 많으면 물기를 제거한다. 또한 바닥의 단차가 있는 경우 영유아들이 넘어지는 사고가 많이 발생하므로 바닥에는 단의 차이가 없도록 한다.

- 복도, 계단, 비상계단, 미끄럼대 등에 방치된 물건이 없어 피난계단, 미끄럼대 등을 사용하기에 양호한가?

　(조치사항)　유사시 대피에 장애가 되는 물건이 방치되었는지를 확인하고 방치된 물건은 안전한 곳으로 즉시 이동한다.

3) 놀잇감 및 놀이기구

- 영유아가 삼킬만한 작은 놀잇감이나 부품은 없는가?

　(조치사항)　놀잇감의 크기가 영유아의 입, 코, 귀 등에 들어가지 않도록 3.5cm 이상의 놀잇감을 준비한다.

- 놀잇감 및 놀이기구의 수납 상태가 양호한가?

　(조치사항)　놀잇감이 영유아가 수납하기에 적당한지, 무거운 놀잇감이 높은 곳에 있지 않은지 확인한다. 유아의 신체 특성을 고려하여 수납위치를 바꾸고, 무겁거나 추락 위험이 있는 놀잇감은 즉시 안전한 위치로 이동한다. 방치된 놀잇감은 영유아들이 올라가 추락하는 위험도 발생할 수 있으므로 안전하게 보관한다.

4) 전기·화기·위험물

- 화기에 의한 안전사고 위험은 없는가?

　(조치사항)　라디에이터, 난로, 히터 등의 보호덮개, 라이터, 성냥, 양초, 폭죽 등이 방치된 것이 있는지, 가스 중간밸브 잠김, 화기시설 주변의 가연물 등을 확인하여 위험물품은 즉시 제거한다. 보호덮개가 필요한 경우 전문업체에 의뢰한다.

- 위험물에 의한 안전사고 위험은 없는가?

　(조치사항)　화학용품 및 약품, 살충제, 세제, 기타 위험한 약품 등이 방치되었다면, 즉시 안전한 곳으로 이동한다. 특히 약품의 경우 보육실 영유아용 책상 위에 놓여 영유아들이 만지거나 먹을 수 있기에 주의를 더 요한다. 필요시 전문기관에 의뢰하여 처리한다.

　　※ 관련법 : 영유아보육법 시행규칙 별표1, 위험물 안전관리법 제14조

- 가스밸브와 가스중간밸브 잠금은 양호한가?

　(조치사항)　가스와 가스중간밸브 잠금 상태, 가스누설 탐지기의 상태·위치 등을 확인하여 가스누출을 예방한다. 가스를 사용하는 모든 설비에는 중간밸브를 설치하여야 한다. 가스밸브 주위의 누출여부를 점검하고, 가스누설탐지기의 위치(LNG : 천장에서 30cm, LPG : 바닥에서 30cm 이내)를 점검하고 손상여부, 전원이 연결 상태 등을 점검한다. 이상이 있을 시 전문업체에 점검 및 수리를 의뢰한다.

　　※ 도시가스사업법 제7조에 따라 정기검사대상자로 선정되면 연1회 한국가스안전공사에 의한 점검을 받는다. 단, 지자체에 따라 차이가 있을 수 있다.(이 외는 도시가스회사에서 검사)

□ 월별점검체크리스트 참고사항

1) 안전관리

- 안전관리의 책임 및 위기관리 체계가 적합한가?

　(조치사항)　원장의 안전관리 책임성, 화재 등 비상사태 발생 시 대응체계의 적절성을 확인한다. 원장이 안전관리에 관한 책임, 전문성(방화관리자 자격 등)을 확보하도록 하고, 교사가 안전관련 교육에 적극적으로 참여하도록 한다. 비상사태에 대비한 대응체계가 수립되도록 한다.

- 응급전화번호 및 비상연락망 등이 잘 관리되고 있는가?

　(조치사항)　비상 시 소방서·병원·경찰소 등의 응급전화번호 및 비상연락망 등이 전화기 옆에서 잘 관리되고 있는지 확인한다. 지속적으로 소방서, 병원의 응급전화번호 및 비상 연락망의 전화번호 변경여부를 확인하여 관리한다.

2) 실외환경

- 어린이집 주변에 감전위험은 없는가?

　(조치사항)　　어린이집 50m 이내에 고압선, 전선, 가로등 등 감전위험을 확인한다. 확인물 발견 시 관련기관 및 지방자치단체에 통보하고 안전조치를 요청한다.

- 위험한 적치물, 축대 붕괴, 맨홀 등에 대한 위험은 없는가?

　(조치사항)　　어린이집 주변 50m 이내에 위험한 물건·물품(방치된 자동차 생활쓰레기 적치, 붕괴위험이 있는 축대, 맨홀, 파인 곳, 공사장 등)이 확인되면 지방자치단체(주민자치센터 포함)에 통보하고 안전조치를 요청한다.

3) 실내환경

- 모든 설비는 움직이거나 떨어지지 않도록 바닥과 벽면에 단단히 고정되어 있는가?

　(조치사항)　　건축설비의 전기, 난방, 조명, 급배수 등의 설비물의 고정 상태와 벽 천장 등에 고정된 물품과 장식물 등이 안전하게 고정되어 있는지 확인하여 수리 필요시 전문업체에 의뢰한다.

- 창문, 방충망의 상태는 안전한가?

　(조치사항)　　창문의 깨짐, 창문 테두리의 실리콘 상태, 방충망의 노화상태를 정기적으로 확인하여 즉시 조치한다.

4) 현관·통로·계단·비상구

- 출입문, 현관문의 안전장치는 정상 작동하는가?

　(조치사항)　　보안을 위한 잠김 문이나 인터폰·초인종이 정상작동여부 확인 후 응급조치와 필요시 전문업체에 의뢰한다. 또한 출입문과 현관문의 손끼임 방지를 위한 안전 고무 바, 도어클로저 등을 설치한다.

- 계단의 안전 상태는 양호한가?

　(조치사항)　　안전손잡이, 적치물, 난간의 간격 고정 상태를 확인한다. 응급조치 후 필요시 전문업체에 의뢰한다.

　※ 계단의 단 높이는 16cm 이하이며 단의 높이가 일정하여야 하며, 단 너비는 26cm 이상이어야 하며 일정하게 구성되어야 한다. 난간의 높이는 110cm 이상, 난간살의 간격은 10cm 이하로 설치한다.(출처 : 안전매뉴얼연구, 중앙보육정보센터. 2008)

5) 화장실·세면대

- 화장실 내 전기 콘센트 등 전기용품은 안전한가?

　(조치사항)　　방수용 콘센트 및 물에 의한 전기 위험 여부를 확인한다. 콘센트는 방수용으로 교체하고, 물에 젖거나 고인 물(욕조 등)에 추락이 가능한 물품은 안전한 곳으로 이동 또는 제거한다.

- 세면대의 고정 상태는 안전한가?

　(조치사항)　　고정상태 확인 시 나사 풀림 상태 등을 정기적으로 확인하여 필요시 수리하거나 교체한다.

6) 실내외 놀이기구와 공간

- 모든 놀이기구가 안전하게 고정되어 있는가?

　(조치사항)　　놀이기구의 고정상태, 매설된 지지대의 노출, 윤활유 보충 등을 확인하고 즉각적인 안전조치 후 필요시 관련업체에 의뢰한다.

- 놀이시설물의 상태(틈새나 간격)가 영유아의 몸에 끼이지 않는 넓이인가?

　(조치사항)　　집합놀이기구 등의 틈새나 간격의 너비 확인 및 노후로 인한 영유아 신체의 빠짐 및 끼임 등을 확인한다(손가락 : 8mm 이하, 25mm 이상 / 발 : 30mm 이하 / 머리 : 9cm 이하, 23cm 이상). 안전관리 필요시에는 1차 안전조치로 접근금지 표시 및 전문업체에 수리를 의뢰한다.

- 모든 놀이기구의 아래와 주위(안전지대)에 충격흡수제의 성능은 양호한가?

　(조치사항)　　영유아가 추락할 가능성이 있는 놀이시설물 아래와 주변의 공간(안전지대)은 충격을 흡수할 수 있도록 설치되어야 한다(25-30cm 이상의 모래, 우레탄 바닥, 매트 등). 충격흡수제 사용 시 마모되어 구멍이 나거나 끝 부분이 말림으로 인해 영유아들이 걸려 넘어질 수 있다. 따라서 즉각적인 안전조치 후 전문업체에 의뢰한다.

- 놀이기구의 높이가 영유아에게 적합한가?

　(조치사항))　　놀이기구의 구입 시 연령에 따른 영유아의 신체 등에 적합한지 확인한다. 참고로 놀이 기구의 높이는 2.5m 이하로 설치한다.

　(출처 : 어린이시설 안전점검 매뉴얼. 소방방재청. 2005)

7) 전기·가스·위험물 안전관리

- 전선, 콘센트, 플러그 등이 손상된 부분은 없는가?

　(조치사항)　　실내 전선의 노후, 피복손상, 파손된 콘센트 및 플러그 등을 확인한다. 벗겨진 전선은 절연 테이프로 감싸고, 파손된 콘센트 플러그 등은 즉시 교체한다. 필요시 전문업체에 수리·점검을 의뢰한다.

- 분배전반 및 각종 전기기구의 노후 및 파손된 것은 없는가?

　(조치사항)　　노후하거나 파손된 분배전반 및 각종 전기기구는 전기전문업체에 의뢰하여 수리·교체하도록 한다. 또한 전기사업법이 정하는 바에 따라 인가 시 전기안전점검과 정기점검이 실시될 수 있도록 한다.

　※ 관련법 : 전기사업법 제65조~제66조의2 및 동법시행규칙 제35조~제35조의4 등

- 가스경보기의 설치상태가 양호한가?

　(조치사항)　　LNG 또는 LPG에 따른 가스경보기의 위치·설치 상태·정상작동 여부 및 관련법에 의해 점검을 받았는지 확인한다. 필요시 가스경보기를 전문업체에 의뢰하여 이동설치·수리·교체하도록 한다.

　※ 관련법 : 소방시설의 설치 및 유지관리에 관한 법률 시행령 제15조

8) 소방시설관리

- 소화기, 스프링쿨러 등 소화장비의 관리 상태는 적합한가?

(조치사항)   소화기의 비치 위치, 압력 등의 적합한 관리상태를 확인한다. 소화기는 연면적 33제곱미터 이상에 1대 이상을 비치한다. 또한 공간의 제약성 등을 확인 후 필요시 추가로 비치한다. 소화기는 눈에 잘 띄는 곳에 위치하고 있는지를 확인하되 영유아 보행 시 충돌 방지를 감안하여 적절한 위치에 놓는다. 소화기는 압력 상태를 월 1회 이상 점검한다. 이상이 있는 것은 새것으로 교체하거나 소방전문업체에 점검을 의뢰한다. 스프링클러 설비의 정상적인 작동여부를 확인하고 필요시 소방전문업체에 수리·점검을 받도록 한다.

- 자동화재 탐지설비의 설치상태가 양호한가?

(조치사항)   자동화재 탐지설비가 있는 경우에 한하는 것으로 자동화재 탐지설비의 정상적인 작동여부를 확인하고 필요시 소방전문업체에 수리·점검을 받도록 한다.

- 옥내소화전의 관리 및 작동 상태가 양호한가?

(조치사항)   옥외소화전설비가 있는 경우에 한하는 것으로 소화전 함의 내용물을 확인(관창 1, 호스 2), 방수 시 수평거리 17m 도달 시 정상이다. 옥내소화전설비의 정상적인 작동여부를 확인하고 필요시 소방전문업체에 수리·점검을 받도록 한다.

※ 소방시설의 설치·유지 및 안전관리에 관한 법률 제9조 등에 의거 소방시설을 유지·관리

9) 비상대피시설관리

- 비상계단 및 미끄럼대 등이 화재 등 유사 시 사용이 가능한가?

(조치사항)   설치기준에 적합한 상태, 평상시 영유아 개폐할 수 없는 상태, 유사시 용이한 개방 가능 등의 정상적인 작동 여부를 확인하고 필요시 전문업체에 수리·점검을 받도록 한다.

※ 관련법 : 영유아보육법 시행규칙 제9조(별표1)

- 피난유도등, 유도표지등이 잘 갖추어져 있고 정상 작동하는가?

(조치사항)   유도등 유도표지의 위치, 유도등의 상태·점등 등을 확인한다. 피난구 유도등의 경우 30m 거리에서 문자 및 색채 식별이 가능하여야 한다. 설치기준에 적합성 및 위치·작동 여부를 확인하고 필요시 전문업체에 수리·점검을 받도록 한다.

- 건물 내 대피경로에 장애가 되는 요소는 없는가?

(조치사항)   계단, 통로, 출입문 등 피난경로에 적치물 방치, 피난에 필요한 유효너비 확보, 비상출구의 잠금장치 설치 여부를 확인한다. 계단, 통로, 출입문 등 피난에 장애가 되는 물건 등은 즉시 이동조치한다. 계단·통로·출입구의 유효 너비, 출입문의 개폐 방향, 비상구의 잠금장치 등을 확인하고 시정조치하도록 한다.

※ 관련법 : 소방시설의 설치 및 유지관리에 관한 법률 시행령 제15조

[평가제 관련 서류 참고 - 면담 관련]

질문 사항을 체크한 후, 우리 원에 맞는 답변을 준비해 보세요.

구분	영역	면담 질문 예시
1-2-1-①	원장	어린이집의 보육철학은 무엇이고, 연간보육계획에 어떻게 반영하는가? 연간보육계획 수립 시 표준보육과정을 어떻게 반영하는가?
1-2-1-②	교사	월간 또는 주간 또는 일일보육계획안에 영유아의 흥미와 요구, 놀이를 어떻게 반영하였는가? 사례는?
1-2-4-①	교사	바깥놀이 대신 실내에서 대체활동을 진행한 사유는 무엇인가?
1-3-3-②	교사	요즘 영유아가 흥미 있어 하는 놀이 및 활동은 무엇인가? 영유아의 흥미나 놀이 경험을 반영하여 준비한 놀이자료가 있는가?
1-4-3-①	교사	○○반에서 지켜야 하는 약속과 규칙은 어떤 과정을 통해 정하였는가? ○○반에서 지켜야 하는 약속과 규칙은 무엇인가?
1-5-2-③	교사	영유아 평가 결과를 영유아 놀이 지원, 활동 선정, 환경구성, 상호작용 방법 등에 반영한 적이 있는가? 구체적인 사례는?
		영유아 평가 결과를 부모면담에 반영한 사례가 있는가? 반영한 사례는?
1-5-2-④	교사	개별 장애영유아를 위한 진단·평가 도구를 마련하고 있는가? 언제, 어떻게 사용하는가?
1-5-3-①	원장	반별 보육과정 운영에 대해 언제, 어떤 방법으로 평가하고 있는가? 반별 보육과정 운영 평가에서 어떤 점을 중점적으로 평가하는가(보육일지, 환경구성, 상호작용 등)? 어린이집 전체 보육과정 운영평가를 어떻게 하고 있는가?
1-5-3-②	원장	반별 보육과정 평가를 어린이집 운영에 어떻게 반영하는가? 실제 반영된 사례는 무엇인가?
2-2-2-③	교사	영유아가 자연을 경험할 수 있는 실외환경으로 무엇을 마련하였는가? 영유아가 자연을 경험할 수 있도록 어떻게 지원하였는가?
2-2-3-①	교사	바깥놀이에서는 주로 어떤 놀이나 활동이 이루어지는가? 어떻게 진행되는가?
2-2-3-②	교사	바깥놀이에서 자연을 직접 경험하는 활동으로 어떤 것이 이루어지는가? 어떻게 진행되는가?
2-3-4-①	공통	신입 영유아 적응 과정으르 얼마 동안 어떤 방법으로 운영하는가? 신입 영유아의 적응을 위해 어떤 점을 배려하는가?
2-3-4-②	공통	신입 영유아 부모 오리엔테이션은 어떤 방법으로 실시하고 있는가?
2-4-1-①	원장	보육실 참관을 원하는 부모를 위해 어떠한 절차와 방법을 마련하고 있는가? 마련된 절차와 방법을 부모에게 어떻게 안내하는가?
	교사	부모의 보육실 참곤은 어떤 방법으로 이루어지고 있는가?
2-4-1-②	원장	최근 1년 이내에 부모가 어린이집 운영지원에 참여한 적이 있는가? 언제, 어떤 방법으로 참여하였는가?
2-4-2-③	공통	현재 재원하고 있는 영유아나 가족의 문제에 대해 알고 있는 사례가 있는가? 영유아나 가족에 대한 문제를 어떤 방법으로 파악하고 있는가? 영유아나 가족 문제가 있을 때 활용할 수 있는 지역사회의 전문기관이나 전문가 정보를 알고 있는가?
3-1-1-②	교사	영아들이 사용하는 놀잇감을 얼마나 자주 세척하는가?
3-1-1-③	교사	사용한 여분의 침구는 어떻게 관리하는가?
3-1-1-④	원장	공기청정기는 어떻게 관리(필터 교체 주기, 방법 등)하는가?
3-2-1-④	공통	식품 알레르기 질환에 대한 지침의 내용을 알고 있는가? 지침의 내용을 부모나 보호자에게 어떤 방법으로 안내하였는가? 재원 중인 영유아 중 식품알레르기 질환이 있는 영유아가 있는가? 어떠한 종류인가? 해당 영유아를 위해 어떻게 지원하고 있는가?
3-2-2-④	조리원	도마와 칼은 어떻게 구분하여 사용하는가?
3-2-3-③	교사, 조리원	당일 급·간식의 배식을 완료한 후 남은 음식은 어떻게 처리하는가? 전날 조리된 음식이 재배식된 경우가 있는가?

구분	영역	면담 질문 예시
3-3-2-②	공통	아픈 영유아가 발생하거나 다쳤을 경우, 보호자에게 어떻게 알리는가? 영유아가 다쳤을 경우, 어떻게 조치하는가?
3-3-2-④	교사	견학, 산책 등 외부활동 시 실외용 비상약품을 별도로 구비하여 지참하는가?
3-3-3-②	교사	일과 안에서 영유아에게 건강·영양 교육의 기회를 제공하는가? 일과 중 관련 교육을 자연스럽게 실시하기 위해 어떤 방법을 사용하는가? 영아에게 개별 또는 소집단으로 건강·영양과 관련하여 교육적 경험을 제공하는가? 최근 1년 이내에 건강·영양 관련 교육에 참여한 경험이 있는가? 건강·영양 교육은 구체적으로 어떤 내용이었나? 건강·영양 교육을 받고 영유아 보육과정 운영이나 일상생활 지도에 어떻게 적용해 보았는가?
3-3-3-③	공통	부모가 감염병에 걸린 영유아를 등원시킬 경우 어떻게 대처하는가? 영유아가 감염병에 걸렸다고 의심되는 경우 어떻게 대처하는가? 원장이나 교사 자신이 감염병에 걸린 경우 어떻게 대처하는가?
3-4-1-③	공통	오늘 등원하지 않은 영유아가 있는가? 사유는 무엇인가? 등원하지 않은 영유아가 있는 경우 어떻게 조치하는가? 차량을 이용하는 영유아가 별도의 연락 없이 결석하는 경우 어떻게 조치하는가?
3-4-1-④	공통	하원 차량 운행 시, 보호자가 지정된 장소에 나와 있지 않으면 어떻게 조치하는가? 보호자가 영유아를 혼자 하원시켜 달라고 요청하는 경우 어떻게 하는가? 영유아가 혼자 등·하원하는 사례가 있는가?
3-4-2-③	공통	통합보육은 몇 시부터 이루어지는가? 통합보육 시 인계되는 영유아에 대한 특이사항은 어떻게 전달되는가? 어떤 내용이 있는가?
3-4-3-①	공통, 운전자	어린이 하차확인장치 사용법에 대해 알고 있는가? 어린이 하차확인장치를 매일 어떻게 사용하고 있는가?
3-4-3-④	공통	차량 운행 시 동승하는 성인은 누구인가? 운전자가 음주 상태로 운전을 하거나, 운전 중에 휴대전화를 사용하는 것을 본 적이 있는가? 만약 발견되면 어린이집에서는 어떻게 조치할 것인가? 차량에 동승한 성인은 영유아가 차량에 타고 내릴 때 어떻게 도와주는가? * 관찰이 어려운 경우에 한해 면담으로 확인 차량 탑승 영유아에 대한 관리는 어떻게 이루어지는가? 모든 영유아의 하차 여부는 어떤 방식으로 확인하는가?
3-5-1-①	교사	영유아를 위한 안전교육으로 주로 어떤 내용을 다루는가? 어떤 방법으로 이루어지는가?
3-5-1-②	공통	소방대피훈련은 얼마나 자주 실시하는가? 어떤 방식으로 이루어지는가?
3-5-1-④	공통	햇볕이 강하고 더운 시간대에 바깥놀이를 나갈 경우 어떠한 조치를 하는가? 황사가 있거나 미세먼지(초미세먼지 포함) 농도가 높은 날에는 어떻게 조치하는가?
3-5-2-①	공통	언제, 어떤 내용의 안전교육을 받았는가? 영유아 학대 예방교육을 받은 후 영유아를 대하는 것에 어떤 변화가 있었는가?
3-5-2-②	공통	비상사태를 대비하여 분장된 업무 중 자신의 역할은 무엇인가? 화재 발생 시 자신이 해야 할 역할은 무엇인가?
3-5-2-③	교육참여자	교육받은 내용 중 가장 유용한 정보는 무엇인가? 응급처치 시 반드시 지켜야 할 원칙은 무엇인가? 영유아 질식 시 응급처치(심폐소생술)를 어떻게 실시하는가?
3-5-2-④	공통	영유아 학대 예방지침의 내용 중 학대의 정의와 유형은 무엇인가? 영유아 학대 신고가 의무인 것을 알고 있는가? 영유아 학대 신고 전화번호는 무엇인가? *아동학대 신고번호 : 국번없이 112 영유아 학대가 의심되는 상황(멍, 상처 등 신체적 상흔, 무단 결석, 명확한 사유 없이 퇴소 신청 등)이 발생하면 어떻게 대처해야 하는가? 영유아를 학대로부터 보호하기 위한 자신의 역할 범위는 어디까지인가? 영유아를 학대로부터 보호했던 경험이 있는가?
3-5-3-④	공통	지금 이 장소에서 가장 가까운 소화기는 어디에 비치되어 있는가? 소화기는 어떻게 사용하는가? 비상구는 어디에 있으며 어떻게 여는가?
4-1-1-①	원장	어떤 철학과 소신을 가지고 어린이집을 운영하고 있는가? 어린이집의 질적 수준 향상을 위하여 어떤 노력을 해 왔는가?

구분	영역	면담 질문 예시
4-1-1-②	원장	지난 1년 동안 원장으로서 전문성을 향상하기 위해 어떤 노력을 하였는가?
4-1-2-①	교사	원장은 평소 모든 보육교직원을 존중하는 말과 태도로 대하는가?
4-1-2-②	원장	교사회의 등에서 의사결정을 해야 하는 안건이 있다면 어떤 방식으로 결정하는가?
	교사	원장은 안건이나 사안을 결정할 때 교사에게 의견을 묻는가? 원장은 회의에서 교사가 의견을 제시할 때 이를 주의 깊게 듣는가?
	공통	보육과정 등 어린이집 운영과 관련하여 교사가 제시한 의견 중 수용된 것은 무엇인가?
4-1-3-①	공통	최근 교사회의에서 논의된 내용은 무엇인가?
4-1-3-②	공통	어린이집에서 자신이 담당하고 있는 업무는 무엇인가? 업무분장은 어떤 방식으로 결정되었는가?
4-1-3-③	공통	원장/보육교직원과 면담을 정기적으로 하는가? 정기면담의 시기와 이유에 대해 알고 있는가? 가장 최근에 개별면담으로 한 시기는 언제인가? 면담은 주로 어떤 내용으로 이루어지는가?
	교사	원장과의 면담은 어떠한 측면에서 도움이 되었는가?
4-3-1-①	공통	근로계약에 대한 동의와 확인은 어떤 방식으로 이루어지는가? 근로계약서에 명시된 근로시간을 준수하고, 휴일 및 휴가, 휴게시간 등을 사용하는가?
4-3-1-②	교사	취업규칙(복무규정) 내용에 대해 설명을 들은 적이 있는가? 취업규칙(복무규정)을 어떻게 확인할 수 있는가?
4-3-1-③	원장	교사의 급여는 어떤 기준으로 책정하였는가?
	교사	보육교직원의 보수에 관한 규정에 대해 아는가? 규정에 준하여 보수를 지급받고 있는가?
4-3-2-①	공통	교사의 직무스트레스를 완화하고 신체 및 정신건강을 유지할 수 있는 기회가 어떻게 제공되는가? *보육교직원을 위한 복지제도와 별도로 제공해야 함
4-3-2-②	공통	보육업무로 인한 직무스트레스를 효과적으로 해결하기 위하여 교사에게 유관기관에서 제공되는 서비스를 적극적으로 안내하는가?
4-3-3-①	공통	보육교직원의 복지를 위해 실시하고 있는 제도가 있는가? 어떤 제도인가?
4-3-3-②	공통	어린이집의 복지 혜택이 전체 보육교직원에게 제공되고 있는가?
4-4-1-①	원장	연간 보육교직원 교육 계획 수립 시 어떤 점을 고려하는가?
4-4-1-②	공통	가장 최근에 직무교육을 받은 시기는 언제인가? 어떤 직무교육을 이수하였는가? 가장 최근에 참석한 교육은 언제이며, 어떤 내용이었는가?
4-4-2-①	공통	교사의 상호작용 관찰에 대한 계획이 수립되어 있는가? 상호작용 관찰 후 지원은 어떤 방법과 내용으로 이루어졌는가?
4-4-3-①	원장	교사에 대한 근무평가는 언제, 어떤 방법으로 이루어지고 있는가? 평가 결과는 어떻게 활용하는가? 평가 결과를 활용한 구체적 사례가 있는가?

[평가제 관련 서류 참고 - 운영안내서에 들어가야 할 내용]

첨부 내용을 확인한 후, 우리 원에 맞는 안내 자료를 준비해 보세요.

<운영안내서>

- 차 례 -

해당 내용을 확인한 후, 우리 원에 맞는 운영일지를 준비해 보세요.

어린이집 운영일지

결재	담당	원장

일 시	20 년 월 일 날씨:					
행사 및 특이사항*	(부모참여프로그램, 운영위원회 회의, 신입원아오리엔테이션, 영유아와 가족의 문제, 신입인력오리엔테이션, 소방대피훈련 등)					

영유아 입/퇴소 관계	입소 영유아			퇴소 영유아		

정원	연령	합계	만 0세	만 1세	만 2세	만 3세	만 4,5세
		전체 교직원	기타 (원장,조리사)	영유아				
정원							
현원							

급식인원	교직원 총 명, 영유아 총 명.

결석아동 이름	

영양관리** (제공식단)	오전간식	점심	오후간식
	급식 운영일지 참조		

연월차 휴가		교사연수	
방문자 및 부모개별면담		실습교사 및 자원봉사	

교직원회의 교직원교육*	(신입교직원오리엔테이션, 보수교육, 원내·외 교육 등)

당직 시 특이사항	

오전당직	(인)	출근시간		오후당직	(인)	퇴근 시간	

┤ 작성 Tip ├

◎ 어린이집 운영일지는 어린이집의 운영을 한눈에 기록, 관리할 수 있어야 한다.
◎ 당직사항을 두어 인계아동에 관한 기록 관리와 최초·최종 퇴근, 어린이집 관리 상태 등 어린이집 운영의 전반적 관리를 운영일지 안에 포함하여 기록 관리할 수 있다.
◎ 당직 시 어린이집 점검을 고려하며 첫 출근자/최종 퇴근자에게 점검일지를 첨부할 수 있다.(관련문서 참고)
◎ 당직 시 특이사항에는 평소와 다른 사항이 발생되었을 때 기록한다.

해당 내용을 확인한 후, 우리 원에 맞는 안내 자료 및 동의서를 준비해 보세요.

부모동의 및 조사서

○○○어린이집에서는 영유아보육법 및 시행규칙, 보육사업안내 등에 따라 아래의 내용에 대하여 보호자의 동의를 받아 진행하고자 합니다. 아래 내용 확인 후 **빠짐없이 체크, 서명**해 주시기 바랍니다.

1. 영유아 기본 정보

<table>
<tr><td rowspan="3">아 동</td><td>성 명</td><td colspan="2"></td><td>반 명</td><td></td></tr>
<tr><td>성 별</td><td colspan="2">남( ) 여( )</td><td>생년월일</td><td></td></tr>
<tr><td>주 소</td><td colspan="4"></td></tr>
<tr><td rowspan="4">보호자</td><td rowspan="4">보호자</td><td>성명</td><td>영유아와의 관계</td><td colspan="2">연락처</td></tr>
<tr><td></td><td></td><td colspan="2"></td></tr>
<tr><td></td><td></td><td colspan="2"></td></tr>
<tr><td></td><td></td><td colspan="2">*응급상황 시 부모와 연락되지 않을 경우 가능한 연락처</td></tr>
</table>

※ 보호자 정보 : 부, 모 연락처와 응급상황 시 부모와 신속하게 연락되지 않을 경우 가능한 연락처를 부모님이 정하여 함께 기재

2. 응급처치 및 귀가동의

구분	처리 내용
응급 처치	• 응급상황 발생 시 위의 보호자에게 가장 먼저 연락합니다. 부모님과 신속하게 연락되지 않을 경우에는 위 보호자 정보란의 부모님이 정해 주신 연락처로 연락드립니다. • 필요시 119구조대에 연락하여 (기관지정 의료기관명이나 보호자지정 의료기관명)으로 긴급 수송할 것입니다.
귀가 동의	• 위 영유아의 귀가 시 위의 보호자에게 인도하여 주십시오. • 정해진 보호자 외 다른 사람에게 인계할 경우 사전에 반드시 연락하겠습니다. ※우리 어린이집에서는 영유아를 성인 보호자 없이 혼자 귀가시키지 않습니다. 특히 영유아가 13세 미만(초등학생) 형제·자매하고만 등·하원하지 않도록 유념해 주시기 바랍니다. • 등·하원방법 : 보호자 동행 □ 차량(어린이집) □ • 차량 이용 시, 등·하원 시간 : 등원(시 분), 하원(시 분) • 부모 외 인계 보호자 성명 : 영유아와의 관계:

3. 필요경비 부모동의

구분	입학(새학년) 준비금(연)	현장학습비 (3개월)	행사비 (3개월)	시도특성화비 (3개월)	차량운행비 (3개월)	아침저녁 급식비
항목별 금액	원복, 체육복, 모자, 가방, 수첩, 명찰 등 항목별 금액 명시	원	원	원	원	해당월의 급식제공내역에 의해 익월 청구
참여 여부						

〈참고사항〉
1. 2020년도 ○○광역시 수납한도액(기타필요경비, 특별활동비)은 뒷면을 참고하시기 바라며, 수납한도액 내에서 어린이집에서 운영위원회 심의를 거쳐 정합니다.
2. 필요경비는 어린이집에서 **반기**별로 정산하여 부모에게 알려 드립니다.

〈유의사항〉
1. 위 동의(요청)서의 항목별 금액란은 어린이집에서 적습니다.
2. 보호자는 영유아가 어린이집에서 실시하는 필요경비에 동의 또는 미참여하는 경우 해당 항목의 참여 여부란에 ('○, ×') 표를 합니다.

위와 같이 필요경비 수납에 동의합니다.

4. 특별활동프로그램 참여

* 특별활동에 참여하는 경우, 아래 서식 작성

명칭	내용	실시 횟수(주·월)	요일	운영시간	비용(원)	참여 여부 (O,×)
		회		~		
		회		~		
		회		~		
		회		~		

※ 특별활동에 참여하지 않는 영유아에게 별도의 보육과정(프로그램)을 마련하여 진행하고 있음.

5. 식품 알레르기 조사

• 식품 알레르기 여부 : 있음 ☐   없음 ☐   * 식품 알레르기가 있는 경우, 아래 서식 작성

알레르기 유발 식품*	알레르기 증상	대체가능 식품	기타 특이사항

* 알레르기를 유발하는 대표적인 식품(예: 난류, 우유, 메밀, 땅콩, 대두, 밀, 고등어, 게, 새우, 돼지고기, 복숭아, 토마토, 아황산염 등)
※ 현재 식품 알레르기 증상이 없으나 이후 증상이 발생할 경우, 즉시 어린이집으로 관련 내용을 알려주시기 바랍니다.

6. 개인정보활용 동의

「개인정보보호법」에 의거 '개인정보의 수집·이용, 제3자 제공'에 대한 동의 여부는

1) 개인정보의 수집 및 이용, 2) 개인정보의 제3자 제공에 **각각 동의 여부를 체크**하여 주시기 바랍니다.

1) 개인정보의 수집 및 이용

수집·이용하려는 개인정보의 항목	개인정보의 수집·이용 목적	개인정보 이용기간 및 보유기간
영유아 및 부모의 이름, 생년월일, 주소, 전화번호, 건강검진정보, 사진 등	영유아보육활동, 건강관리, 가정과의 연계, 긴급한 상황 시 대처	1년간 보관, 이후 폐기 (영유아 퇴소 시 즉시 폐기)

동의함 ☐   동의하지 않음 ☐

2) 개인정보의 제3자 제공

개인정보를 제공받는 자	제공하는 개인정보의 항목	개인정보를 제공받는 자의 개인정보 이용목적	개인정보를 제공받는 자의 개인정보 이용기간 및 보유기간
CCTV 영상 확인 요청자	CCTV 영상	영유아의 사고 시 발생 상황 파악	영상을 확인하는 기간 (보조매체로 인해 영상을 보관할 경우 영상 저장 시, 보유기간을 정함)

동의함 ☐   동의하지 않음 ☐

7. 어린이집 운영내용 확인 및 협조사항

아래의 내용은 우리 아이들이 건강하고 안전하게 어린이집 생활을 하는 데 기본이 되는 사항이오니 부모님들의 적극적인 협조와 이해 부탁드립니다. 어린이집에서도 우리 아이들이 건강하게 성장해 나갈 수 있도록 최선을 다하겠습니다.

1. 신입원아 적응프로그램
2. 어린이집의 개방원칙 및 인계규정
3. 감염병 질환의 예방과 관리대책
4. 아프거나 다친 영유아에 대한 처리 절차(환아처리지침, 상해유형에 따른 응급처치 등)
5. 부모동의 및 조사서 작성 안내(귀가동의, 응급처치동의, 식품알레르기 관련, 개인정보활용 등)
6. 상해, 화재, 배상보험 가입 안내
7. 안전사고 발생 시 어린이집이 갖는 책임한계에 관한 규정
8. 맞춤형 프로그램 운영(맞춤형 운영기준 포함)
9. 보육교직원 윤리강령(아동학대 예방지침 포함)

※ 어린이집 운영과 관련한 자세한 사항은 오리엔테이션에서 배부한 자료를 참고해 주시기 바랍니다. 문의사항이 있는 경우에는 ○○어린이집(○○-○○○-○○○○)으로 연락주시기 바랍니다.

년   월   일

영유아 성명 :   보호자 성명 :   (서 명)

[평가제 관련 서류 참고 – 보육일지]

첨부 내용을 확인한 후, 우리 원에 맞는 안내 자료를 준비해 보세요.

	담 당	원 장
일일 보육 계획안 및 실행평가 년 월 일 요일 날씨 :		

* 일주일간 보육과정의 흐름에 유의하여 기록함.
월~금요일 새로운 주제의 제시, 놀잇감 및 활동자료 등의 제공, 영유아의 일과에 대한 적응도 등 각 하루의 운영과정에 특성 및 패턴이 있음을 알고 기록함.
보육과정에서 요일마다 두드러지게 나타나는 아이들의 놀이의 형태, 활동, 일상생활의 습관 형성 및 행동의 변화과정 등을 다루고, 이에 대한 교사도 대응하는 정도, 반영 및 지원을 하는 부분에 대하여 기록함.
(매일 발생하는 일이라고 해도 변화 혹은 변수가 있을 수 있음) → 반복되는 일에 대한 기록도 좋지만, 그날 있었던 특별했던 모습이나 유의미했던 내용을 주되게 기록하는 것이 바람직함.

반명/연령	○○반/만 세 우리 반 보육과정에 대한 기록(개인관찰의 기록과 다름) 교사가 일과에서 보이는 아이들의 모습에 따라 배움을 주고, 경험을 하고자 하는 부분에 대한 구체적인 지원 계획을 수립하는 근거 → 일상 및 놀이나 활동에 따라 매일 기록함. [지표 1-5-2 참조]		
주제	알록달록 가을이에요	**소주제**	가을에는 살랑살랑 바람이 불어요

→ **우리 원의 보육 철학을 어떻게 반영하고 있는가?**
계절, 지역적 행사, 국가적 기념일, 절기, 명절, 원의 특성화 프로그램 등을 반영하여 자연스럽게 배워볼 수 있도록 생활주제와 연계하여 계획.

목표	가을 날씨에 대해 관심을 가진다. 가을에 경험할 수 있는 다양한 변화에 대해 관심을 가진다.

→ 교사주도의 수업식 활동이 아닌, 아이들이 흥미를 보이고 즐겁게 참여할 수 있도록 진행하는 것이 중요함.
→ 아이들이 주체적이 되어 자발적으로 이루어지는 놀이와 교사가 계획한 활동의 균형을 유지.
→ 일상생활에서 경험할 수 있는 기본생활습관의 형성, 감정이나 정서 등에 대한 대응, 건강과 영양 및 안전과 관련된 내용을 고르게 경험하고 배워 나갈 수 있도록 계획.
→ 정보나 지식의 획득도 중요하지만 일과 안에서 다양한 주제에 대해 관심 및 흥미를 가지는 것으로 충분함.

구분	활동/시간	활동 계획 및 실행 내용	실행기록 및 평가
일상생활	**등원 및 통합보육**	선생님께 인사를 나눈다 - 건강 상태 및 컨디션, 투약 등 확인 자신의 소지품을 스스로 정리한다. 자유롭게 놀잇감 및 활동자료 등을 탐색하며 놀이한다. 교사는 필요시 개별적으로 지원을 하고 상호작용을 한다. 기본생활습관, 의사소통, 사회관계 등에 대한 자연스러운 경험을 기록함. 사전경험을 활용하여, 영유아의 개별 수준에 대해 파악, 놀이에 대한 흥미나 성향 등을 파악하고, 교사는 놀이 및 활동에 대해 지원 계획을 수립함.	예시) 영아들이 등원을 하는 길에 자신이 가지고 온 모자나 입고 온 점퍼 등을 교사에게 보여 주었다. 교사는 각 물품마다 명칭과 특징을 영아들과 함께 이야기해 보며, 우리에게 어떤 도움을 주는지 생각해 볼 수 있었다.
	손씻기 및 배변활동 식사 - 오전간식 점심 오후간식	배변의사가 있을 경우, 기저귀 갈이를 하거나 대소변을 본다. 비누를 사용하여 손을 깨끗이 씻는다. 오늘의 간식(점심 식사)을 살펴보고 숟가락과 포크, 젓가락 등을 이용하여 즐거운 분위기에서 간식(점심)을 먹는다. 기본생활습관, 일상과 관련된 약속이나 규칙, 건강과 영양 및 위생 습관, 배변과 관련된 내용 등을 다룰 수 있음. * 매일 똑같은 내용의 기록보다는 유의미했던 과정에 대한 기록	예시) 영아들과 제공된 간식의 식재료를 함께 살펴보고 이전에 먹어 보았던 경험에 대해서 이야기를 나누어 보았다. 이야기가 확장되어 가을에 먹을 수 있는 다양한 음식에 대해서도 대화를 할 수 있었다. 우리의 몸에 도움을 주는 건강한 음식에 대해 자유롭게 이야기 나누며 즐거운 분위기에서 식사를 할수 있었다. 예시) 영아들과 화장실을 이용하는 과정에, 배변 후나 식사 전 반드시 손을 씻어야 하는 이유에 대해 영아들의 이해수준을 고려하여, 이야기를 나누어 보고, 교사가 손을 씻는 모습을 보다 구체적으로 묘사하며 행동으로 보여 주었다.

	낮잠 및 휴식	영유아가 편안하게 낮잠을 잘 수 있는 분위기를 조성한다. - 개별침구의 준비(없을 경우, 여벌 이불 사용) - 환기, 조명, 채광 등 조절 - 낮잠을 자지 않는 영아 및 먼저 일어난 영아는 다른 영유아들의 낮잠을 방해하지 않도록 조용한 놀이를 하며 휴식을 취한다.	예시) 아이들이 충분한 휴식을 취할 수 있도록 일과 중 적절하게 배치를 하였는지 기록함. 만 4,5세 유아의 경우 오전 일과에 따라 융통성 있게 휴식시간을 계획하고 운영하고 있는지 기록함.
	통합 보육 및 개별 귀가	하루의 일과에 대해 상호작용을 한 후, 귀가 준비를 한다. 일과 중 특이사항 등에 대해 부모에게 전달하고, 인사를 나눈 후 안전하게 귀가한다.	통합보육실(연장보육교실)로 이동하여 놀이를 진행함
놀이 및 활동	**오전/오후 실내 자유놀이** *시간 기재	교실 내의 다양한 놀잇감 및 활동자료를 탐색하며 자유롭게 놀이한다. 교사는 필요시 적절히 개입하여 상호작용을 한다. 영유아의 요구에 민감하게 반응하며 지원한다. 교실에서 지켜야 할 약속 등에 대해서 경험한다. 교사는 일대 다수의 일방적 수업이 이루어지지 않도록 유의한다. **오늘 있었던 놀이나 활동이 어떠했는지에 대한 내용을 작성함.** **교사가 계획한 활동에 대한 기록 외에도 자연스럽게 보이는 영유아의 놀이 과정 등에 대한 기록, 지난 시간의 반성적 사고를 반영하여 지원한 놀이, 활동에 대한 변화 과정 기록, 예측하지 못한 놀이에 대한 기록 등을 함께 다루는 것이 바람직함.** * 안전에 대한 위험 요소 발생 시 → 즉각적으로 대응하며 영유아들과 함께 교실에서 지켜야 할 약속 등에 대해 결정하고 반영함. * 마찰 → 영유아들이 스스로 해결할 수 있도록 기회 제공, 다양한 대안 제시 * 기본생활, 안전교육 → 교사가 주도하여 수업을 운영하는 것은 바람직하지 않음. 교사가 질문을 하고 정해진 답을 이야기하는 일방적인 형태의 활동은 하지 않도록 권고함. **안전교육의 예시] 자동차 뒤에서 놀면 위험해요** → 영유아가 자동차 놀이를 할 때 → 바깥놀이를 하다가 자동차를 보고 관심을 가질 때 → 언어 영역에서 자동차와 관련된 동화를 보았을 때 → 어린이집 통학 차량, 자차를 타고 등원하는 원아에게 → 영유아가 자동차와 관련된 사전경험을 이야기할 때	예시) 미술 영역에 제공된 활동자료를 탐색하며, 사인펜으로 물티슈에 끼적일 뿐 아니라 신문지나 골판지 등 다양한 재질의 종이에 끼적이기를 하거나 색지를 오려 붙이는 등 자유롭게 표현하는 모습을 관찰할 수 있었다. 이번 주 활동과 관련하여 제공한 활동자료에도 흥미를 보이며 여러 가지 재료를 활용하여 꾸며보는 모습을 보이기도 하였다. 영아들이 스스로 놀이에 참여하며, 주체적으로 활동할 수 있도록 지원을 해주어야겠다. 예시) 영아들이 교사가 제공한 퍼즐에는 별다른 관심을 보이지 않는 것을 관찰할 수 있었다. 아이들이 좋아할 만한 종이 인형 및 소품 등을 준비하여 퍼즐과 함께 놀이할 수 있도록 해야겠다.[○요일에 관련된 자료를 제공함] 예시) 아이들이 놀이를 하는 시간에 자연스럽게 준비한 피아노곡을 들려주었더니, 음원의 소리에 움직임을 보이는 영아들도 있었고, 자신의 놀이에 몰입하느라 잘 듣지 못하거나 반응을 보이지 않는 원아들도 있었다. 피아노곡의 주제에 대해 연상해 볼 수 있도록 그림자료, 사진 등을 준비하여 제공해 주어 도움을 줄 수 있었다.
	바깥놀이 * 시간 기재	* 관찰월에는 매일 실외활동, 대체활동 중 어떤 활동을 실행했는지 기록하는 것이 바람직함. [실행 여부 기록] 바깥놀이를 할 수 있는지 사전에 확인한다. 바깥놀이 시 지켜야 할 약속 등에 대해 이야기 나눈다. 우리 주변의 환경과 자연에 대해 경험하며 자유롭게 놀이를 한다. * 대체활동 사유 - 영유아들의 건강, 컨디션 - 놀이의 활성화에 따른 대체 활동(영유아의 의견이 우선, 중시) - 미세먼지, 황사, 지진, 태풍, 폭우, 폭염 등의 기상 상태 반영 - 감염병의 확산 등의 이유	예시) 아이들과 바깥놀이를 하러 나갔으나, 날씨가 흐려 그림자가 보이지 않았다. 교사는 상황에 대해 예측하고, 미리 준비한 스카프와 공을 사용해, 영아들과 실내에서 대체활동을 할 때에 보았던 놀이를 연계하여 진행해 보았다. 영아들마다 흥미를 보이는 정도가 달라서,개별적으로 자유롭게 놀이에 참여할 수 있도록 도움을 주었다.
	총평	특정 영역에 대한 내용은 위쪽의 평가에서 다루므로, 일일평가 시에는 전반적인 하루의 일과, 놀이 및 활동에 대해 기록하는 것이 바람직함. 예시) 오늘 영아들이 일과를 보내며, 교사와 함께 다양한 기본생활습관에 대해 경험해 볼 수 있었다. 화장실을 이용하는 과정에 지켜야 할 약속이나 교실에서의 놀이 약속 등에 대한 그림 자료를 해당하는 공간에 게시해 주었더니, 더 잘 이해하고 스스로 먼저 행동하기도 하였다. 놀이나 활동을 진행하며 교사가 영아들의 흥미에 대해 좀 더 구체적으로 파악할 수 있었고, 놀이 시 보이는 수준에 대해서는 내일 일과 시 제공해 주어 도움을 줄 수 있도록 지원해야겠다. 특별히 영아들의 흥미가 높은 것으로 보이는 이번 주 놀이 재료의 경우에는 충분한 수를 준비하여 영아들의 놀이가 마찰 없이 안정적으로 운영될 수 있도록 해야겠다.	

[평가제 관련 서류 참고 - 관찰일지]

첨부 내용을 확인한 후, 우리 원에 맞는 안내 자료를 준비해 보세요.

	담임교사	원장
영유아 관찰 및 부모면담 → 실행해야 하는 횟수나 기간 안에 정확하게 이행했는지가 중요		

1. 영유아 관찰 및 학기별 발달평가 ※ 영유아별로 마련

[월1회 이상] 작성이지만 영역에 대한 기준은 아닙니다.
->>> 놀이나 활동, 일상생활에 대한 내용 → 영역에 대한 내용이 포함
->>> 지표상에서 누락 없도록 2영역 이상 들어가면 됩니다

→ 1학기에 1번 / 2학기에 1번 → 최소한의 기준
→ 놀이 : 영유아들이 주도하여 자신의 의사에 따라 놀이를 하는 과정
→ 활동 : 교사의 계획이나 교사가 주도하는 부분이 놀이에 비해 조금 더 비중을 가지고 있는 부분
→ 일상 : 일과를 보내며 놀이와 활동에서 예외되는 전체적인 부분 / 기본생활 습관 외 안전, 생활 패턴, 정서나 감정 등

관찰일지에서는,
아이들과의 대화, 행동의 모습을 그대로 적어 주셔도 됩니다. 교사와 아이간의 행동, 대응과정을 그대로 묘사하셔도 됩니다.
→ 에피소드에서 보이는 행동과 대화를 그대로 적어 보는 것
   교사의 감정이나 생각은 들어가지 않아도 됩니다. 객관적으로 적어 주세요.
→ 보육과정에 교사가 개별적인 수준이나 상황에 맞게 그다음 보육과정에 반영을 하고 있는지 기록 관리

* 보육일지 : 우리 반 아이들의 놀이 ,일상, 활동에 대한 패턴을 기록하고 그다음 보육과정에 지원, 반성, 적용하는 것 등을 기록
* 관찰일지 : 개별 영아, 개별 유아에 대한 특성, 개별적인 성향, 놀이에 대한 참여도, 몰입하는 정도, 놀이의 수준, 표현할 수 있는 정도 등

○○반	이름 ○○○	생년월일 : 만 3세 → 표준보육과정/누리과정에서 다루고 있는 영유아의 기본적인 발달과정에 대해서 숙지하는 것이 중요
구분	표준보육과정 (누리과정) 관련 영역	**관찰내용** [일화식의 기록 혹은 에피소드를 적어 줌으로써 아이의 행동에 대한 객관적인 분석을 통해 **일과에 반영** **보육과정에 반영**하여 목표에 대한 실행의 정도를 높이고자 함]

※ 표준보육과정(6개 영역), 누리과정(5개 영역)의 내용을 골고루 포함하여 작성하고 지속적으로 관리
* 영유아발달 평가는 관찰기록, 활동결과물 등 영유아의 발달 변화를 파악할 수 있는 자료를 활용하여 종합적으로 평가

의사소통영역	→ 언어 영역에서 진행된 놀이나 활동에 대해서 작성하지 않더라도 영유아가 표현하는 것(언어로 표현하는 것뿐만 아니라 행동이나 표정, 몸짓, 소리 등으로 표현하는 것 모두 포함)에 대해 작성하는 것으로 충분함. → 예) 8월 11일 교사가 이번주에 물놀이에 대한 동화자료를 제공하였으나, ○○는 별 관심을 보이지 않고 자신이 좋아하는 탈것에 대해 이야기를 하였음. → ○○가 물놀이에 대한 흥미나 경험이 많지 않음을 알 수 있었고, 이에 대해 보육과정 안에서 ○○가 물놀이에 대해 긍정적인 경험을 많이 해 볼 수 있도록 지원해 주는 것이 필요하겠다. [8월 2주차 보육일지 참조] 8월 2주차 보육일지 물놀이에 대한 활동이나 놀이를 제공한 기록 [○○○ 관찰일지의 내용을 반영함]
신체운동영역	→ 예) 8월 22일 아이들과 함께 실외활동을 나가 여름에 볼 수 있는 다양한 자연에 대해서 탐색하고 놀이에 활용해 볼 수 있도록 하였다. 나뭇잎과 나뭇가지들이 바닥에 떨어져 있는 것을 보고 ○○는 나뭇가지를 들고 반대편에 있는 물 웅덩이에 던지는 행동을 보였다. 물웅덩이에 던지는 횟수가 반복되면서 ○○가 던지고자 하는 위치에 정확히 떨어지는 횟수가 늘어나는 것을 볼 수 있었다.
사회관계영역	→ 예) 8월 17일 역할놀이에서 로봇과 인형을 가지고 놀이를 하고 있다가 교사가 "○○는 ** 로봇을 좋아하나 보구나, 로봇이 어떻게 하고 있는 거야?" 하고 물어보니 ○○가 "선생님 이건 로봇이 아니고 우리 엄마예요." 하고 교사의 이야기에 대답하였다. - 역할놀이에서 활동하는 영아의 모습 - 감각탐색, 역할놀이 등 - 교사와의 대화에 응대하는 모습 - 사회관계 - 자신의 생각을 정확히 표현함 - 의사소통 　　　→ 하나의 에피소드가 다양한 영역으로 분류될 수 있음.
자연탐구영역	→ 예) 8월 2일 영아가 어린이집에 등원하며 "선생님, 어제 비가 안 와서 좋았는데, 오늘은 비가 와서 옷이 다 젖었어요. 우산도 쓰고 장화도 신고 왔어요. 비가 오는 날은 축축해서 기분이 좋지 않아요" - 자신의 생각이나 감정에 대해 표현 - 사전경험 정확하게 전달 - 날씨의 변화에 대해 인지 - 날씨에 따른 반응에 대해서도 알고 있음 - 교사와의 대화에도 적극적으로 참여함 실외놀이, 과학 영역, 탐구 영역, 자연과 관련된 호기심이나 질문이나 활동 등 자연현상이나 성장과정에 대한 관찰, 관심

-- 중 ------- 략 --

[평가제 관련 서류 참고 - 학기별 총 평가]

첨부 내용을 확인한 후, 우리 원에 맞는 안내 자료를 준비해 보세요.

			1학기 총 평가
1학기 영유아 발달 평가*	형식 2	기본 생활 영 역	3~8월까지의 학기의 관찰되는 모습을 과정에 대해 기록, 결론적으로는 어떠했는지를 평가 학기 초에는 원아가 교사와의 대화를 하는 과정에서 자신의 감정이나 생각을 표현하는 것이 많이 어려워 보였으나, 계속해서 교사가 아이의 생각에 대해 먼저 관심을 표현하고, 아이가 공감할 수 있도록 대화를 편안하게 진행하는 과정에서, 기본적인 감정이나, 생각에 대해 표현하는 횟수가 더욱 많아졌다. [관찰일지 6월 참조] 그 밖에도 손씻기나 식습관 등이 눈에 띄게 좋아졌으며, 교사가 아이에게 관심을 보이며, 도움을 주는 것에 대해서도 긍정적으로 받아들이는 것을 관찰할 수 있었다. 낮잠을 자는 것은 아직 어려워하는 부분이 있어, 교사가 낮잠을 자기 전, 곁에서 충분히 다독여 주고 편안하게 잠자리에 들 수 있도록 도움을 주고 있다.
		의사소통 영 역	자신의 경험이나 놀이에서 표현하고 싶은 바를 언어적으로 이야기하는 것에 어려움이 있어, 교사가 지속적으로 다양한 언어 등을 많이 들려주어,[5월 22일 보육일지 참조] 도움을 주었더니 학기가 끝나가며 아이가 표현할 수 있는 단어나 문장들이 많이 발전할 수 있었다. 2학기에는 또래친구들이 사용하는 다양한 언어에 자연스럽게 노출될 수 있도록 아이가 스스로 대화에 적극적으로 참여하는 방법에 대해 연구해 보아야겠다. [9월 2일 ○○가 흥미를 보이는 내용의 언어 영역의 자료를 지원]
		예술 경험 영 역	예1) 음원을 제공하거나, 춤을 추는 등의 행동에 매우 적극적인 모습을 보이고 있다. 그 밖에도 다양한 예술경험에 대한 기회를 제공하여, 전반적인 예술 감각이 잘 발달해 나갈 수 있도록 도움을 주어야겠다. → 연계된 보육일지 평가 : 아이들이 놀이를 하는 과정에서 자연스럽게 미술작품 등을 노출시켜 자발적으로 흥미를 보이며 자신의 탐색활동이 활발하게 이루어질 수 있게 도움을 주어, 다양한 요소의 예술활동에 흥미를 가질 수 있었다. 예2) 교사가 놀이나 활동 중에 제공하는 음원, 활동자료 등에 큰 흥미를 보이지 않았으나(학기 초) 자연스럽게 일과 안에서 영아가 관심을 보이는 분야의 예술 활동 자료 등을 지속적으로 제공하고 개별적으로 흥미를 보이는 과정에 격려를 함으로써 학기 중반 이후부터는 음률과 미술활동에 대해 이전보다 관심을 가지고, 적극적으로 참여하는 것을 관찰할 수 있었다. 관련된 놀이 안에서도 표현력 등이 세심하고 구체적으로 보이는 것이 활동 작품을 통해 드러날 수 있었다. 관련 자료를 학부모 상담 시에 활용하여 영아가 가정에서도 연계된 활동에 도움을 받을 수 있도록 지원하였다.
		신체 운동 영 역	1학기 동안 다양한 신체활동 등에 참여함으로써 몸의 중심을 잡거나 민첩하게 움직이고, 자신이 원하는 동작을 표현하는 데에 자신감이 있고, 충분히 자신의 행동을 스스로 제어할 수 있는 능력을 가지게 된 것을 관찰할 수 있었다. 놀이를 하면서 자칫 위험할 수 있는 상황에 대해서는 스스로도 인식하고 조심할 수 있도록 도움을 줄 수 있어야겠다. 소근육활동에 대해서는 아직 도움이 필요한 부분이 있어, 가위놀이나, 찢기놀이, 단추 등을 가지고 하는 놀이 등 자연스럽게 소근육을 활용하여 놀이할 수 있는 과정을 계획해 보아야겠다. [10월 ○일 보육일지 참조]
		총 평	아이가 전반적으로 다양한 영역에서 스스로 할 수 있는 내용이 학기 초에 비해 많아졌고, 스스로 놀이를 주도하여 참여하는 과정에서 영아의 발달과정이 이상적으로(안정적으로) 진행되고 있음을 알 수 있었다. 그중에서 몇가지 도움이 필요한 영역에 대해서는 아이의 수준에 맞게 도움을 줄 수 있는 방법을 고안해 보아야겠다. * 놀이과정에 대해서 영아는 자신이 하고자 하는 바를 정확히 표현하며 놀이로 표현할 수 있다. 다양한 놀이자료를 활용하여 창의적인 사고를 보여 주고 있다. 교사가 제안하는 놀이과정에서 도움이 될 만한 방법 등에 대해 빠르게 수용하고 적용할 수 있을 뿐만 아니라 놀이를 한 후, 그 놀이에 대한 평가, 혹은 다음에 놀이하고자 하는 계획까지도 잘 수립하고 그대로 이행하는 편이다. * 일상에서 배울 수 있는 다양한 생활습관에 대해 비교적 빠르게 습득하는 편이며, 손씻기나 식사습관에 대해서는 이미 충분히 자신의 습관으로 받아들여 안정적으로 시간에 임하고 있는 모습을 볼 수 있다. 다만, 안전과 관련하여 다소 위험하고 과격한 행동을 보이는 경향이 있어, 교사가 일과 안에서 자연스럽게 상황에 대한 대처 방법이나 약속 등에 대해 함께 이야기를 하고 있는 중이다.

| Tip | ◦ 영유아별로 일상적 양육, 기본생활습관, 안전 등, 실내외 놀이 및 보육활동을 관찰하여 기록하며, 관찰 내용은 표준보육과정 영역 중 한두 영역에 치우치지 않도록 고르게 기록
◦ 영유아 관찰은 주기적으로 실시하고 개별면담 시 기초자료로 활용하여 영유아 지도에 반영(보육일지 등을 통해 확인)
◦ **영유아발달 평가는 연 2회 이상 실시**
◦ 부모와의 개별면담은 누적된 영유아에 대한 관찰 결과를 토대로 발달적 변화와 지도방법을 중심으로 면담하고 기록 |

[평가제 관련 서류 참고 - 부모면담일지]

첨부 내용을 확인한 후, 우리 원에 맞는 안내 자료를 준비해 보세요.

일시	20 . . .	대상	○○○ 어머니	면담자	○○○ 교사

부모의견	**문제행동, 발달지연, 치료가 필요한 경우(전문기관에 다니고 있는 경우)** : 원에서 제공하는 유관기관에 대한 안내 자료를 보여 드리고, 프로그램을 이용할 수 있도록 권유하였다. → 평가제의 항목 중 한 가지에 해당함(면담에도 포함). - 집에서는 자신이 혼자 밥을 먹으려고 하지 않고, 엄마가 먹여 주어야만 먹고 있습니다. 특히 야채나 특정 향이 나는 음식 등에 대해서는 강하게 거부하는 편이라, 식사시간이 매번 어렵습니다. - 어른들에게 높임말을 사용하도록 가르쳐 주고 싶은데 원에서는 보통 어떻게 대화를 하나요? [2020년 6월 22일 보육일지 참조] **6월 22일 보육일지** : 아이들이 대화하는 상대에 따라 적절하게 존대어를 사용할 수 있도록 다양한 대화 상황에 대한 그림 자료를 제공해 주었더니, 영아들이 흥미를 보이며 내용을 살펴볼 수 있었다. [○○○의 1학기 상담일지 참조, 지원 반영한 기록임]

교사의견	포트폴리오, 관찰일지를 활용하여 상담에 적용한 과정 → ○○○의 ○월 관찰일지 반영함. 신체 영역의 경우, 학기 초에는 몸의 균형을 잡기가 많이 어려웠지만, 보육과정에서 제공하는 다양한 활동에 참여하고, 자신이 좋아하는 공놀이를 반복하며, 특별활동(체육)에도 흥미를 보이는 과정에서 신체 조절 능력이 이전보다 많이 발달하고 있음을 알 수 있었습니다. 사회관계/정서/의사소통 영역의 경우, 학기중 상담과 수시 상담의 내용은 차이가 있음. 1학기 중 ○월에는 ○○가 친구들이 ○○의 놀이나 행동에 관심을 보이는 것에 대해 불편한 감정을 드러내기도 하였지만, 7월 이후에 두드러지게 친구들에 대해 호감을 표현하며, 먼저 다가가 이야기를 하거나, 친구에게 자신이 놀이하던 놀잇감을 건네어 주며 "○○야, 같이 놀자." 하며 자신의 호감을 표현하기도 하였습니다. 점차 사회관계에 대해서도 긍정적인 태도를 보이고 있으며, 자신의 감정이나 생각에 대해 표현하는 횟수도 늘어나고 있습니다. 4~5월에는 아이가 작은 실수에도 많이 속상해하며 울음을 보이는 경우가 유달리 많았습니다. 아이가 가정에서 어떻게 지내는지, 달라진 부분은 없었는지 잘 살펴봐 주시고, 작은 변화에도 격려해 주시고 지지해 주셨으면 좋겠습니다. [관찰일지 4월 반영하여 상담에 적용함] 교사가 가정과 연계하여 지도되어야 한다고 전달한 내용 → 보육과정에 적용한 내용이 기록될 수 있도록 해 주세요. 또래에 비해 불안정한 모습을 보여 조금 더 세심히 살펴보아야 하는 내용 2020년 6월 22일 / 아이와 대화하는 과정에서 자연스럽게 높임말을 배워 볼 수 있도록 교사가 모델링하여 이야기를 할 때 다양한 상황에 대한 높임말의 예시를 들려주었다. → 상담 시에 부모가 요청했던 내용을 교사가 적용한 실질적인 예시가 됨.

	학부모에게 아이의 활동자료 및 포트폴리오를 보여 주며 그동안의 놀이와 활동 모습을 함께 살펴보았다. 그 밖에도 관찰일지의 사례 등을 통해 아이의 구체적인 언어 표현이나 발달 수준, 놀이 및 활동에서의 모습 등을 상담에 활용하였다. ○○○은 언어적 표현 능력이 뛰어나고, 사회관계가 학기 초에 비해 많이 개선되고 있음을 볼 수 있었다. ∨ 교사가 학부모에게 ○○○의 행동 개선이나 지원에 대해서 계획한 바를 이야기하였다면, 보육과정에서 언제 어떤 시점에서 그 부분을 실행했는지 구체적인 예를 한 번 더 적어 주는 것이 좋습니다. → 예)[보육일지 8월 7일 참조] 교사가 학부모와 상담하는 과정에서 아이에 대해 신뢰가 부족한 것을 느낄 수 있어, 다양한 활동 사진이나 관찰 모습 등을 설명해 줌으로써 학부모가 아이에 대해 좀 더 믿음을 가지고 지지를 해 줄 수 있도록 하였다. 교사가 실제 보육과정에서 관찰되는 내용을 토대로 상담에 활용하여, 교사와 학부모와의 유대 관계가 돈독해지고, 교사에 대한 신뢰도 높이 쌓을 수 있었다. 학부모가 식습관에 대해서 많은 고민이 있음을 알고, 2학기에는 이 부분을 적극 반영하여, 식재료를 탐색하거나 놀이에 활용하는 등의 대안적인 보육과정을 마련해 보아야겠다. 예) 전체적인 영역의 발달 수준이 뛰어난 편이나, 학부모님의 경우 가정에서 보이는 모습과 많이 달라 아쉬워하는 마음을 엿볼 수 있었다. 이에 대해서 교사가 보다 다양한 활동에 대한 정보를 제공하고, 가정에서도 잘 적용해 볼 수 있는 자료 등을 안내해 주어야겠다. 학부모가 중요하게 생각하는 보육에 대한 중점사항을 기록한 후, 교사가 어떻게 대응할지에 대한 계획을 작성 → 그중 어떠한 시기에 구체적으로 반영했는지를 적어 주면 좋습니다. - 아이가 편식이 너무 심해서 걱정이 됩니다. - 아이가 억지로 먹는 것보다는 새롭게 접하는 음식, 식자재에 대해 호기심을 가질 수 있도록 다양한 교수 자료를 활용하도록 하겠습니다. / 가정에서도 관련된 내용에 대해 관심을 가지고, 아이가 경험해 보는 기회를 제공하고자 함.